Manfred Bönsch (Hrsg.)
Offener Unterricht
in der Primar- und Sekundarstufe I

MANFRED BÖNSCH (Hrsg.)

Offener Unterricht in der Primar- und Sekundarstufe I

Praxisleitende Theorie und theoriebildende Praxis

1. Auflage
Hannover 1993

HAHNSCHE BUCHHANDLUNG
HANNOVER

Die Deutsche Bibliothek — CIP-Einheitsaufnahme

Offener Unterricht in der Primar- und Sekundarstufe 1:
praxisleitende Theorie und theoriebildende Praxis / Manfred Bönsch (Hrsg.). — 1. Aufl. — Hannover : Hahn, 1993
ISBN 3-7752-5360-2
NE: Bönsch, Manfred [Hrsg.]

ISBN 3-7752-5360-2
Printed in Germany
Gesamtherstellung: poppdruck, Langenhagen

Inhaltsverzeichnis

Einleitung:
Die Suche nach alternativem Lernen

Die Schule ist für nachwachsende Generationen in unseren gesellschaftlichen Verhältnissen ein unvermeidbares Schicksal. Dies ist Chance und Gefahr. Die Chance liegt darin, über interessante Lehrerinnen, über Wissen und Denkprozesse, über didaktisch aufbereitete Fächer die Welt in ihrer Komplexität und in ihren Objektivationen aufgeschlüsselt zu bekommen und damit ein aufgeklärtes Weltverständnis bei gleichzeitigem Gewinn von sozialer und individueller Identität.
Die Gefahr ist, daß durch Verschulung und Wegnahme von Lernfreude das Lernen verschüttet wird.

Schule nimmt relativ viel Lebenszeit von Kindern und Jugendlichen in Anspruch. Auch dies ist Chance, aber gleichzeitig eine große Verpflichtung. Die Chance liegt darin, in einem Schonraum, frei von den Zwängen der Alltagsmeisterung, sich interessanten Sachverhalten zuwenden zu können. Die Verpflichtung besteht darin, Lebenszeit nicht sinnlos mit fragwürdigen Leistungsanforderungen zu besetzen. Was wir aus Schülerbefragungen wissen, ist der alarmierende Befund, daß SchülerInnen mit zunehmender Schulzeit immer distanzierter über Schule denken. Problematisches LehrerInnenverhalten, relativ sinnloses Bunkerlernen (Lernen auf Vorrat) und wenig transparente Leistungsanforderungen und -beurteilungen schaffen ein verbreitetes Unbehagen.

So ist die Dauerfrage, in welcher Weise das Lernen in der Schule interessanter gestaltet werden könnte. Wenn man auf schnelle Schuldzuschreibungen verzichtet (SchülerInnen sind dumm, faul und undiszipliniert), geht diese Frage vor allem an die, die Schule gestalten: also an die LehrerInnen. Die Frage teilt sich in mehrere Unterfragen, von denen vor allem eine hier verfolgt werden soll:

Ist das schulische Lernen so zu organisieren, daß SchülerInnen ein anderes Verhältnis zu den Pflichtaufgaben, die sicher immer bestehen bleiben, bekommen und gleichzeitig Lernen auch als ihr sehr persönliches Anliegen verstehen lernen?

Unter der Chiffre "Offener Unterricht" ist immer wieder und wird derzeit sehr aktuell und verbreitet versucht (worden), Lernen alternativ zum herkömmlichen lehrerorientierten Unterricht zu verstehen und anzuregen. An sich ist dies schon ein etwas älteres Thema in der Schulpädagogik. Derzeit aber scheint mit außerordentlicher Breite in der Schulpraxis die Einführung offenen Unterrichts versucht zu werden. In solch einer Situation erscheint es angebracht, der Praxis eine Hilfe in Gestalt eines Theorierahmens und in Gestalt von Praxisberichten anzubieten. Diese Publikation will das leisten. Sie zeichnet sich dadurch aus, daß neben dem Theorierahmen eine Reihe von Praxisberichten aus der Primar- und der Sekundarstufe angeboten wird. Der interessierte Leser kann Begründungen, Strukturen, Teilkonzepte und sog. Äquivalente zur Diskussion um den offenen Unterricht dem Text entnehmen. Und er kann aus den Praxisberichten Realisierungen und die Bewältigung von auftretenden Problemen gewinnen, die seiner Praxis eine gute Hilfe sein könnten. Die Praxisberichte zeigen eine imposante Ideenbreite, grossen Einfallsreichtum und ein beeindruckendes Engagement der berichtenden LehrerInnen. Da sowohl Berichte aus der Primarstufe als auch solche aus dem Sekundarbereich vorliegen, wird jeder die ihn besonders ansprechenden Realisierungsversuche finden. Für den Herausgeber ist dabei von besonderem Interesse, daß die Sekundarstufe breit vertreten ist. Die Grundschule hat bei der Thematik "Offener Unterricht" sicher lange Zeit eine Vorreiterrolle gehabt, hat sie vielleicht noch. Aber mehr und mehr öffnen sich auch die Schulen der Sekundarstufe diesem Anliegen.

Alternatives Lernen heißt hier, daß nach Möglichkeiten gesucht wird, den SchülerInnen Gelegenheit zu geben, das pflichtmäßig aufgegebene Lernen in anderen Modi und mit anderen Zeitressourcen als im lehrerorientierten Unterricht zu bewältigen und gleichzeitig eigene Lerninteressen zu entwickeln und zu verfolgen. Der große Traum jedes Lehrenden wäre dann ein bißchen Wirklichkeit geworden: nämlich selbstverantwortetes und -bestimmtes Lernen zu erleben, das gleichzeitig auch noch Spaß macht.
Für weitere Praxisberichte ist der Herausgeber jederzeit dankbar.

1. Sondierungen des Terrains: Praxisleitende Theorie

Nichts ist praktischer als eine gute Theorie. Die Sondierungen des Terrains, das zunächst einmal mit der Signalvokabel "Offener Unterricht" zu kennzeichnen ist, sollen in etwa den Theorierahmen ergeben, der für die weitere Entwicklung des Themas in Theorie und Praxis wichtig ist.

Im Kern geht es um die Frage: Was ist eine gute Schule heute angesichts veränderter Bedingungen des Aufwachsens in der Gesellschaft der Bundesrepublik Deutschland? Wenn die Schule nach wie vor einem Bildungsauftrag nachkommen soll - sie widersetzt sich dabei einer schnellen Funktionalisierung im Sinne eines vordergründigen Fitmachens für Abnehmererwartungen -, muß sie ständig prüfen, wie sie die Balance schafft, einerseits natürlich nachwachsende Generationen für das Leben in hochkomplexen Lebens- und Arbeitsverhältnissen vorzubereiten, andererseits aber Chancen zu geben, sich selbst zu gewinnen in einer unverwechselbaren Identität. Schafft sie diese Balance im Sinne einer dialektischen Pädagogik, wird sie Menschen fördern, die genug an Ich-Stärke, Würde, Eigenwert, sozialer Kompetenz gewinnen und sich gleichzeitig die Welt in ihren mannigfachen Aspekten aufschließen, um in verantwortlicher Weise in das gesellschaftliche Leben einzutreten. Aber Anpassung allein kann das Ziel nicht sein. Selbst- und Mitbestimmung, Eigenverantwortung für das Lernen, die Entwicklung eigenständiger Valenzen und Kompetenzen werden dazugehören.

Da die Schule ständig in Gefahr ist, durch ihre Organisation Input-Output-Modellen zu folgen, ist die Frage von einiger Bedeutung, wie ein Rahmen geschaffen werden kann, der Lernen in eigener Verantwortung, in eigener Verfügung ermöglicht, der sozialem Lernen eine andere Qualität geben kann, als dies den Unterricht als Belehrung von mittelgroßen Gruppen (Klassen) je möglich wäre. Aber klar muß sein, daß das Ethos, der Geist, das Klima und die Organisation des Lernens eine bestimmte Verfaßtheit bekommen müssen, wenn offener Unterricht Sinn machen soll.

Nach einem entsprechenden einleitenden Kapitel (Der große Rahmen: Was der Schule nottut: Was ist eine gute Schule?) ist dann der Grundansatz näher zu beschreiben.
Unter dem Terminus "Freiarbeit" - ein anderer Sammelbegriff für die hier zu erörternde Thematik - wird dieser im zweiten Kapitel entwickelt. Deutlich wir dabei, daß eine andere Qualität des schulischen Lernens intendiert ist. Deshalb sind drei Korrespondenzkonzepte zum Grundansatz zu entwikkeln. Das dritte Kapitel mit der Überschrift "Beziehungsdidaktik" führt Notwendigkeiten sozialen Lernens ein, die es erlauben, von offenem und kommunikativem Unterricht als der erweiterten Signalvokabel zu sprechen. Gleichzeitig bezieht dieses Kapitel wieder die allgemeinen Qualitäten einer "guten Schule" ein. Wenn man den Unterricht öffnet für stärker selbstbestimmtes und -organisiertes Lernen, wird die Frage wichtig, welche Arten von Lernaufgaben bestimmend werden können. Hier ist bei verschiedenen Praxisversuchen mitunter zu kurz gegriffen worden. Aufgaben, wie sie gewöhnlich in Hausaufgaben auftreten, reichen nicht aus: "Handlungsorientierter Unterricht" wird deshalb als ein zweites Korrespondenzkonzept verstanden - er kann in unterschiedlicher Dimensionierung unterschiedlich weit greifen (4. Kapitel). Mit dem Textteil "Forschendes Lernen" wird dann im fünften Kapitel noch ein Stück weiter gegangen. Dieser "Königsweg" schulischen Lernens - insgesamt gesehen ist er immer mehr Wunsch als Realität geblieben - wird daher als drittes Korrespondenzkonzept verstanden.

Es sei noch darauf hingewiesen, daß von der aktuellen Diskussion ausgegangen wird. Im Hintergrund aber stehen impli-

zit all die reformpädagogischen Konzepte, die zu einem viel früheren Zeitpunkt offenen Unterricht zum Inhalt gehabt haben.
Gemeint sind vor allem die Montessori-Pädagogik, die Freinet-Pädagogik, die Jenaplan-Pädagogik Peter Petersens, die Schule der Selbsttätigkeit Hugo Gaudigs. Auch wenn explizit nicht auf diese eingegangen wird, so ist dem Herausgeber sehr bewußt, daß die Behandlung des Themas heute in einer langen Tradition steht. Wer an die Ursprünge zurückgehen möchte, soll wenigstens mit Literaturhinweisen eine Hilfe bekommen.
Die aktuelle Thematik hat aber auch eine "neuere Geschichte". In den 70er und anfangs der 80er Jahre hat eine breite Diskussion stattgefunden. Sie ist in der Schule eher folgenlos geblieben. Aber auch sie steht heute Pate. Mit Literaturhinweisen soll ebenfalls eine Erinnerung geleistet werden.
Eine Öffnung der Schule, die hier ebenfalls nur partiell behandelt wird, ist die in Richtung außerschulischer Lernorte - auf die dazu beachtliche Literatur sei ebenfalls verwiesen.

1.1 Was ist eine gute Schule? - Zu einer neuen, alten Signalfrage der Schulpädagogik

Einleitung

Von Zeit zu Zeit drängen sich in der schulpädagogischen Diskussion bestimmte Themen in den Vordergrund. Sie fokussieren zentrale Fragen und regen zur Reflexion der vorhandenen Praxis und ggf. zu ihrer Verbesserung an. Gegenwärtig scheint die Frage "Was ist eine gute Schule?" einen vorrangigen Diskussionsstand zu bestimmen. Nachdem in den 70er Jahren eher Organisationsstrukturen zur Verbesserung der Institution "Schule" diskutiert worden waren nach dem Motto "big ist beautiful"(!), hat sich heute längst die Einsicht durchgesetzt, daß es gute und weniger gute Schulen in jeder Schulart gibt: So gibt es gute und schlechte Grund-, Haupt-, Real-, Sonderschulen, Gymnasien, berufliche Schulen. Entscheidend ist aber die Pädagogik der einzelnen Schule, der Geist, der in ihr herrscht, die Beziehungsstrukturen, die zum Leben kommen, die Leistungsforderungen, die sie bestimmen, und die Modi ihrer Vermittlungen, das Schulleben, das den Schuljahresrhythmus beherrscht. All das hängt wesentlich von den beteiligten Personen ab, also von den LehrerInnen, den SchülerInnen, weiteren beteiligten Personen, von der Schulaufsicht und schließlich von den gesellschaftlichen Erwartungen und Einstellungen, die eine schülerorientierte Pädagogik stützen oder behindern.

Im folgenden wird ein Literaturbericht gegeben, der die zentralen Fragestellungen und Gesichtspunkte in knapper Form darstellen soll.

1. Qualitäten des Lebens- und Lernraumes "Schule"

Zunächst darf daran erinnert werden, daß unter dem nun auch schon etwas älteren Terminus "Sozialökologie" schon in den siebziger Jahren Arbeiten erschienen sind, die Umweltbedingungen nach Gesichtspunkten der äußeren Begrenzungen, der Handlungsmöglichkeiten, der Attraktionen und des Anregungsgehaltes klassifiziert haben (Moos 1976, Trudewind 1975). Danach sind wichtige Entwicklungsbereiche:

1. Stimulation durch Ausstattung der räumlichen Umwelt:
   - Anregung durch Spielzeug und Malgeräte
   - Anregung durch Tierhaltung, Basteln, Hobby-Beschäftigungen
   - Anregung durch Bücher, Zeitschriften, Hefte
   - Anregung durch Massenmedien

2. Weite des Erlebnishorizontes
   - Ausgestaltung der räumlichen Umwelt (Unterrichts- und Gruppenräume, Schülerbibliothek, Freizeitbereich, Mensa, Spiel-, Sport-Freigeländeflächen)
   - Bewegungsfreiheit in der räumlichen Umwelt
   - frühes Einsetzen einer schülerorientierten Selbständigkeitserziehung
   - Häufigkeit von Reisen, Ausflügen, Erkundungen, Praktika

3. Vielfalt, Intensität und Qualität der sozialen Kontakte
   - Vielfalt der sozialen Kontakte unter Schülern
   - Qualität der Kontakte mit den LehrerInnen
   - Intensität der Kontakte unter Schülern und Lehrern
   - Inhalt der sozialen Kontakte

Deutlich wird die Orientierung von Antworten auf die Frage "Was ist eine gute Schule?" an einer Vorstellung von

Schule, die nicht nur graue Lehranstalt sein soll, sondern vielmehr Lebens- und Lernraum. Dabei steht das Konzept der Ganztagsschule sicher im Hintergrund. Angemerkt sei, daß es natürlich in der Geschichte der Schule immer wieder die Suche nach einer menschen- und lernfreundlichen Schule gegeben hat. Auf solche älteren Ansätze wird hier nicht eingegangen.

2. "Background-Variablen" der Schule

Wenn man dem Strukturierungspunkt "von außen nach innen" folgt, bilden die sog. Background-Variablen einen ersten Kriteriensatz. Dies beginnt bei den Lernvoraussetzungen der SchülerInnen und dem Anregungsgehalt und den sozialen Faktoren der Elternhäuser, setzt sich fort mit schulischen Umweltvariablen und regionalen Bedingungen (schulfreundliche Kommunen, Differenziertheit des Schulangebots) und geht bis zu den Fragen der pädagogischen Autonomie der Schule, der schulaufsichtlichen Anregung, Stützung und Beratung pädagogischer Weiterentwicklungen, der Stützsysteme der Lehrerfortbildung und den personellen und sächlichen Ressourcen einer Schule.

3. Ethos, Geist und Klima einer Schule (school-goodness)

Einen Lernbereich markieren die Stichworte "Ethos, Geist und Klima". Die Schulforschung sagt heute ziemlich deutlich, daß die Größe einer Schule kein hinlängliches Kriterium für eine gute Schule ist. Die Güte einer Schule hängt von ihrer unverwechselbaren Individualität ab: Schulen sind "Individualitäten" mit eigenem Profil.
So kann einen gute Schule gleich welcher Art auf bestimmte Qualitäten verweisen, die ihr zu eigen sind.

3.1 Kommunikative Ethik

Das Zusammenleben und -arbeiten von Menschen bedarf der kommunikativen Verständigung über die den Alltag leitenden Werte und Normen. Die Achtung voreinander, Fairness und Ehrlichkeit, wechselseitiges Vertrauen, Zeit füreinander haben, Beziehungsstrukturen, die Pflichten und Freiheiten gut ausbalancieren, Interesse am Anderen, sind leicht zu formulierende Ziele; sie ergeben sich nicht von selbst.
In einer guten Schule muß es genügend Anlässe und Gelegenheiten geben, um den Sinn, die Wichtigkeit, aber auch die Veränderbarkeit der die wechselseitigen Beziehungen leitenden Gesichtspunkte immer wieder neu zu "erarbeiten". Wenn man vom Geist spricht, der in einer Schule herrscht, meint man ja immer den gelebten und reflektierten Alltag, der einen annimmt, fördert, anregt, auch verpflichtet, der von allen Seiten aber so gemeint ist. Fend spricht von vier Bemühungen um das Ethos einer Schule (Fend 1986).

- *Integrationsarbeit*: Wie wird an der Kultivierung der Alltagsgegebenheiten gearbeitet, gibt es dazu Gespräche, institutionalisierte Anlässe, wie werden Nachkommende integriert, können die Alten überzeugen? Oder sind die Werte und Normen des Alltags ständig neu zu gewinnen im Umgang miteinander?
- *Überzeugungsarbeit*: Können Perspektiven und Sinnvorgaben entwickelt und einander wichtig gemacht werden?
- *Moralarbeit*: Findet eine kontinuierliche Bemühung gegen Nachlässigkeit und Gleichgültigkeit, gegen Unterdrückung und belastenden Egoismus statt?
- *Sprachregelungsarbeit*: Mit welcher Sprache werden in der Schule Anerkennung und Wertschätzung, Abweichung und Konsens, Integration und Besonderheit benannt? Über die Sprache kommt mehr vom Alltag zum Ausdruck, als man gemeinhin denkt.

3.2 Das Klima einer Schule

Sieht man die bisherige Literatur zum Thema durch, taucht durchgehend als entscheidender Faktor einer guten Schule das Schulklima auf. Auch Aurin, der angelsächsische Studien und Forschungen bilanziert, verweist auf seine Bedeutung (Aurin 1991). Er nennt folgende Gesichtspunkte:

- gemeinsame Planungen und kollegiale Beziehungen auf der LehrerInnenseite, Bemühungen um Arbeitszufriedenheit,
- Zusammengehörigkeitsgefühl bei allen Beteiligten,
- klare Ziele und hohe Erwartungen, die von allen geteilt werden,
- Ordnung und Disziplin im Sinne von klaren Strukturen (Lern-, Handlungs-, Zeit-, Raum- und Materialstrukturen) und verabredeten Verhaltensregeln (Vertragsdenken),
- Verläßlichkeit in der Alltagsarbeit,
- fairer Umgang mit abweichendem Verhalten,
- Freiheit und Initiative ermöglichende Ordnungen,
- humane, auf Vertrauen gründende Kultur des mitmenschlichen Umgangs,
- Fördern und Fordern als didaktisch sich ergänzende Formen pädagogischen Handelns,
- Leistungs- und Wertbezogenheit des Unterrichtens,
- Redlichkeit von Schulen,
- ein Schulleben, das sich auf die Lebenswelten und -bedürfnisse von SchülerInnen einläßt.

Die Schule ist alles in allem "a place to grow up in", wie Paul Godman es einmal formuliert hat. Fend hat in einem Beitrag auf der Basis seiner Schulforschungen, die im deutschsprachigen Raum zu den wichtigsten gehören, weitere Merkmale genannt (Fend 1986):

- In guten Schulen herrscht keine miese Stimmung unter den LehrerInnen. Unzufriedenheit und Gereiztheit sind nicht chronisch.

- In guten Schulen herrscht keine aggressive Stimmung gegen die Schüler. Es wird nicht dauernd und ausschließlich über "Schrott", "Dünnbrettbohrer" und "Pfeifen" gesprochen.
- In guten Schulen haben LehrerInnen Zeit für die SchülerInnen.
- In guten Schulen fühlen sich LehrerInnen und SchülerInnen angenommen, akzeptiert, bekannt und gesehen. "Ich bin da und die anderen wissen das" - dies ist eine wichtige Grundstimmung.
- In guten Schulen ist eine freundliche und lockere Atmosphäre spürbar. LehrerInnen sind gern da, SchülerInnen fühlen sich wohl und Eltern haben den Eindruck, ihr Kind ist dort gut aufgehoben.

Deutlich wird mit den genannten Merkmalen sicher, daß eine Grundgestimmtheit, ein positives Klima, eine angenehme Atmosphäre entscheidende Indizien für eine gute Schule sind.

3.3 Regeln und Rituale, Ereignisse und Ergebnisse

Ein dritter Indizienkomplex ergibt sich mit Hinweisen darauf, wie eine Schule zum Leben kommt, wie sich in Regeln, Routinen, Ritualen, Ereignissen und dokumentierten Ergebnissen der Alltag realisiert. Gute Schulen sind gestaltete Schulen, im sozialen wie im räumlichen Bereich. Sie sind keine Wartesäle dritter Klasse, keine Notunterkünfte und Kasernen. In guten Schulen passiert etwas, es ist "viel los".

Feste werden gefeiert, Ausflüge werden organisiert, Ausstellungen werden organisiert, Schulfahrten finden statt, Schullandheimaufenthalte gehören dazu, Spiel- und Wandertage finden statt. Dabei ist die Vorbereitung so wichtig wie die Durchführung selbst. Veranstaltungen werden nicht für jemanden durchgeführt, sie sind gemeinsame Anliegen.

Der Schulalltag hat seine festen Regeln und Rituale. Die Woche beginnt z. B. mit einem Gesprächskreis, mit einem gemeinsamen Musizieren, die Pausenkultur ist ausgeprägt. Die Woche hat ihre festen Einrichtungen, z. B. ein pädagogisches Forum am Ende der Woche. Gute Schulen sind nicht überbürokratisch, sie verschüchtern SchülerInnen nicht, sie ersticken Aktivitäten nicht in übermäßig vielen Regelungen und Ängstlichkeiten. Spontaneität, Kreativität, auch Risikobereitschaft kennzeichnen Aktivitäten wie die dafür notwendige Nutzung von Räumen, Geräten und Materialien.
Möglich ist dies nur, wenn nicht Chaos, Strukturlosigkeit, Vandalismus, Rohheit und Verantwortungsentzug herrschen, sondern die sozialen Beziehungen wie die Leistungsansprüche klar formuliert sind und von allen getragen werden können. Hier zeigt sich, daß die wichtigen Regeln und Rituale gebunden sind an die unter 3.1 entwickelten Bemühungen um ein bestimmtes Ethos des Miteinanderumgehens, auch Miteinanderringens um bestimmte Grundauffassungen der gemeinsamen Arbeit.

3.4 Die gewährten Lernchancen und die ungewollten Lerneinschränkungen

Der zentrale Bereich von Schule ist Unterricht. Unterricht ist eine Veranstaltung, die bei Lernenden Lernen bewirken will. Also muß sich die Frage "Was ist eine gute Schule?" auch auf den Unterricht beziehen.
Aus den Untersuchungen beispielsweise der Tauschs wissen wir seit Jahren, welche Strukturmerkmale ein stark lehrerorientierter Unterricht hat (Tausch 1970). Der Unterricht in Klassen hat mehrere Strukturdefizite. Er muß sich in seinen Fortschritten an einem angenommenen, meist nicht genau identifizierbaren Lernfortschritt orientieren, er kann auf die individuellen Lerntempi und Lernmodi der SchülerInnen nur begrenzt eingehen. Mit größer werdender Zahl der Teilnehmer engen sich die Kommunikations- und Artikula-

tionsmöglichkeiten des einzelnen Lerners ein. Ganz abgesehen davon wird das eigenverantwortliche Lernen eingeengt, ist eine ernstgenommene Interessenentwicklung bei ständig vorgegebenen Lernsequenzen nur begrenzt möglich.

Dies führt seit einiger Zeit zur Reflexion und Erprobung alternativer Konzepte in Ergänzung zum herkömmlichen lehrerorientierten Unterricht. Unter dem Sammelbegriff des "offenen Unterrichts" sind die inzwischen recht gut beschreibbaren Teilkonzepte des wahldifferenzierten Unterrichts, der Wochenplanarbeit, der freien Arbeit und der Projektarbeit zu subsumieren. Sie können hier zunächst nicht näher beschrieben werden (Bönsch 1992). Ihr Anliegen ist, einen Beitrag zu einer guten Schule mit der Realisierung folgender Intentionen zu leisten:

- Hinsichtlich der Lernpflichten, der Lernsolls sollen die SchülerInnen Zeit-, Handlungs- und Materialstrukturen angeboten bekommen, die ihnen erlauben, ihr Lernen zeitlich variabler, verfahrensmäßig dem eigenen Lerntyp angepaßter und in den Hilfen differenzierter zu realisieren.

- Dabei sollen Kommunikation und Kooperation bessere Chancen bekommen, die als dem Lernen förderlich angesehen werden.

- Hinsichtlich der Entwicklung von Interessen, individuell bestimmter Wichtigkeiten für das Lernen - beides unaufgebbare Bestimmungsmomente des Lernens, das auf Bildung zielt - ist es wohl bedeutsam, dem Schüler/der Schülerin neue Möglichkeiten zu lernen zu eröffnen.

- Gesellschaftlich-politisches Lernen besteht in der Identifizierung von gemeinsam für wichtig erachteten Problemen und Projekten und ihrer Bearbeitung. Hier ist die kommunikativ-kooperative Komponente von besonderer Bedeutung.

Freilich ist zum gegenwärtigen Zeitpunkt zu sagen, daß empirische Untersuchungen hinsichtlich der Erfolge "gemischt" sind. In den von Rauin referierten Untersuchungsergebnissen angelsächsischer Untersuchungen zeigt sich in den nicht leistungsbezogenen Kriterien (soziale Anpassung, Einstellung gegenüber der Schule und LehrerInnen, Kooperativität, Kreativität und Selbständigkeit) eine mäßige Überlegenheit. In bezug auf fachliches Lernen zeigen sich schwache Vorteile, für die Leistungsmotivation etwas deutlichere Vorteile zugunsten des herkömmlichen Lernens. Bei näherem Zusehen zeigt sich, daß besonders positive Werte für offenen Unterricht dort auftreten, wo eine sehr große "Modelltreue" gegenüber den Merkmalen offenen Unterrichts eingehalten wurde. Gegenteilig verhält es sich mit Studien, die hohe Werte bei fachlichem Lernen erzielen. Für sie ist deutlich, daß sie deutlich weniger Merkmale des offenen Unterrichts erfüllen. Vier Faktoren sind offensichtlich für den Erfolg offenen Unterrichts ganz wichtig (Rauin 1987):

- die aktive Rolle des Schülers/der Schülerin im Lernprozeß,
- die diagnostische Bewertung,
- handlungsorientiertes Material,
- Individualisierung.

Deutlich machen muß man sich auch, daß selbstgesteuertes und individualisiertes Lernen möglicherweise zu einer Diskrepanz zwischen den curricular vorgegebenen und mit Leistungskontrollen abgefragten Lernzielen und dem individuell angeeigneten Wissen führt. Das ist eigentlich logisch. Die Frage ist, wie diese Diskrepanz bewertet wird: Wird sie als Manko angesehen oder als eine bejahte Alternative? In der Kombination von direkter Instruktion und offenen Phasen könnte hier die künftige Linie liegen. Zumal Untersuchungen auch zeigen, daß ein deutlich akzeptierter und von möglichst allen geteilter Leistungsanspruch immer wieder auch als ein Merkmal guter Schulen identifiziert wird (Haenisch 1989).

4. Weitere Merkmale einer guten Schule

Im letzten Absatz soll auf eine Reihe weiterer Punkte, die für eine gute Schule von Belang sind, hingewiesen werden.

- *Funktionieren der Organisation*

Möglichst wenig Störungen im "Organisationsgetriebe" werden in einer Reihe von Untersuchungen als wichtige Voraussetzung für eine gute Schule angesehen. Dazu gehört die Organisation des Alltags, eine gewisse Stabilität und Kontinuität des Kollegiums, also möglichst wenig Lehrerfluktuation sowie möglichst wenig Ausfall- und Vertretungsstunden. Ein pünktlicher Unterrichtsbeginn und wenig vorzeitig beendete Stunden werden weiterhin genannt (Rutter u.a. 1980).
Beides sind zwar formale Gesichtspunkte, möglicherweise aber sind es gerade auch die Kleinigkeiten, die in der Wahrnehmung von Schülern von Bedeutung zu sein scheinen (Haenisch 1989).

- *Schulinterne Lehrerfortbildung*

Ein weiteres Kennzeichen guter Schulen ist die regelmäßige schulinterne Fortbildung des Kollegiums. Ziel ist dabei, in gemeinsamer Auseinandersetzung Transparenz und wechselseitige Orientierung in die gemeinsame Arbeit zu bringen. Thematisch sollte Fortbildung eng auf das "Programm" der Schule bezogen sein sowie sich an den Nöten und Bedürfnissen der LehrerInnen ausrichten.

- *Das Zusammenwirken von Schule und Elternhaus*

Eltern müssen, wie es die niedersächsischen Erlasse ja auch fordern, konsequent und kontinuierlich über die Ziele und die Arbeit der Schule informiert werden. Andererseits müssen die LehrerInnen Elternhaus und Herkunft der SchülerInnen gut kennen. Eltern sollten sich so häufig wie möglich am schulischen Geschehen beteiligen und die Arbeit der Schule unterstützen.

- *Pädagogische SchulleiterInnen*

Eine wichtige Rolle spielen SchulleiterInnen für eine gute Schule, wenn sie ihre Führungs- und Beratungskompetenz für die Schule einsetzen. Gute SchulleiterInnen sitzen nicht in ihrem Büro, sondern strecken überall in der Schule ihre Fühler aus und haben ständigen Kontakt mit LehrerInnen und SchülerInnen. Sie geben Impulse, sie regen Initiativen an, sind offen für neue Ideen, ständig bemüht, die pädagogische Arbeit in der Schule zu verbessern. Sie würdigen die Arbeit der LehrerInnen, geben Ermutigung, öffnen die Schule nach außen, sind Wegbereiter für die Zusammenarbeit mit den Eltern. Kurzum: Sie sind optimistische Initiatoren für alles, was der guten Schule dient.

- *Unterstützung durch die Schulbehörden*

Die Schulbehörden müssen, wenn sie gute Schulen wollen, die pointierte Rolle des Beraters und Helfers einnehmen. Die wohlwollende Unterstützung von Initiativen, die pädagogische Beratung müssen zentrale Aktivitäten sein. Schulen brauchen die wohlwollende, engagierte und anregende Unterstützung der Schulaufsichtsbehörden.

Schlußbemerkungen

Die Schule beansprucht aufgrund der bestehenden Schulpflicht einen nicht unerheblichen Teil der Lebenszeit von

Kindern und Jugendlichen. Dies allein schon reicht als Begründung dafür aus, "gute Schulen" anzustreben. Da in einer sehr großen Zahl von Stunden LehrerInnen und SchülerInnen beglückende und anregende Erfahrungen machen oder eben das Gegenteil, ist für beide Seiten unerläßlich, ständig nach dem Sinn und der Qualität von schulischer Lehr- und Lernarbeit zu fragen und zu suchen. Das Faktorenbündel, das es zu prüfen gilt, ist recht komplex. Angesichts der nicht gerade übermäßig beruhigenden Befunden aus Schülerbefragungen (Czerwenka u.a. 1990) ist von der Seite der SchülerInnen das Alarmsignal gegeben. Auf der Seite der LehrerInnen ist aber ebenfalls immer wieder die Rede von Überforderung, Ermüdung, Ausgebranntsein, so daß auch von dieser Seite die Frage nach einer guten Gestaltung des Arbeitsplatzes "Schule" aktueller denn je ist.

Literatur

Aurin, K. (Hrsg.): Gute Schule - worauf beruht ihre Wirksamkeit? Bad Heilbrunn 1991.

Baßmann, W., Dehnbostel, K., Drenkelfort, G.: Gesamtschule. Lernen ohne Angst. Frankfurt a.M. 1981.

Bauer, K.O.: Erziehungsbedingungen an Sekundarschulen: Eine empirische Untersuchung an sechs Schulformen der Sekundarstufe I. Weinheim/Basel 1980.

Bessoth, R.: Organisationsklima an Schulen. Neuwied und Frankfurt a.M. 1989.

Bessoth, R.: Verbesserung des Unterrichtsklimas, Neuwied und Frankfurt a.M. 1989.

Bönsch, M.: Lernökologie. Essen 1986.

Bönsch, M.: Schule verbessern. Hannover 1990.

Bönsch, M.: Schüler aktivieren. Hannover 1990 (2).

Bönsch, M.: Variable Lernwege. Lehrbuch der Unterrichtsmethoden. Paderborn 1991.

Bohnsack, F. u.a.: Schüleraktiver Unterricht. Weinheim 1984.

Brophy, J.E., Good, T.L.: Die Lehrer-Schüler-Interaktion. München/Berlin/Wien 1975.

Bulla, G.H.: Probleme einer Organisationsentwicklung in der Schule. Frankfurt a.M. 1982.

Czerwenka, K. u.a.: Schülerurteile über die Schule. Frankfurt a.M./Bern/Paris 1990.

Dressmann, H.: Unterrichtsklima. Weinheim/Basel 1982.

Fauser, P., Flitner, A., Fintelmann, K. (Hrsg.): Lernen mit Kopf und Hand. Weinheim 1983.

Fend, H.: Konformität und Selbstbestimmung. Weinheim 1971.

Fend, H.: Schulklima: Soziale Einflußprozesse in der Schule. Weinheim/Basel 1977.

Fend, H.: Gesamtschule im Vergleich. Weinheim/Basel 1982.

Fend, H.: "Gute Schulen - schlechte Schulen". In: Die Deutsche Schule 1986, S. 275-293.

Fend, H.: Was ist eine gute Schule? In: Westermanns Pädagogische Beiträge 7/8 1986.

Giaconia, M., Hedges, L.V.: Identifiying Features of Effective Open Education. In: Review of Educational Research 1982, S. 579-602.

Haenisch, H.: Gute und schlechte Schulen im Spiegel der empirischen Schulforschung. In: Tillmann, K.-J. (Hrsg.): Was ist eine gute Schule? Hamburg 1989.

Hage, K. u.a.: Das Methodenrepertoire von Lehrern. Opladen 1985.

Hentig, H. v.: Was ist eine humane Schule? München/Wien 1976.

Hessisches Institut für Bildungsplanung und Schulentwicklung (Hrsg.): Qualität von Schule. 4 Hefte. Wiesbaden 1987.

Klafki, W.: Neue Studien zur Bildungstheorie und Didaktik. Weinheim/Basel. 1985.

Lorenz, U., Ipfling, H.-J. (Hrsg.): Freude an der Schule. München 1979.

Moos, R.H.: The Human Context. Environmental Determinants of Behavior. New York 1976.

Peter, H.-U.: Die Schule als soziale Organisation. Weinheim 1973.

Roth, H.: Pädagogische Anthropologie. Bd. 1. Hannover 1971.

Rauin, U.: Differenzierender Unterricht: Empirische Studien im Überblick. In: Hessisches Institut für Bildungsplanung und Schulentwicklung (Hrsg.): Untersuchungen zur Qualität des Unterrichts. Wiesbaden 1987, Heft 3 zum Thema "Qualität von Schule".

Rutter, M. u.a.: Fünfzehntausend Stunden - Schulen und ihre Wirkung auf die Kinder. Weinheim/Basel 1980.

Skiera, E. (Hrsg.): Schule ohne Klassen. Hamburg 1985.

Steffen, U.: Erkundungen zur Wirksamkeit und Qualität von Schule. In: Die Deutsche Schule. 1986, S. 294-305.

Tausch R. u. A.: Erziehungspsychologie. Göttingen 1970 (5).

Tillmann, K.-J. (Hrsg.): Was ist eine gute Schule? Hamburg 1989.

Trudewind, C.: Leistungsmotivgenese und Umwelt: Probleme, Strategien und erste Ergebnisse. In: Walter, H. (Hrsg.): Sozialisationsforschung. Bd. II: Sozialökologie - neue Wege in der Sozialisationsforschung. Stuttgart 1975.

Weber, E.: Das Schulleben und seine erzieherische Bedeutung. Donauwörth 1979.

1.2 Offener Unterricht oder: Freiarbeit

Begriffliche Abklärungen

Mit dem Begriff "Freiarbeit" wird ein wichtiges Stück praktischer Schulreform bezeichnet. Da in der schulpädagogischen Diskussion die Begrifflichkeit schnell ungenau wird, seien ein paar begriffsanalytische Überlegungen an den Anfang gestellt. Arbeit hat im allgemeinen etwas mit verpflichtender Tätigkeit zu tun. Daß für Lernprozesse gern der Begriff "Arbeit" verwendet wird (Lernarbeit, auch Projektarbeit u.ä.), meint dann, daß aufgegebene, zur Pflicht gemachte Arbeiten erledigt werden sollen. Mit diesem Verständnis von Arbeit kontrastiert der Begriff "Freiarbeit". Was frei ist, kann eher mit Interesse, Hobby, Freizeit assoziiert werden und ist eben nicht Arbeit. Wenn in den neuen Erlassen der terminus technicus "Freiarbeit" nun in breiter Front auftritt, ist damit, wenn man es genauer erfaßt, **selbstverantwortetes, gar selbstbestimmtes Lernen** gemeint, das neben dem verordneten Lernen einen größeren Stellenwert bekommen soll. Selbstverantwortetes Lernen kann vom Anspruch und Inhalt vorbestimmt sein. Es ist dann in eigener Verantwortung auszuführen, im Ergebnis vom Ausführenden selbst zu vertreten. Der vorgegebene Rahmen kann unterschiedliche Qualitäten von Freiheit haben. Die Bearbeitungsmodi und der Zeitrahmen können beispielsweise in die Verantwortung des Lerners gegeben werden, möglicherweise auch die Wahl der Hilfen (Bücher, Karteien, Arbeitsblätter u.a.m.). Wenn von selbstbestimmtem Lernen die Rede ist, d.h. von freier Arbeit im engeren Sinn, können Lernende auch die Inhalte und Aufgaben ihres Tuns selbst bestimmen, sind also von Vorgaben jeder Art weitgehend frei; der zur Verfügung stehende Zeitrahmen wird allerdings vorbestimmt bleiben. Ein Problempunkt ist hier in aller Regel, ob

Nichtstun oder Vorhaben, die vom herkömmlichen schulischen Lernen relativ weit entfernt sind (z.B. Mikado spielen), in den definierten Rahmen von Freiheiten noch hineinpassen oder ob dieser enger gezogen ist und entsprechend expliziert werden muß.

Freiarbeit gehört insgesamt in das Begriffsfeld "Offener Unterricht", das alle Bestrebungen umfaßt, Unterricht gegenüber einer starken Programmierung (Ziele, Inhalte, Methoden, Medien, Leistungskontrollen werden von einer Lehrerin/einem Lehrer oder einem tatsächlichen Lernprogramm vollständig vorgegeben) immer wieder zu öffnen - und zwar in zwei Richtungen:

- einmal in Richtung der Schüler und Schülerinnen und ihrer Interessen, Bedürfnisse, Lernmöglichkeiten (schülerorientierter Unterricht),
- zum anderen in Richtung variabler Lernangebote in- und außerhalb der Schule (lebensnahes Lernen).

Erlaßvorgaben (Beispiel Niedersachsen)

Die derzeit geltenden Erlasse für die Arbeit in den verschiedenen Schulstufen und -arten regen in zunehmend deutlicher Weise zu einem Stück praktischer Schulreform, belegt mit dem Terminus "Freiarbeit", an.

1. Der Erlaß über die Arbeit in der **Grundschule vom 7.5.1981** spricht von freiem Arbeiten, das dem Schüler/der Schülerin Gelegenheit gibt, zunehmend selbständig Inhalt, Ziel und Gestaltung seiner/ihrer Aktivität zu wählen. Er/sie kann seine/ihre individuellen Fähigkeiten und Grenzen entdecken, seine/ihre Meinungen erproben und neue Interessen gewinnen. Der Zeitrahmen ist allerdings noch sehr eng gezogen (Arbeitsgemeinschaften/Freie Arbeit im 3. und 4. Schuljahr je 1 Stunde), es sei denn, ein Kollegium weitet ihn von sich aus auf 3-4 Stunden aus.

2. Im Erlaß über die Arbeit in der **Orientierungsstufe vom 28.2.1991** wird eine alternative Stundentafel angeboten, die im Rahmen des Pflichtunterrichts zwei bis fünf Stunden Freiarbeit vorsieht, die

- der Förderung individueller Leistungsfähigkeit und besonderer Interessen,
- als freie Lernzeit für Lernangebote und selbstgewählte Lernschwerpunkte
- und der Förderung der Eigenverantwortlichkeit und des selbständigen Lernens dienen.

3. Der Erlaß über die Arbeit in der **Hauptschule vom 9.4.1991** sieht im Rahmen der allgemeinen Stundentafel bis zu vier Wochenstunden Freiarbeit vor (Sollensformulierung). Die Intentionen dafür sind mit denen im Orientierungsstufenerlaß fast identisch. Für die alternative Stundentafel gilt dies auch, wobei noch die Erklärung hinzukommt, daß die Schüler und Schülerinnen in zunehmendem Maße an der Unterrichtsplanung und Unterrichtsgestaltung Anteil haben sollen. Diese seien zu Beginn des Schuljahres mit den Schülerinnen und Schülern zu erörtern.
Zudem sollen im Unterricht fachbezogene und fachübergreifende Aufgaben von den Schülern und Schülerinnen selbst gewählt oder eingebracht werden können.

4. Der Erlaß über die Arbeit in der **Realschule vom 9.4.1991** sieht im Rahmen der allgemeinen Stundentafel vor, daß im 7. Schuljahrgang in den ersten 4 Wochen freie Unterrichts- und Arbeitsformen im Vordergrund stehen können. In den Erläuterungen zur alternativen Stundentafel heißt es, daß an die Stelle des Unterrichts in den aufgeführten Pflichtfächern als besondere Form des offenen Unterrichts bis zu 4 Wochenstunden Freiarbeit treten **können**. Es findet sich auch dort wieder der Hinweis auf die zunehmende Beteiligung der Schüler und Schülerinnen an der Unterrichtsplanung und Unterrichtsgestaltung.

5. Nach dem Erlaß über die Arbeit in den Jahrgängen 7-10 des **Gymnasiums vom 9.4.1991** können freie Unterrichts- und Arbeitsformen in der ersten Schulwoche (!) im Jahrgang 7 im Vordergrund stehen. Von der Beteiligung der Schüler und Schülerinnen an der Unterrichtsplanung und Unterrichtsgestaltung ist ebenfalls die Rede, von Freiarbeit im engeren Sinne aber nicht. Die Grundintentionen für das Lernen sind aber mehrfach in die Richtung selbständigen Lernens formuliert. Während Möglichkeiten innerer Differenzierung sehr knapp angesprochen werden (5,5 Zeilen), wird der Entscheidungsspielraum der Schülerinnen und Schüler über wahlfreien Unterricht, Wahlpflichtunterricht und Arbeitsgemeinschaften (Formen äußerer Differenzierung) stärker betont.

Begründungsrahmen

Wenn selbstverantwortetes und selbstbestimmtes Lernen in Gestalt von Freiarbeit zu einem wichtigen Bestandteil schulischer Lehr- und Lernarbeit werden soll, sind gute Begründungen wichtig, weil die Tradition der Schule und die Erwartungen der Eltern zunächst einmal eher auf lehrerorientierten Unterricht ausgerichtet sind. Dies ist an sich verwunderlich, denn jedermann weiß, daß Bildungsprozesse sich nur bei Individuen ereignen, wenn sie sich überhaupt ergeben. Die Veranstaltung, die wir Unterricht nennen, kann nur Anregung, Hilfe dafür leisten, sie aber nicht selbst erzwingen.

1. Bildungstheoretische Gründe

Solange Schule als Bildungsinstitution verstanden wird - der Bildungsauftrag des niedersächsischen Schulgesetzes ist ein sehr anspruchsvoller - ist die Bemühung um Lernprozesse unaufgebbar, die Individuen ermöglichen, zur Welt ein aufgeklärtes und handlungsorientiertes Verhältnis zu gewinnen und gleichzeitig sich die Welt in ihren wichtigen Aspekten und Problemen aufzuschließen, wobei die in der Vergangenheit erarbeiteten Wissensbestände und Objektivationen in Kunst, Literatur, Musik, Sprachen u.a.m. entscheidende Aufschlüsselungs- und Erklärungshilfe leisten können. Gegenüber einer reinen Vermittlungsdidaktik, die den Könner und Kenner zum allmächtigen Repräsentanten von Kompetenzbeständen macht, kommt es aber entscheidend darauf an, daß die Schule genügend Anlässe und Gelegenheiten bereitstellt, mit denen und in denen ein lernendes Individuum eigene Interessen und Valenzen entwickeln kann, selbst etwas für wichtig erachten und entsprechend bearbeiten kann, das Lernen in die eigene Hand nimmt, um das eigene, sehr genuine Verhältnis zu den Problemen der Welt, das Wissen über sie und über menschliche Objektivationen zu konstituieren. Dies ist vielleicht das Wichtigste in einer recht verstandenen Bildungsarbeit.

2. Unterrichtstheoretische Gründe

Frontalunterricht ist nach wie vor dominant. Es soll Klassen geben, die Gruppen- und Partnerarbeit überhaupt nicht kennenlernen. Wenn man Unterricht versteht als eine Veranstaltung, die bei Lernenden Lernen bewirken soll, kann man diese Art von Unterricht nur als eine sehr archaische Form verstehen. Sie folgt der Vorstellung, daß ein von einer/einem Lehrerin/Lehrer durchgeführter Unterricht immer 20-30 Lernprozesse synchron initiiert, realisiert und zu einem Ergebnis führt. Dies ist sicher eine große Illusion. Lernprozesse, die man in der Regel nicht genau und differenziert genug indizieren kann, werden wahrscheinlich nur teilweise vollständig synchron zum abgehaltenen Unterricht laufen. Häufiger werden sie unstet verlaufen, also später anfangen, irgendwann einmal abbrechen, wieder beginnen oder frühzeitig beendet bleiben. Auch 20-30 aufmerksame Augenpaare werden keine gesicherten Hinweise auf real ablaufende

Lernprozesse geben. Das kann nur heißen, daß einfallsreichere Arrangements gesucht werden müssen, die Lernen wirklich realisieren helfen. Ein weiteres Problem besteht darin, daß bei lehrerorientiertem Unterricht das Lerntempo an einem angenommenen Durchschnitt orientiert ist, nur orientiert sein kann, so daß recht viele Schüler und Schülerinnen ihr Lerntempo nicht finden. Die Folge wird sein, daß abgebrochene, nicht in Gang gekommene und im Tempo verzerrte Lernprozesse schließlich zur Kumulation von Halb-, Nichtverstandenem führen. Man bezeichnet dies dann gern als Lernschwierigkeiten, sogar Lernbehinderungen, die als individuell verschuldet angesehen werden. Selbstbestimmtes, -verantwortetes Lernen kann hier andere Lernmöglichkeiten eröffnen.

3. Lerntheoretische Gründe

Wenn Lernen im Kern ein individueller Prozeß ist, der im günstigen Fall durch soziales Lernen angeregt wird, sind Überlegungen unausweichlich, in welcher Weise über den herkömmlichen vermittelnden Unterricht hinaus Schülerinnen und Schüler befähigt werden, ihr Lernen selbst in die Hand zu nehmen. Konkret bedeutet dies, ihnen Möglichkeiten zu eröffnen, ihre Lernprozesse, wenn sie aus welchen Gründen auch immer mit dem Frontalunterricht nicht synchron laufen konnten, "**nachsteuern**" zu können. Weiterhin müssen sie ihren Lerntyp, ihre Lernstrategien, ihre Lern- und Arbeitstechniken finden, um selbständig die Erreichung der gesetzten Ziele anstreben zu können. Hier scheint eine noch weithin ungenutzte Chance zu liegen, Lernen erfolgreicher zu gestalten. Die Zeit-, Handlungs- und Materialstrukturen des Unterrichts bedürfen in dieser Hinsicht einer dringenden Ergänzung durch Formen offenen Unterrichts. So gesehen bekommt Freiarbeit eine gar nicht zu unterschätzende Bedeutung. Sie kann das Lernarrangement sein, das schulisches

Lernen erst zu der für jeden Lerner notwendigen Qualität bringt.

4. Sozialerzieherische Gründe

Wenn in der Schule für jeden Schüler/jede Schülerin ein zeitlicher Rahmen von mindestens 4 Unterrichtsstunden pro Woche entsteht, könnte die Vision Realität werden, nach der die gegenseitige Hilfe, Anregung, Beratung, gemeinsames Lernen, tutorielle Hilfe (Schüler helfen Schülern), Ermutigung und Erklärung das Lernen in der Schule tatsächlich bestimmen. In der Freiarbeit ist es kein Problem, bei einem anderen zuzuschauen, wie er die gestellten Aufgaben löst, den Mitschüler zu fragen, wenn man etwas nicht versteht, mit der Mitschülerin zusammen zu arbeiten. Solidarität, Empathie, Kooperation können Realisierungschancen bekommen, die der Frontalunterricht so nie anbieten kann. Bei selbstbestimmtem Lernen erfährt man, was ein anderer sich vornimmt, wie er arbeitet, welche Hilfen er benutzt. Man beobachtet seinen Umgang mit einer Lernkartei, wie er sich Bücher besorgt, welche Lernweisen er praktiziert. Man erfährt auch mehr von Schwierigkeiten, die ein anderer hat, man überlegt, wie man sie selbst meistern würde, man kann Tips geben, Mut machen, sich Problemlösungen zuwenden, die man sonst gar nicht als nötig erfahren würde. Freiarbeit löst den Klassenverband auf, um Lernen besser voranzubringen.

Die Grundfolie

Damit keine Irritationen entstehen, sei ganz deutlich gesagt, daß lehrerorientierter, guter vermittelnder Unterricht für planmäßiges Lehren und Lernen immer wichtig sein wird. Mit zunehmender Realisierung von Freiarbeit wird er sogar an Wert wiedergewinnen. Es geht also nicht um seine Ablösung.

Der/die gut vermittelnde, erörternde erklärende Lehrer/-in ist wichtiger denn je. Und LehrerInnen, die ihre Unterrichtsfächer für wichtig halten und Spaß an der Leistung in ihren Fächern vermitteln, brauchten wir wohl in viel größerer Zahl! So ist die **Grundfolie** aller Überlegungen für die Unterrichtsgestaltung:

Vermittlungsdidaktik

Vermittelnder, lehrerorientierter, gar lehrgangsorientierter Unterricht ist ein wichtiges und unaufgebbares Teilkonzept in der Schule von heute.
Seine Kennzeichen sind:

1. Eine Lehrerin/ein Lehrer plant Unterricht auf der Basis einer fachlichen und didaktischen Analyse und unter Berücksichtigung eines vielfältigen Methoden- und Medienrepertoires.
2. Entsprechend der Planung wird der Unterricht durchgeführt. Dabei ist Offenheit gegenüber SchülerInnen-interessen, -bedürfnissen, -ideen und -aktivitäten durchgehende Lehrhaltung.
3. Lernerfolgskontrollen und Leistungsmessung orientierten sich an dem tatsächlich gehaltenen Unterricht und erfahren so einen möglichst hohen Grad von Objektivität.
4. Der vermittelnde Unterricht mit den Grundformen des Vortragens, Vorführens und Vormachens vergewissert sich immer wieder der selbständigen Verarbeitung in Einzel-, Partner- und Gruppenarbeit. Der Lernprozeß wird so vervollständigt durch intensive Phasen des Übens und Wiederholens.

Auf dieser Grundfolie ergibt sich eine zweite, die mit dem Begriff der Arrangementsdidaktik zu beschreiben ist.

Arrangementsdidaktik

Die Auseinandersetzung mit Sachverhalten, das Entdecken von Fragestellungen, das Versuchen, Experimentieren, Forschen werden als wichtige Lernaktivitäten so oft wie möglich in entsprechenden Lernsituationen ermöglicht.

1. Das Initiieren von handlungsorientiertem Lernen zielt auf konkret handgreifliche Auseinandersetzung mit Lerngegenständen. Umgang, Recherche, Herstellen, Entwerfen sind zentrale Lernaktivitäten.
2. Das Provozieren von problemorientiertem Lernen zielt auf Problembearbeitung. Lücken, Zweifel, Widersprüche, Unverstandenes, Nichtbewältigtes schaffen Lernlagen, auf die mit Problemlöseaktivitäten zu reagieren ist.
3. Das Arrangieren von entdeckendem Lernen versucht, "fertige Sachverhalte" in lebendige Ausgangsfragehaltungen zurückzuverwandeln, um die subjektive Neuartigkeit von Lerngegenständen auf dem Wege des Forschens, Nacherfindens und Nachentdeckens abzubauen zugunsten eines erarbeiteten Wissens.
4. Das Konstruieren von situativem und simulativem Lernen zielt auf Lernkonstellationen, in denen Lernende sich spontan angesprochen fühlen und ebenso reagieren. Sprach- und Spielsituationen, Modellwirklichkeiten sind die methodischen Mittel dafür.

Man muß sich vergegenwärtigen, daß Unterricht mit dem vorstehend in aller Kürze referierten Repertoire immer schon bemerkenswert offen und schülerorientiert sein kann. Dies ist dann die Stelle, an der ein weiterer Schritt sinnvoll wird, der Schritt zu einer Autodidaktik, die selbständiges, selbstbestimmtes und selbstverantwortetes Lernen fördern will.

Freiarbeit

In der schulpädagogischen Diskussion lassen sich **vier Teilkonzepte** relativ genau beschreiben:

1. Wahldifferenzierter Unterricht

Wahldifferenzierter Unterricht regt im Rahmen einer einzelnen Unterrichtseinheit begründetes selbständiges und kooperatives Lernen an. Seine Grundstruktur ist so zu beschreiben:

Strukturierungsphase
- Einstieg ins Thema
- Bezug zum Thema für Schüler
- Übersicht/Strukturierung
- Ausfaltung von Teilthemen und Arbeitsmöglichkeiten

Differenzierungsphase

1. Wahlphase
- begründetes Wählen von Themenschwerpunkten
- Durchsicht von Lernmaterial
- Gruppen bilden
- Plan verabreden

2. Erarbeitungsphase
- Plan für die Erarbeitung eines Teilthemas
- Bearbeitung des Teilthemas
- Vorbereitung der Vermittlung vor der Klasse

3. Vermittlungs- und Reflexionsphase
- Darstellung der bearbeiteten Teilthemen
- Ergänzungen durch LehrerIn
- Diskussion
- Reflexion der Differenzierungsphase

In der **Strukturierungsphase** wird der Gesamtrahmen der zur Bearbeitung anstehenden Thematik entwickelt (Überblick), Teilthemen und Arbeitsschwerpunkte werden entfaltet, so daß der Bezug zum Thema mit diesem Einstieg Information und Anregungen verknüpft.

In der **Wahlphase** können sich die Schüler/-innen über die angebotenen Teilthemen orientieren, sie können sich über die dafür vorgesehenen Lernmaterialien informieren. Dann

sollten sie Teilthemen mit anderen begründet auswählen, Gruppen bilden und den Grobplan verabreden.
In der **Erarbeitungsphase** stellen sie zunächst einen differenzierten Arbeitsplan auf, machen sich dann an die Bearbeitung des Teilthemas und müssen früh genug die Vermittlung ihres Arbeitsergebnisses vor der Klasse vorbereiten (Wandzeitung erstellen, Folien erstellen, Arbeitsblätter entwerfen, Tafelbilder entwickeln, Vortrag formulieren u.a.m.).
In der **Vermittlungs- und Reflexionsphase** werden die bearbeiteten Teilthemen vorgestellt, der Lehrer/die Lehrerin kann ausgelassene Teilthemen ergänzen.
Schließlich werden die Unterrichtseinheit, ihr Verlauf, ihre Ergebnisse und eventuelle Schwierigkeiten reflektiert.
Auf den ersten Blick könnte dieses Teilkonzept als ein Fall schlichter arbeitsteiliger Gruppenarbeit aufgefaßt werden. Auf den zweiten Blick ist die Phase selbständigen Arbeitens mit erheblichen Herausforderungen versehen.
Die Wahl eines Teilthemas, die Prüfung der angebotenen Lernmaterialien, die Erarbeitung selbst und die Vermittlung ihrer Ergebnisse können für viele SchülerInnen recht schwierig sein, zumal man für den eigenen Arbeitsplan und die Ergebnisse selbst verantwortlich ist. Die Lehrerrolle erweitert und verändert sich. Nach der Strukturierung sind Beratung und Lernangebot entscheidend. In der Vermittlungs- und Reflexionsphase ist die Sicherung eines überzeugenden Arbeitsergebnisses über die Gruppenergebnisse und Ergänzungen wichtig.

Die Freiarbeit erfolgt in einem vorgegebenen Rahmen, für eine begrenzte Zeit (4-6 Unterrichtsstunden) und mit der Auflage, daß man sein Ergebnis präsentieren muß. Andererseits schaffen die Vorgaben (Strukturierung, Lernmaterialien) verläßliche Arbeitsbedingungen und vermeiden Desorientierung, die bei zu weitgehender Öffnung schnell Platz greifen kann. Je offener Unterricht gestaltet wird, umso wichtiger sind die Vorstrukturierungen!

2. Tagesplan-/Wochenplanarbeit

Gegenüber dem für eine einzelne Unterrichtseinheit begrenzten Rahmen selbständiger Lernarbeit ist die Tagesplan-/Wochenplanarbeit in ihrer Rahmenkonstruktion konsequenter. Sie will für einen veränderten Vormittag oder für die Woche Lernzeiten schaffen, in denen bei ebenfalls formulierten Aufgaben die selbständige Bearbeitung möglich wird.

2.1 Tagesplanbeispiel

Verlaufsstruktur	Lernaufgaben
offene Eingangsphase	Schüler können sich selbständig beschäftigen
gebundene Lernzeit	mit dem Lehrer/der Lehrerin werden Lerninhalte erarbeitet.
freie Lernzeit	Schüler arbeiten selbständig an gestellten Aufgaben
Spiel- und Frühstücksphase	größere Pause
gebundene Lernzeit	gemeinsame Erarbeitung (wie oben)
freie Lernzeit	selbständiges Arbeiten
kleinere Pause	kleinere Pause
Fachstunden	bestimmte Fächer (z.B. Sport, Religion) werden wie bisher unterrichtet

Besonders in der Grundschule wären die Voraussetzungen für einen veränderten Lernrhythmus gegeben. An der Tafel oder auf Übersichtsblättern werden die Aufgaben und Inhalte für den Vormittag vorgegeben, so daß für alle Transparenz entsteht. Der Plan kann zunächst von dem Lehrer/der Lehrerin vorgegeben sein, er kann später gemeinsam entwickelt werden. Er kann für alle SchülerInnen gleiche Aufgaben vorsehen, er könnte vorzüglich für Maßnahmen der inneren Differenzierung genutzt werden. Die offene Eingangsphase kann in der Nutzung freigestellt sein, man kann sich jeweils für den nächsten Morgen bestimmte Erledigungen vornehmen. Dann allerdings wäre auch die Anwesenheitspflicht fest zu regeln. Die größere Pause (bis zu 30 Minuten beispielsweise) könnte zu einer neuen Pausenkultur führen. Bestimmte Fächer bleiben in der herkömmlichen Unterrichtung. Die Grundidee des Tagesplans ist - besonders bei den sog. vollen Halbtagsgrundschulen wäre sie realisierbar -, das selbstverantwortliche Lernen nach eigenem Tempo, selbstbestimmter Reihenfolge der zu erledigenden Arbeiten zum alltäglichen Lernen zu machen, gleichzeitig durch die Transparenz des Vormittagsablaufs und seiner Inhalte SchülerInnen stetig zur Mitgestaltung der Lernarbeit anzuregen.

2.2 Wochenplan

Der Wochenplan nimmt einen anderen Zeitrahmen, in der Regel verteilt über mehrere Stunden in der Woche, um Zeiten selbstverantworteten Lernens regelmäßig anzubieten. Mit dem Begriff der Wochenplanarbeit wie auch der Tagesplanarbeit verbindet sich zunächst einmal die Vorstellung, daß die Lernaufgaben Pflichtaufgaben sind und durch entsprechende Vorgaben (Arbeitsblätter, Tafelanschrieb, Lernkarteien u.a.m.) mitgeteilt werden.

Wochenplanbeispiel

	Mo	Di	Mi	Do	Fr	Sa
1.				WPA		
2.						
3.	WPA					
4.			WPA			
5.					WPA	
6.						

In obigen Stundenplan sind 4 Stunden pro Woche für Wochenplanarbeit vorgesehen. Für sie werden zu Beginn der Woche die zu erledigenden Aufgaben aus den beteiligten Fächern bekanntgegeben oder gemeinsam entwickelt. Die SchülerInnen können dann nach ihrer Entscheidung die Reihenfolge, den Zeitumfang, den Modus der Bearbeitung selbst bestimmen. Bis Samstag sollen die Aufgaben erledigt sein. Ein **nutzbares System von Arbeitsblättern und weiteren Lernmaterialien** (Bücher, Karteien, Lernspiele u.v.m.) steht ihnen zur Verfügung. Ein **praktikables Ablagesystem** (erledigte Aufgaben, durchgesehene Aufgaben, zu korrigierende Aufgaben) sorgt für den geregelten Weg zum Schüler/zur Schülerin und zur Lehrerin/zum Lehrer zurück und wieder zur Schülerin/zum Schüler. Auf diese Weise wird die Erledigung der Pflichtaufgaben klar vorgegeben; auf der anderen Seite ist der Selbstverantwortungsgrad wesentlich erhöht.

3. Freie Arbeit

Mit dem Terminus "Freie Arbeit" wird in der schulpädagogischen Diskussion Unterrichtszeit benannt, in der in sehr konsequenter Weise SchülerInnen freigestellt wird, was sie machen wollen: freigewählte Themen, Aufgaben im Anschluß an den Pflichtunterricht, kleine Vorhaben und Studienarbeiten, aber auch freies Lesen, Spielen, Basteln, Tiere und Pflanzen versorgen u.a.m. können Inhalt der freien Arbeit sein. Diese für die Schule in unserer Gesellschaft sicher ungewohnteste Idee stößt am ehesten auf Skepsis. Was werden SchülerInnen schon Vernünftiges tun, wenn ihnen nichts aufgetragen ist?
Das ist eine oft gehörte Frage. Sie impliziert aber im Grunde eine pädagogische Skepsis, nach der nur gelernt wird, wenn da einer ist, der sagt, was gemacht werden soll. Man könnte dezidierter von pädagogischem Mißtrauen sprechen. Man muß sich dann daran erinnern, daß sich das Wort

"Schule" vom Griechischen "schole" herleitet und Muße meinte! Und man muß sich dann an den vorstehend explizierten Bildungsbegriff erinnern, nach dem die Entwicklung von eigenständigen Interessen und die Erlebnisse, selbst einmal etwas für wichtig halten zu können auch gegen Rahmenrichtlinien und LehrerInnenmeinung zu den grundlegenden Intentionen der Schule gehören sollten. Der kritische Punkt ist dort, wo Zeiten für freie Arbeit i.e.S. auch zum Nichtstun und Erholen genutzt werden könnte. Wenn man dies nicht will, kommt es auf den in einer Schule entwickelten Begründungsrahmen an. Der könnte zum Inhalt haben, daß Zeiten für freie Arbeit in Inhalt und Anspruchsniveau konsequent frei genutzt werden könnten, aber davon ausgegangen wird, daß etwas gearbeitet wird. Dies würde auch genau dem Terminus "freie Arbeit" entsprechen.

Beispiele für den Einbau freier Arbeit

	Mo	Di	Mi	Do	Fr	Sa
1.				FA		
2.				WPA		
3.						Studien-
4.	FA					oder
5.					WPA	Projekt-
6.						tag

In Fortführung des Wochenplanbeispiels läßt sich dann denken, daß z.B. 2 Stunden "freie Arbeit" zu den 4 Stunden WPA kommen. Bei Integration von WPA und FA könnte der Wochenplan so entwickelt werden, daß neben den Pflichtaufgaben genügend Zeit frei gelassen wird, um selbständig gewählte Aufgaben durchführen zu können. Auch wenn man weniger Unterrichtsstunden pro Woche nur vorzusehen vermag, ließe sich dieser Gedanke verfolgen. Eine **Alternative** sei kurz aufgezeigt: Man könnte überlegen, ob man einen Tag in der Woche - im obenstehenden Plan ist der Samstag dafür genommen, es könnte auch jeder andere Wochentag sein - ganz der selbständigen Arbeit widmet (**Studientag, Aktionstag**). Er böte die Chance, Stundenpläne so zu gestalten, daß ein Tag in der Woche für WPA/FA, kleine Projekte oder außerschulische Erkundungen zur Verfügung stehen würde. Vieles, was in der herkömmlichen Unterrichtsorganisation nur schwer oder doch recht aufwendig organisiert werden kann, bekäme dann bessere Voraussetzungen.

4. Projektarbeit

In allen Erlasen ist von Projektarbeit die Rede, für die bis zu 6 Unterrichtstage pro Schuljahr vorgesehen werden können. Projektarbeit wird hier als viertes Teilkonzept von Freiarbeit verstanden. Sie ist gewissermaßen die am ausgeprägtesten kommunikativ-kooperative Variante. An ihre Grundelemente sei kurz erinnert:

Projektarbeit:

1. Eine **Projektinitiative** entwickelt sich aus dem Pflichtunterricht, aus Interessen der SchülerInnen, aus Angeboten von LehrerInnen, aus aktuellen, schulischen, kommunalen, gesellschaftlichen Problemen heraus.

2. Nach ihrer Prüfung entwickelt sich im positiven Fall ein **Projektplan**, der Ziel, Inhalt, Verlauf und gedachtes Ergebnis beschreibt. Er entsteht in der Gruppe der an einem Projekt interessierten SchülerInnen und LehrerInnen und evtl. unter Beteiligung außerschulischer Personen (Eltern, Experten u.a.m.).

3. In der **eigentlichen Projektarbeit** wird von der Projektgruppe der Projektplan realisiert. Regelmäßig wird über Stand und Verlauf reflektiert (**Metaphasen**), da die gemeinsame Steuerung des Projektes zu den zentralen Momenten gehört. Zwischengeschobene lehrgangsartige **Instruktionsphasen**

können notwendig sein, um das "know-how" fundierter Projektarbeit zu sichern.

4. Das Projekt endet in der Regel mit einem **Projektergebnis**, mit dem die Arbeit dokumentiert, vorgestellt wird oder sogar außerschulisch etwas bewirkt worden ist.

Projektarbeit in diesem Sinn ist unter dem Begriff der Freiarbeit zu subsumieren, weil unabhängig von den Vorgaben der Rahmenrichtlinien und Lehrpläne Lernende und Lehrende in freier Verabredung Projekte planen und durchführen können. Im Unterschied zu Wochenplanarbeit und freier Arbeit i.E.S., die entweder stärker aufgaben-(Pflicht-)orientiert ist oder die individuelle Initiative in den Vordergrund stellen, ist Projektarbeit substantiell auf Verabredung, gemeinsam entwickelten Plan und gemeinsame Projektarbeit hin orientiert, wobei Metaphasen, die der Orientierung, Vergewisserung und ständiger Adaptation an den Plan, auch seiner Veränderung dienen, für die gemeinsame Steuerung hin zum Projektprodukt wesentlich sind. Natürlich kann es auch Projekte geben, die im Rahmen der Vorgaben (Rahmenrichtlinien, Lehrpläne) eine wichtige Rolle spielen können.

Neue Infrastrukturen
Abschließend sei darauf hingewiesen, daß für die Teilkonzepte der Freiarbeit gewisse Infrastrukturen entwickelt werden müssen, die auf Dauer entscheidende Voraussetzung und Grundlage sein werden.

1. Kommunikative Klammern

Offener Unterricht hat sein Äquivalent in effektiver Kommunikation. Wenn Freiarbeit sinnvoll werden soll, das ist sicher schon klar geworden, bedarf sie der Entwicklung von

Sinn, Begründung, Beratung, Besprechung. Mit kommunikativen Klammern sind gemeint

- **Wochenanfangsgesprächskreise**, in denen die Arbeit besprochen wird, Pläne erläutert werden, Ideen entwickelt werden, Aufgaben beispielhaft durchgesprochen werden, Zeit- und Inhaltsprobleme erörtert werden,
- **Wochenschlußkreise**, in denen Arbeitsergebnisse vorgestellt und diskutiert werden, Nichterledigtes neu angesetzt wird, Probleme der Arbeit besprochen werden,
- **Vermittlungsphasen**, in denen wichtige Vorgehensweisen und Arbeitstechniken eingeführt und durchprobiert werden,
- **Diskussionsphasen**, in denen Zwischenstände ausgetauscht und bilanziert werden, Kooperationsprobleme und Bearbeitungsschwierigkeiten besprochen werden, der Sinn des Gemeinten immer wieder neu gefunden wird, Regeln verabredet werden.

2. Stundenplantechnische Hilfen

Um die Gefahr von vornherein zu vermeiden, daß Freiarbeitsstunden relativ isoliert angesetzt werden, weil sie von Erlassen gefordert werden, ist besonders bei ausgeprägtem Fachunterricht, wie etwa in der Sekundarstufe I, der Hinweis auf einige stundenplantechnische Hilfen von Nutzen.
- Möglichst viele Stunden des Klassenlehrers/der Klassenlehrerin in seiner/ihrer Klasse,
- die Organisation von **Epochenunterricht**,
- die Einrichtung von **Blockstunden** für die sog. Langfächer,
- die Einrichtung von **Lehrerteams** für einzelne Klassen und Jahrgänge, um die Möglichkeiten der Absprache und Kooperation für die Arbeit in einzelnen Klassen zu erhöhen (Teammodell),
- die Planung und Durchführung von **fächerübergreifendem** Unterricht. Die damit verbundene zeitweise Zusammen-

fassung von Fachstunden erleichtert den Einbau von Freiarbeit in ihren verschiedenen Varianten.

3. Lernmaterialien, Bibliothek, Mediothek

Für selbstbestimmtes bzw. selbstverantwortetes Lernen bekommt die Organisation und Bereitstellung von Lernmaterialien und Arbeitsgeräten eine neue Bedeutung. Gegenüber der Arbeitsblatt- und Textkopien-Methodik Stunde für Stunde sind die Umrüstung der Klassenräume zu **Arbeitsräumen** und die Einrichtung einer jederzeit zugänglichen **Bibliothek** wie **Mediothek** wichtige schulinfrastrukturelle Maßnahmen. Klassenbücherei, Lexika, Sachbücher, Rechtschreib- und Rechen-Karteien, Lük-Material, Heinevetter-Material, Lernspiele, Arbeitshefte, Mal- und Werbematerialien, Arbeitsgeräte (Scheren, Schreibmaschine, Kopiergerät u.a.m.) gehören dazu. Die Schulbibliothek mit Arbeitsplätzen, die Mediothek mit Bildsammlungen, Dia-Serien, Filmen, Videobändern, Tonbändern, auch schnell verfügbares Experimentiergerät sind wünschenswerte Arbeitshilfen.

4. Das Klassenzimmer als Arbeitsraum

Um das Klassenzimmer zum Lern- und Studienraum zu machen, das in seiner Funktion dann über einen Raum für Unterricht weit hinausgeht, gilt es, ihn multifunktional einzurichten. Regale, Raumteiler, Funktionsbereiche (Lese-, Info-, Experimentier-, Arbeitsecken) können das Anregungspotential schaffen, das dazu anleitet, sich der Bücher und Materialien zu bedienen, sich einen Arbeitsplatz einzurichten. Tafel, Pinnwände (Raumteiler) können wie ein Ausstellungstisch auch zur Dokumentation der Arbeiten beitragen. Gleichzeitig muß es unkompliziert möglich sein, einen Stuhlkreis zu bilden oder für vermittelnden Unterricht eine gute Plenumsformation (Hufeisen o.ä.) zu bilden. Pflanzen, Terrarien, Aquarien mögen ergänzende Wirkungen haben. Das Sich-wohl-fühlen im Lernraum ist lange Zeit vernachlässigt geblieben.

5. Arbeitstechniken, -strategien, -regeln

Selbständiges Lernen bedarf der Verabredungen und der Kompetenzen. So bekommt das Curriculum der Arbeitstechniken und -strategien eine besondere Bedeutung.

Wenn nicht mehr Aufgaben und Ausführungen schlicht angeordnet werden, muß man lernen, mit Zeit umzugehen, sich einen Plan zu machen, Vorgehensweisen zu verabreden, einen Plan einzuhalten, ggf. zu korrigieren. Man muß Lexika benutzen können, Karteien selbständig bearbeiten können, Medien nutzen können.

Die Präsentation von Arbeitsergebnissen bedarf der eigenen Kultur. Wenn viele Menschen in einem Raum oder mehreren Räumen arbeiten, sind bestimmte Regeln wichtig (störe nicht andere; bewege dich leise; wenn du nicht zurechtkommst, frage jemanden; stelle das benutzte Material wieder an seinen Platz u.a.m.). Deutlich wird, daß Freiarbeit in viel intensiverer Weise die Mitverantwortung und -gestaltung jedes Beteiligten verlangt, als dies lehrerorientierter Unterricht erfordert. Die Vielfalt des Lernens und gleichzeitig entlastende Handlungs- und Verhaltensgerüste brauchen eine gute Balance. Klare Strukturen sind ein notwendiges Äquivalent zu Offenheit! Sie verhindern Unsicherheit, Unruhe, Chaos.

Schluß

Lehrerorientierter Unterricht ist im Grunde bequemer als Freiarbeit. Die Muster für seine Gestaltung sind bekannt. Routine schafft den Rest. Die schulpädagogische Herausforderung durch stärker selbstbestimmtes und -verantwortetes Lernen ist daher nicht unerheblich. Und sie mag in einer Anfangsphase auch mehr Arbeit mit sich bringen. Wer immer aber erlebt hat, wie bereichernd es für SchülerInnen wie für LehrerInnen ist, sind beide Seiten für diesen "qualitativen Sprung" vielleicht doch zu gewinnen, auch wenn 10-20 Jahre Unterrichtserfahrung relativ festgefahrene Routinemuster geschaffen haben. Dem Anliegen mit Freude und Interesse lernen zu können, wäre es zu wünschen.

Die zur Zeit gültigen Erlasse

Die Arbeit in der Grundschule, Erlaß des MK v. 7.5.1981
Die Arbeit in der Orientierungsstufe, Erlaß des MK v. 28.2.1991
Die Arbeit in der Hauptschule, Erlaß des MK v. 9.4.1991
Die Arbeit in der Realschule, Erlaß des MK v. 9.4.1991
Die Arbeit in den Jahrgängen 7-10 des Gymnasiums, Erlaß des MK vom 9.4.1991

Literatur

Arbeitsgruppe WDU: Wahldifferenzierter Unterricht in der Hauptschule. Hannover 1988.

Bäuerle, D.: Alternativer Unterricht. Stuttgart 1980.

Bönsch, M.: Üben und Wiederholen im Unterricht. München 1993.

Bönsch, M.: Schüler aktivieren. Hannover 1990 (2).

Bönsch, M.: Schule verbessern. Hannover 1990.

Bönsch, M.: Variable Lernwege. Paderborn 1991.

Bönsch, M.: Unterrichtskonzepte. Baltmannsweiler 1986.

Bönsch, M. (Hrsg.): Funktionen und Formen von Lernmaterialien. Ravensburg 1976.

Bönsch, M., Schittko, K. (Hrsg.): Offener Unterricht. Curriculare, kommunikative und unterrichtsorganisatorische Aspekte. Hannover 1979.

Boettcher, W. u.a.: Lehrer und Schüler machen Unterricht. München 1976.

Bohnsack, F. u.a.: Schüleraktiver Unterricht. Weinheim/Basel 1984.

Einsiedler, W., Härle, H. (Hrsg.): Schülerorientierter Unterricht. Donauwörth 1976.

Frey, K.: Die Projektmethode. Weinheim/Basel 1982.

Garlichs, A. u.a.: Didaktik offener Curricula. Weinheim/Basel 1974.

Garlichs, A., Groddeck, N. (Hrsg.): Erfahrungsoffener Unterricht. Freiburg i.B. 1978.

Gudjons, H.: Handlungsorientiert Lehren und Lernen. Bad Heilbrunn 1986.

Huschke, P., Mangelsdorf, I.: Wochenplanunterricht. Weinheim/Basel 1984.

Kasper, H. (Hrsg.): Vom Klassenzimmer zur Lernumgebung. Ulm 1979.

Kunert, K.: Theorie und Praxis des offenen Unterrichts. München 1978.

Meier, R., Bahns, M.: Miteinander lernen. Differenzierung und Freie Arbeit in der Grundschule. Stuttgart 1981.

Müller-Bardorff, H.: Grundschüler auf dem Weg zur Freien Arbeit. Weinheim/Basel 1986.

Neber, H. u.a.: Selbstgesteuertes Lernen. Weinheim/Basel 1978.

Ramseger, J.: Offener Unterricht in der Erprobung. München 1977.

Schittko, K.: Differenzierung in Schule und Unterricht. München 1984.

Strote, I.: Das Wochenplanbuch für die Grundschule. Heinsberg 1985.

Struck, P.: Projektunterricht. Stuttgart 1980.

Wagner, A.C. u.a.: Schülerzentrierter Unterricht. München 1976.

Wallrabenstein, W.: Offene Schule - offener Unterricht. Reinbek 1991.

1.3 *Erstes Korrespondenzkonzept* Beziehungsdidaktik - Zur Neustrukturierung sozialen Lernens

Ausgang: ein Seminarerlebnis

In einem Seminar zum Thema "integrierte Gesamtschule" war intensiv über den Schwerpunkt "soziales Lernen" gearbeitet worden. Als sich Erkundungen in einer IGS anschlossen, stellten die Studenten/-innen fest, daß sie den Unterrichtsalltag nicht anders empfänden als in jeder anderen Schule auch. Bis auf das Duzen zwischen LehrerInnen und SchülerInnen sei alles "stinknormal"! Von dem besonderen Anliegen "sozialen Lernens" sei in den zugegebenermaßen selektiven Wahrnehmungen im Raster der Beobachtungsaufgaben nichts hängengeblieben.
Könnte es sein, daß sich der Alltag auch in reformerischen Schulen so zu alten Strukturen hin routiniert hat, daß in der Tat besondere Anliegen, mit denen die IGS gegründet worden ist, keine große Rolle mehr spielen? Dies wäre dann Anlaß, um darüber nachzudenken. Im folgenden sollen anhand von **Kriterienbereichen** die Aspekte sozialen Lernens für den Unterrichtsalltag griffig herausgearbeitet werden.

Der Grundansatz: Eine andere Qualität des Lernens
Mit dem Begriff der Beziehungsdidaktik kann der Grundansatz beschrieben werden.
In einer Zeit, in der ungebrochen geltende Normengerüste und Handlungskonventionen nicht mehr vorhanden sind, sind neue Orientierungen - und diese sind unerläßlich - nur in einer Art "**andauerndem Vertragsdenken**" zu gewinnen. Die Würde auch des Schülers/der Schülerin ist unantastbar, und wenn er/sie als einzigartiges Individuum respektiert werden soll, ist eine schlichte Nachfolge-Erziehung nicht mehr

möglich. Normen und Gebote sind gemeinsam im Nachdenken und Argumentieren zu finden. Es bedarf eines nicht unerheblichen Anteils der Unterrichtszeit, das gemeinsame Wert- und Normensystem im Diskurs zu gewinnen. Die Zeit dafür ist wichtig! Sowohl schulinterne Angelegenheiten (warum ist Pünktlichkeit sinnvoll? - Warum ist das Erbringen von Leistung auf Dauer für jedes Individuum wichtig? - Welcher Leistungsbegriff sollte zugrundeliegen?) wie die Dinge der Welt bekommen Sinn oder mindestens Erklärung nur, wenn man gemeinsam darüber nachdenkt und spricht.

Ethik, Religion, Sinn - lebensbestimmende Kategorien für jeden einzelnen wie für jede Gemeinschaft - sind wohl nur im gemeinsamen Praktizieren und Darübersprechen zu entwickeln (ausführlicher: Bönsch 1991).

Der inhaltliche Rahmen bestimmt sich durch das Grundgesetz und die Erklärung der Menschenrechte sowie den Bildungsauftrag des Niedersächsischen Schulgesetzes:

(1) Die Schule soll im Anschluß an die vorschulische Erziehung die Persönlichkeit der Schüler auf der Grundlage des Christentums, des europäischen Humanismus und der Ideen der liberalen, demokratischen und sozialen Freiheitsbewegungen weiterentwickeln. Erziehung und Unterricht müssen dem Grundgesetz für die Bundesrepublik Deutschland und der Vorläufigen Niedersächsischen Verfassung entsprechen; die Schule hat die Wertvorstellungen zu vermitteln, die diesen Verfassungen zugrundeliegen.

Die Schüler sollen fähig werden,

- die Grundrechte für sich und jeden anderen wirksam werden zu lassen,
- die sich daraus ergebende staatsbürgerliche Verantwortung zu verstehen und zur demokratischen Gestaltung der Gesellschaft beizutragen,
- nach ethischen Grundsätzen zu handeln sowie religiöse und kulturelle Werte zu erkennen und zu achten,
- ihre Beziehungen zu anderen Menschen nach den Grundsätzen

der Gerechtigkeit, der Solidarität und der Toleranz zu gestalten,
- den Gedanken der Völkerverständigung zu erfassen und zu unterstützen,
- Konflikte vernunftgemäß zu lösen, aber auch Konflikte zu ertragen,
- sich Informationen zu verschaffen und sich ihrer kritisch zu bedienen,
- ihre Wahrnehmungs-, Empfindungs- und Ausdrucksmöglichkeiten zu entfalten und
- sich im Berufsleben zu behaupten.

Die Schule hat den Schülern die dafür erforderlichen Kenntnisse und Fähigkeiten zu vermitteln. Dabei sind die Bereitschaft und die Fähigkeit der Schüler zu fördern, für sich allein wie auch gemeinsam mit anderen zu lernen und Leistungen zu erzielen. Die Schüler sollen zunehmend selbständiger werden und lernen, ihre Fähigkeiten auch nach Beendigung der Schulzeit weiterzuentwickeln.

(2) Die Schule soll Lehrern und Schülern den Erfahrungsraum und die Gestaltungsfreiheit bieten, die zur Erfüllung des Bildungsauftrags erforderlich sind.

1. Kriteriensatz: Beziehungsstrukturen

Da in der Schule heute Vermittlungsdidaktik und Anstaltsrecht vorherrschen, kommen veränderte Beziehungsstrukturen zwischen Schülern und Schülerinnen sowie Lehrern und Lehrerinnen nur schwer zur Geltung. Schnell sind die alten Muster wieder vorherrschend; die einen sind die, die den Ton und die Aufträge vorgeben, die anderen sind die, die entsprechend zu reagieren haben. Wenn tendenziell Beziehungsstrukturen angestrebt werden könnten, die Subjekt-Subjekt-

Beziehungen zum Inhalt haben, wäre die Überprüfung des Alltags an folgenden Kriterien möglich:

Gegenseitigkeit
Die Beziehungen sind auf Symmetrie und Gleichheit angelegt.
Einfühlungsvermögen
Jeder versucht, sich in die Situation des anderen hineinzuversetzen, diese zu verstehen.
Einwirkungsfähigkeit
Jeder hat das Recht, verantwortlich auf die Lehr-/Lernsituationen einzuwirken.
Anerkennungsbereitschaft
Jeder ist bereit, Verabredungen und Anforderungen anzuerkennen und mitzutragen.
Transparenz
Lernziele und -inhalte sind verständlich und begründet.
Nachvollziehbarkeit
Die Anforderungen an beide Seiten sind nachvollziehbar und verstehbar, im günstigen Fall akzeptierbar.
Veränderbarkeit
Sie sind aber auch veränderbar von den Interessen und Bedürfnissen her.
Relevanz
Die Bedeutsamkeit kurzfristig wie langfristig ist gegeben, bzw. sie wird immer wieder argumentativ hergestellt.

Wenn man diese Kriterien auf den Schulalltag auslegt, merkt man sofort, wie schwer sie zu realisieren sind. Sie basieren alle auf der Grundvorstellung, daß eine Balance möglich ist zwischen Pflichten und Freiheiten, zwischen Rechten und Pflichten, zwischen Nehmen und Geben, zwischen Individualität und Gemeinsamkeit. Wer immer nur Rechte in Anspruch nehmen wollte, würde vergessen, daß er um aushaltbarer Verhältnisse wegen auch Pflichten übernehmen muß. Wer immer nur seine Individualität pflegen wollte, muß zur Kenntnis nehmen, daß Gemeinsames dabei schnell verlorengeht. Wer nur von sich her denkt, kann den anderen nicht mehr verstehen. Wer sich nicht auf Verabredungen einlassen kann, macht erfreuliche und positive Leistungserlebnisse schwer möglich.

Umgekehrt gilt: Wenn die Anforderungen, die die Schule stellt, nicht transparent sind, kann man schwer Sinn in ihnen finden. Wenn Normen nicht nachvollziehbar sind, kann man sie im Grunde nicht mittragen. Wenn man am Unterricht nicht mitgestaltend, verändernd und verbessernd beteiligt sein kann, bleibt nur das 4passive Aushalten, das schnell in Verweigerung übergeht. Wenn die Relevanz der gemeinsamen Arbeit nicht deutlich wird, wird Lernen schnell zum ungeliebten Muß.

Da solch ein hohes kommunikatives Niveau zunächst einmal eine Zielvorstellung meint, wird es immer wieder notwendig sein, die Stellvertreter-Rolle in bezug auf die Kriterien wahrzunehmen. Das meint für den Alltag, daß der Lehrer/die Lehrerin als Anwalt dieses intendierten Niveaus zur Aufrechterhaltung überhaupt realisierbarer Lernverhältnisse eine Reihe von Fragen von sich aus klärt, die Entscheidungen aber auch erklärt, um auf dem Wege zu den Kriterien zu bleiben. Freilich gehört auch die ständige Bemühung dazu, Lehr-/Lernverhältnisse, die an den Kriterien orientiert sind, durch Gespräch, Überzeugung, Beispiel und Argument anzustreben. Das verlangt Zeit. Unterricht kann nicht nur für die Bearbeitung von Inhalten bestimmt sein. Beziehungsdidaktik verlangt ihre Zeit. Wenn sie nicht reserviert wird, kann es nur zu einem sozialen Lernen kommen, das Anpassung, Gehorsam, Unterordnung beinhaltet.

2. Kriteriensatz: Lehrerverhalten

Die alte Diskussion um die Führungsstile, besonders die Arbeiten von Annemarie und Reinhard Tausch sind hier zu nennen, hat genügend klar und differenziert unterschiedliche Lehrerverhaltensweisen und ihre Äquivalente auf der Schülerseite beschrieben. An sie sei hier erinnert:

Indikatoren für ein Lehrerverhalten, das

a) kommunikationsfördernd ist

- begründet eigenes Vorgehen
- nimmt Vorschläge auf
- gibt selbst Alternativen
- wünscht Initiative
- bittet um Beiträge
- akzeptiert Kritik
- fördert Gruppenarbeit
- läßt über Vorgehen abstimmen
- argumentiert bei Widerspruch
- stellt sich selbst in Frage
- bittet um Aufgabenerledigung
- gibt häufiger Freiraum für selbständiges Tun
- sieht Schüler als gleichberechtigten Gesprächspartner
- erkennt seine Kompetenz und vertritt entschieden seine Auffassungen, besteht aber nicht auf deren uneingeschränkter Einhaltung
- ist immer zu Hilfe bereit
- stützt emotional, baut auf, vermeidet angsterzeugendes Klima
- vermindert Leistungszwang
- ermöglicht Erfolge
- sucht bei Konflikten nach Kompromissen

b) kommunikationsfeindlich ist

- schreibt alles vor
- befiehlt ständig
- duldet keinen Widerspruch
- droht mit Strafe
- wendet Zwang an
- duldet keine Kritik
- wünscht keine Initiative der Lernenden
- läßt nur Ausführung der Befehle zu
- läßt nur Einzelarbeit zu
- droht bei Widerspruch
- erlaubt keine Kritik an sich
- gibt keinen Spielraum für selbständiges Tun
- sieht im Schüler einen Untertan
- stellt sich selbst nicht in Frage
- besteht auf der Richtigkeit seiner Auffassungen
- macht schlecht
- kritisiert hart, destruktiv
- operiert bewußt mit der Angst der Schüler
- fordert uneingeschränkt Leistung
- kümmert sich nicht um Erfolgserlebnisse
- reagiert bei Widerstand unnach-
- giebig, hart.

Bei Schülern, so ist die Annahme, treten korrespondierend zum erwünschten kommunikationsfördernden Verhalten des Lehrers Verhaltensmerkmale auf, die folgendermaßen aufzulisten sind:

Indikatoren erwünschten Schülerverhaltens:

Selbständigkeit
- Aufbau des Wunsches, des Willens und der entsprechenden Fertigkeiten, ohne Hilfe anderer (vor allem Erwachsener) auszukommen,
- Entwicklung und Förderung des Selbstvertrauens,
- Lernen, selbständig Lebenssituationen zu bewältigen,
- In Konflikt- und Problemsituationen (kritisch) Entscheidungen treffen lernen.

Neugier- und Fragehaltungen, Neigungen und Interessen
- Aufgeschlossenheit gegenüber Erscheinungen und Ereignissen in der Umwelt entwickeln,
- Unbefangenheit, Offenheit, Fragen und Problematisieren allen Bereichen, allem Neuen gegenüber fördern,
- Entdecken, Beobachten lernen,
- Anerkennung und Entwicklung, Aufbau und Erweiterung spezieller Interessen,
- Fähigkeit zur Verbalisierung von Fragen, Meinungen und Gefühlen entwickeln und fördern.

Initiative und Risikoverhalten
- Unternehmungsbereitschaft, Entschlußfähigkeit fördern,
- Bereitschaft, den Anstoß zu einer Handlung zu liefern,
- Einsatz für eine Meinung, eine Sache, einen anderen Menschen
- Einsatzbereitschaft, auch bei ungewissem Ausgang oder möglichen persönlichen Nachteilen.

Differenzierung der Wahrnehmung
- Differenzierung der visuellen, haptischen (den Tastsinn betreffenden) Wahrnehmung,
- Sensibilisierung für Sinnesreize,
- Erfahrung dieser Reize,
- Benennung ihrer Qualitäten.

Kritisches Denken und Urteilen
- Fähigkeit, Informationen aufzunehmen und zu verarbeiten,
- Flexibilität des Denkens entwickeln,
- Prüfen, Vergleichen, Werten, Kritikfähigkeit,
- Vor- und Nachteile erkennen und gegeneinander abwägen,
- Schlüsse ziehen lernen.

Herangehen an Probleme und Problemlösungsverhalten
- Freude am Problemlösen wecken (Rätsel),
- Probleme erkennen und aufgreifen,
- Probieren und Lösungswege finden,
- Kompromißbereitschaft entwickeln,
- Lösungen durchführen lernen (Lösungstechniken).

Kreativität und Produktivität
- Spontaneität und Phantasie entwickeln und fördern,
- Experimentieren und Erfinden,
- Anerkennung und Förderung ungewöhnlicher Ideen, Leistungen und Lösungen, neuartiger Ergebnisse,
- Denk- und Handlungsbereitschaft (möglicherweise in Spannung mit konvergentem Denken, mit Konventionen).

Bei genügend umfangreicher Beobachtung des Verhaltens von Lehrerinnen/Lehrern durch Kolleginnen/Kollegen oder Außenstehende müßten die kommunikationsfördernden Verhaltenselemente eindeutig häufiger auftreten als sog. kommunikationsfeindliche. Letztere werden sich in bestimmten Situationen nicht immer verhindern lassen. Aber in der Summe müßte die Tendenz eindeutig sein.

3. Kriteriensatz: das Klima an der Schule

Ganz wichtig für eine Schule ist das Klima, das an und in ihr herrscht. Zweifellos ist dieses zunächst einmal von den praktizierten Interaktionen bestimmt, dann aber sicher auch von den Arbeitsmodi und -tempi sowie den außerunterrichtlichen Ereignissen, die die Schulwoche und das Schuljahr bestimmen. Bessoth (Bessoth 1989) hat umfangreiche Arbeiten dazu vorgelegt. Hier sollen Kriterien aufgelistet werden, die von Zeit zu Zeit von LehrerInnen und SchülerInnen auf ihre positive, weniger positive oder gar negative Ladung hin eingeschätzt werden sollten, damit etwas von den Befindlichkeiten festgestellt und daraufhin dann ggf. Veränderungen initiiert werden könnten.

3.1 Atmosphärische Gegebenheiten

	Positiv	Mittel	Negativ
- Welche Arbeitszufriedenheit herrscht bei LehrerInnen und SchülerInnen vor?			
- Sind die Beziehungen im Alltag kooperativ und verständnisvoll?			
- Hält man sich gern in der Schule auf, auch über die Pflichtzeiten hinaus?			
- Sind Zuversicht und Freundlichkeit bestimmende Größen im Schulalltag?			
- Hat jeder genug Zeit für den anderen?			
- Kann sich jeder genügend einbringen?			
- Werden Probleme und Konflikte fair und offen ausgetragen?			

3.2 Arbeitsmodi und Arbeitstempi

	Positiv	Mittel	Negativ
- Wird Neues gut erklärt und dargestellt?			
- Kann man ohne negative Konsequenzen nachfragen?			
- Bekommt man genügend Zeit, um Neues zu verarbeiten, zu wiederholen, sich selbst anzueignen?			

- Ist der Unterricht in der Regel interessant und bereichernd?

- Macht die Lernarbeit in der Regel Sinn?

- Wechseln die Methoden immer wieder, damit das Lernen Spaß macht?

3.3 Schulleben

	Positiv	Mittel	Negativ
- Ist in der Schule häufiger was los (Sportveranstaltungen, Schulfeste, Klassenabende, Ausflüge, Schulfahrten u.a.m.)?			
- Haben die SchülerInnen genügend Spielraum zur eigenverantwortlichen Gestaltung des Lernens und Lebens in der Schule?			
- Wird der Unterricht immer wieder ergänzt durch Exkursionen, Erkundungen, Projekte?			
- Kann man in den Pausen etwas Vernünftiges anfangen?			
- Gibt es im Lauf der Woche immer wieder Treffen mit anderen Klassen (z.B. Wochenschlußfeiern, freie Arbeit mit mehreren Klassen, Wochenanfangkreise u.a.m.)?			
- Gehören Reisen, Schullandheimaufenthalte, Praktika, Spieltage, Wandertage, zum Schuljahr?			
- Ist dies evtl. wichtiger als der Unterricht?			

Wenn eine Schule sich bemüht, sich über diese drei Kriteriensätze immer wieder Auskunft zu holen, wie von den Beteiligten der Alltag eingeschätzt wird, wenn man über die Ergebnisse spricht und gemeinsam Veränderungen/Verbesserungen plant und realisiert, wird eine Produktivität und Reflexivität entstehen, die für gemeinsam wahrzunehmende Verantwortlichkeiten ganz wichtig ist. Es geht ja bei

"Rückmeldungen" nicht nur um Kritik ("Herummotzerei"), es geht um interindividuelle Wahrnehmungen, die ausgetauscht werden und Anlaß für gemeinsame Initiativen sind.

Der Schulalltag birgt zwei Probleme: Routinen greifen notwendigerweise Platz und sie sind häufig dominiert von den Belangen des Unterrichts. Und ewig ist zu wenig Zeit vorhanden! Die Vergewisserung darüber, wie das subjektiv erlebt wird und gemeinsame Bemühungen um Veränderungen wären entscheidende Bausteine einer Beziehungsdidaktik, der soziales Lernen wichtig ist. Ein Schulfest wird nicht von LehrerInnen für SchülerInnen veranstaltet. Entweder ist es ein gemeinsames Anliegen, oder es findet nicht statt.

4. Kriteriensatz: Handlungsstrukturen des Unterrichts

Soziales Lernen kann sich bei herkömmlichem Unterricht (eine Lehrperson unterricht eine Klasse) nur in begrenzter Weise entwickeln. Die Beziehungsmuster sind rigide festgelegt. Davon war schon die Rede. Deshalb ist für Unterricht unter der hier verfolgten Perspektive wichtig, welche Handlungsstrukturen er anbieten kann.

4.1 Das zu bevorzugende Unterrichtsmodell: Zwei-Ebenen-Modell

Auf die Dauer hat Lernen nur Sinn, wenn ein Lernender jeweils weiß, warum er sich mit was zu welchem Ergebnis hin befassen soll. Der Unterrichtsplan des Lehrers/der Lehrerin muß zu seinem Lernplan werden können, ergänzt durch eigene Intentionen und Interessen. Der Sinn für Lernbemühungen muß klar sein, das Verhältnis zu Lernanstrengungen und zu möglichen Lernergebnissen muß vorhanden sein. Dies kann am ehesten gelingen, wenn Lernen transparent wird, wenn Sinn entsteht, wenn die Übernahme von Sinn ermöglicht wird. Dies führt zu einem Zwei-Ebenen-Modell schulischen Lernens:

Metakommunikation: Begründung, Bestimmung, Orientierung

- Gewinn von Sinn
- Transparenz von Anforderungen
- Wissen über Lernmöglichkeiten

Unterricht als Insgesamt von Lernprozessen

- Befassung mit Unterrichtsinhalten
- Gewinn von Wissen, Einsichten, Fertigkeiten
- Entwicklung akzeptabler Werte und Normen

Gelingt die Realisierung dieses Unterrichtsmodells, müßte Lernen eine neue Qualität gewinnen, bekäme Unterricht eine neue Dimension.

4.2 Kriteriensatz zur Realisierung

Auch hier wieder soll ein handhabbarer und zur ständigen Überprüfung verhelfender Kriteriensatz entwickelt werden.

- Subjektive Sinnvergewisserung	Ist Unterricht immer wieder mitbestimmt durch Lernintentionen der Lernenden selbst?
- Soziale/gesellschaftliche Sinnvergewisserung	Werden in der gemeinsamen Konstituierung von Sinn Unterrichtseinheiten begründet?
- Kommunikative Sinnvergewisserung	Können LehrerInnen durch ihr Engagement/ihr Interesse Lernanliegen wichtig machen?
- Handlungsorientierte Sinnvergewisserung	Können Handlungszusammenhänge (Projekte, wahldifferenzierter Unterricht) Lernzusammenhänge schaffen, in denen Lernarbeit sinnvoll wird?
- Angebotsorientierte	Können Zeit- und Materialstrukturen zu

Sinnvergewisserung	selbständig begründeter Lernarbeit anregen (Wochenplanarbeit, Freie Arbeit)?

Treten solche Lernanlässe und -begründungen relativ häufig auf, ist die Wahrscheinlichkeit groß, daß auch die weniger gut begründbaren Lernanliegen Akzeptanz finden und damit das Lernen in der Schule die Qualität von Mit- und Selbstbestimmung bekommt. Die Offenlegung von Planung, von Pflicht und Freiraum, die Dialektik von Aufgetragenem und Selbstbestimmtem müßte durch relativ häufiges Auftreten der oben entwickelten Kriterien machbar werden. Überzeugung, Argument, Engagement, Begeisterung, aber auch ein relativ großes Recht zu Nachfrage und ggf. auch Verweigerung wären praktische Konsequenzen.

4.3 Adäquate Unterrichts(teil-)konzepte

Da Unterricht im letzten immer auf die Bearbeitung von Lerninhalten abzielt, ist für eine Beziehungsdidaktik wichtig, welche Kommunikations- und Kooperationsstrukturen zugrunde liegen können. Man kann in der derzeitigen Situation folgende Teilkonzepte angeben, die hilfreich wären:

- Wahldifferenzierter Unterricht
Im Rahmen einer einzelnen Unterrichtseinheit werden Wahl- und Kooperationsmöglichkeiten angeboten.

- Wochenplanarbeit
Im Rahmen einer Unterrichtswoche gibt es Phasen (3, 4 oder mehr Unterrichtsstunden), in denen vorgegebene Aufgaben selbständig und zusammen mit anderen bearbeitet werden können.

- Freie Arbeit
Im Rahmen jeder Woche gibt es Phasen, in denen selbständig ausgewählte Aufgaben bearbeitet werden können.

- Projektarbeit
In gemeinsamer Vergewisserung werden inner- oder außerschulische Projekte geplant und durchgeführt.

Jede Schule könnte über das Schuljahr hinweg prüfen, mit welcher Häufigkeit und welchen zeitlichen Anteilen die oben skizzierten Teilkonzepte zur Realisierung kommen. Wenn sie gegenüber dem klassischen vermittelnden Unterricht einen Anteil von 25-35% bekommen würden, wäre dies sicher sehr beachtlich!

5. Kriteriensatz: "Schulleben"

Soziales Lernen kann sich nicht im Rahmen des Unterrichts erschöpfen. Für eine gute Schule ist dies nahezu ebenso wichtig, was gemeinhin "Schulleben" genannt wird. Gemeint ist mit diesem Begriff die Beziehungskultur des Außerunterrichtlichen. Mit ihr ergibt sich wesentlich, was eine gute Schule ausmacht. Leben entfaltet sich in einer Schule in den Regeln und Routinen, in den Traditionen und Terminen, in den Anlässen und Angeboten von Schulveranstaltungen. Während sie häufiger nur als Beiwerk zum Unterricht verstanden werden, sind sie hier als essentielle Bestandteile von Schule gemeint. Wieder soll ein Kriteriensatz dazu verhelfen, das Programm einer Schule zu überprüfen bzw. auszubauen.

Schulfeste
Wieviel feste, wieviel gelegentliche Schulfeste gibt es (Faschings-, Sommerfest u.a.m.)?

Schulfeiern
Gibt es im Lauf des Schuljahres Anlässe für ernste, feierliche Zusammentreffen?

Spieltage/musische Tage
Werden mehrere Male Spieltage/musische Tage für die ganze Schule durchgeführt?

Wandertage, Exkursionen
Wie oft gibt es für jede Klasse oder für die ganze Schule Wandertage/Exkursionen?

Schullandheimaufenthalte
Kommt jede Klasse einmal oder mehrere Male im Lauf der Zeit zu solchen Aufenthalten?

Reisen
Werden im festen Rhythmus Reisen durchgeführt?

Pausenkultur
Gibt es Pausen, die durch mehr bestimmt sind als durch das Freisein von Unterricht?

Theater-/Musikabende
Laden im Lauf des Schuljahres Klassen/AG's/Kurse zu Theater- und Musikabenden ein?

Wochenanfangstreffen
Gibt es dann und wann oder regelmäßig Veranstaltungen zum Wochenanfang?

Pädagogische Rückschauen
Werden klassenintern oder -übergreifend freitags/samstags sog. pädagogische Rückschauen durchgeführt?

Aktuelle Diskussionsforen
Gibt es immer wieder einmal am Vormittag oder abends Diskussionsforen zu aktuellen Themen?

Schulzeitung/Schulfunk/Schulfernsehen
Bereichern eigene Produktionen den Schulalltag (technisch heute machbar)?

Die Übersicht zeigt Möglichkeiten, die bei ihrer Realisierung dem Jahreslauf Höhepunkte, Einschnitte, Rhythmus, Erlebnis- und Erfahrungsmöglichkeiten geben, die im Grunde erst Schulkultur schaffen. Ratio, Effektivität, Leistung gehören eher zum Unterricht; Erlebnis, Festlichkeit, Spiel, Gemeinschaft werden eher durch Veranstaltungen des Schullebens provoziert. Dabei erlebt man sich und andere anders. Man lernt auch ganz anderes. Umgekehrt wird Gelerntes in diesen Situationen ganz neu und fordernder zur Anwendung gebracht. Veranstaltungen des Schullebens schaffen Lebens- und Lernformen, in denen sich Atmosphäre, Klima, Geist, Sitte einer Schule wesentlich verlebendigen. In der gemeinsamen Produktivität hin zu solchen Veranstaltungen wird Lernen lebendig, werden Personen herausgefordert, kommt etwas zum Schwingen, das anders kaum möglich ist.
Schulleben ist gemeinsames Leben, nicht eine besondere Form von Veranstaltungen von LehrerInnen für SchülerInnen. Deshalb kommt es auch nur zu einer sinnvollen Realisierung, wenn es gemeinsames Bedürfnis und Produkt gemeinsamer Ideen, Planung und Realisierung ist. Die Vorbereitung dafür muß sich lohnen. Sinken Veranstaltungen des Schullebens zu ungeliebten Regularien herab, sollte man sie lieber lassen. Aber die Intensität der Beziehungsstrukturen gewinnt über ein produktives Schulleben sicherlich entscheidend - besonders in einer Zeit, in der für viele der Konsum von Musik, Fernsehen, Radio u.a.m. im Vordergrund steht.

6. Korporationsrechte von SchülerInnen

In vielen Schulen ist die Mitbestimmung und -gestaltung von Unterricht und Schulleben durch SchülerInnen zu ziemlicher

Bedeutungslosigkeit verkommen. Soziales Lernen hat immer eine politische Komponente, und das heißt, daß in all den Fragen, die am ehesten Konfliktbereiche sind, die Schülerrolle aufgewertet werden muß. Das beginnt bei der Erstellung einer Schulordnung, das setzt sich fort bei Mitbestimmungsrechten (nicht nur Beteiligungsrechten) in Konferenzen, besonders Zensurenkonferenzen, und geht bis zu Rechten der eigenen Gestaltung von Arbeitsgemeinschaften, Kursen, Schulzeitungen u.a.m. Schule steht immer noch unter dem Anstaltsrecht, das in allen wesentlichen Elementen von der Schulleitung und den LehrerInnen wahrgenommen wird. Für soziales Lernen ist daher wichtig, auch Interessen und Bedürfnisse gegen die Institution und ihre Repräsentanten vertreten und ggf. durchsetzen zu können.

Die entscheidenden Fragen sind hier:
- Gibt es Klassenvertretungen der SchülerInnen, und welche Rechte haben sie?
- Gibt es eine Schulvertretung, und was kann sie bewirken?
- Wie sind SchülerInnen in Klassen-, Fach- und Schulkonferenzen repräsentiert mit welchen Rechten?
- Wie sind die Nutzungsrechte von Räumen und Materialien formuliert (z.B. Schlüsselgewalt)?
- Wie groß ist der Freiraum in der eigenverantwortlichen Gestaltung von Lernveranstaltungen und anderen Terminen in der Schule?
- Wie sind die Modi der Konsens-, Kompromißfindung ausgearbeitet, gibt es im Prinzip auch Verweigerungsrechte?

Eine Schule muß auf diese Fragen positive Antworten finden, wenn sie soziales Lernen auch in den kritischen Bereichen ernst nimmt. Mit Bedacht ist zunächst einmal von Rechten die Rede. Sie sind unterentwickelt. Natürlich aber ist mitgedacht, daß mit Rechten immer auch Pflichten entstehen.

7. Die heikelste Frage: Soll die Schule auch zu gesellschaftlich-politischem Handeln anregen?

Ein altes Problem ist die Frage, ob Schule auch zu gesellschaftlich-politischem Handeln anregen soll oder ob diese Intention zu weit führt. Bekanntlich hat es unter den Konzepten sozialen Lernens in den 60/70er Jahren solche gegeben, die mit der Schule sogar Veränderungen in der Gesellschaft in Richtung mehr Demokratie, Mitbestimmung, Verfügung über ökonomische Ressourcen für die Masse der Arbeitnehmer explizit forderten (Rolff u.a. 1974). Dem stand von vornherein das Mäßigungs- und Pluralismusgebot entgegen, das Beamten/Beamtinnen zu üben haben. Wenn man den Werterahmen des Grundgesetzes, der Erklärung der Menschenrechte und des Bildungsauftrages des Niedersächsischen Schulgesetzes ernst nimmt, bleibt eine Verpflichtung zu gesellschaftlich-politischem Handeln, ist eine andauernde Neutralität gegenüber den Ungerechtigkeiten der Welt, den Verletzungen der Menschenrechte, ökologischen Erfordernissen nicht möglich. So ist die andauernde Bearbeitung entsprechender Probleme Aufgabe der Schule. Sie kann sich in folgenden Formen ergeben:

Kriteriensatz gesellschaftlich-politischen Handelns

Erforschen
Vorgehensweisen dienen der eigenständigen Erforschung von Sachverhalten, Einstellung und Gewohnheiten

1. Recherchieren
- z.B. Freizeitaktivitäten im Ort/Stadtteil erkunden
- z.B. um Auskunft über Aktivitäten von Green peace nachzusuchen

2. Untersuchen
- z.B. Verkehr in der Nähe der Schule genauer erheben
- z.B. Waldschäden mit dem Förster feststellen

3. Befragen
- z.B. Menschen nach Einstellung zur Unterstützung der östlichen Bundesländer befragen

- z.B. Gemeinden nach der Unterbringung ausländischer Bürger befragen

Informieren/Aufklären
Vorgehensweisen zielen auf Aufklärungsaktivitäten in der Schule und der Öffentlichkeit

4. Dokumentieren
- z.B. Haushalt der Gemeinde unter dem Aspekt der Schulförderung
- z.B. Belastung durch Hausaufgaben in den verschiedenen Schuljahren

5. Mitteilen
- z.B. Verbesserungen im Verkehrsverhalten
- z.B. Einsparungen im Energieverbrauch

6. Kampagne
- z.B. für Ausbau der Schule werben
- z. B. für Hilfsaktion für Kinder in Eritrea werben

Bewegen/Verändern
Vorgehensweisen zielen Veränderungen in der Schule/im gesellschaftlichen Umfeld

7. Demonstrieren
- z.B. gegen Umweltsünder demonstrieren
- z.B. gegen Unterrichtsausfall demonstrieren

8. Aktionen
- z.B. Sauberer Stadtwald (Sammeln von Müll)
- z.B. Blutspendeaktion in der Schule

9. Alltagsverhalten
- z.B. Verhalten im Schulbus ändern
- z.B. Differenzierte Müllbeseitigung zuhause

Mehrere Aktivitäten des vorstehend beschriebenen Kriterienkataloges müßten das Schuljahr bestimmen, wenn Lernen nicht nur Lernen auf Vorrat, sondern auch gesellschaftlich-politisches Lernen sein soll. SchülerInnen und LehrerInnen müssen prüfen, was sich aus ihrer Arbeit ergibt.

Schluß

Zur Revitalisierung einer wichtigen Erziehungsaufgabe der Schule heute, besonders der integrierten Gesamtschule, ist im vorstehenden Text mit Hilfe einer Reihe von Kriteriensätzen auf der Basis der Diskussion über soziales Lernen in den 60er/70er Jahren eine Hilfe entwickelt worden, die weniger in der argumentativen Begründung ihren Schwerpunkt hat - diese wird im wesentlichen als bekannt vorausgesetzt -, als vielmehr an konkret festmachbaren Punkten die Überprüfung und Weiterentwicklung der Schularbeit erlaubt. Im Sinne einer kommunikativen Ethik einer Schule (Bönsch 1990) muß konkret das ausgehandelt werden, was sich zu einem sinnvollen und machbaren Programm verabreden läßt. Eine Schule wird jedenfalls zu einem anderen Lernort werden, wenn sie die Kriterien einer Beziehungsdidaktik verfolgt!

Literatur

Baacke, D.: Kommunikation und Kompetenz. München 1973.

Bernhardt, M. u.a.: Soziales Lernen in der Gesamtschule. München 1974.

Bessoth, R.: Organisationsklima an Schulen. Neuwied und Frankfurt a.M. 1989.

Bessoth, R.: Verbesserung des Unterrichtsklimas. Neuwied und Frankfurt a.M. 1989.

Bönsch, M.: Bedingungen und Dimensionen sozialen Lernens in der Sekundarstufe I. Essen 1975.

Bönsch, M.: Lernökologie. Essen 1986.

Bönsch, M.: Schule verbessern. Hannover 1990.

Bönsch, M.: Schüler aktivieren. Hannover, 1990 (2)

Bönsch, M.: Variable Lernwege. Paderborn 1991.

Dreesmann, H.: Unterrichtsklima. Weinheim/Basel 1982.

Fend, H.: Gesellschaftliche Bedingungen schulischer Sozialisation. Weinheim und Basel 1974.

Rolff, H.-G. u.a.: Strategisches Lernen in der Gesamtschule. Reinbek 1974.

Schaeffer, B./Lambrou, U.: Politische Bildung als Unterrichtsprinzip. Frankfurt a.M. 1972.

Tausch, A. und R.: Erziehungspsychologie. Göttingen 1971 (6).

1.4 *Zweites Korrespondenzkonzept* Handlungsorientierter Unterricht - Bestimmungsmerkmale und Dimensionen

Neue Mode oder alter Hut?

"Handlungsorientierter Unterricht" ist in der gegenwärtigen didaktischen Diskussion so etwas wie eine klingende Münze. Sie verheißt neue und bessere Gewinne für das Lehren und Lernen. Aber die Frage muß gestellt werden: Kommt hier ein neuer Modebegriff auf, mit dem man sich schmückt, und was steckt dahinter?
Der auch nur etwas historisch bewanderte Schulpädagoge wird möglicherweise beim Stichwort "handlungsorientierter Unterricht" darauf verweisen, daß es sich um einen "alten Hut" handelt. Er hätte nicht ganz unrecht. Im folgenden wird den Fragen nachgegangen,

- was mit handlungsorientiertem Unterricht gemeint ist,
- wie sich dieser Ansatz begründet,
- welche Funktionen er im Unterrichtsalltag haben kann.

Was ist handlungsorientierter Unterricht?
Meyer (Meyer 1980) bezeichnet Unterricht als handlungsorientiert, wenn drei Merkmale erfüllt sind:

- Lehrer und Schüler versuchen gemeinsam, etwas mit Kopf, Herz, Händen, Füßen und allen Sinnen zu machen. Dabei können Handlungsergebnisse entstehen, die für den Lehrer einen sinnvollen Gebrauchswert haben.
- An der Festlegung der Handlungsereignisse und an der Gestaltung der Handlungsprozesse, die zu ihnen führen, sollen die Schüler beteiligt werden. Die Schüler sollen dabei schrittweise zu einer immer größeren Selbstbestim-

mung bei der Festlegung der Handlungsziele geführt werden.
- Im handlungsorientierten Unterricht soll versucht werden, den Klassenraum zu verlassen und mit den Handlungsergebnissen in reale gesellschaftliche Entwicklungen einzugreifen.

Deutlich wird einerseits, daß es nicht nur um eine Erhöhung des Aktivitätspegels im Klassenraum gehen soll, andererseits erkennt man Ähnlichkeiten zur Projektarbeit, die Meyer merkwürdigerweise nicht anspricht.

Die Begründung für handlungsorientierten Unterricht liegt curriculumtheoretisch in dem Versuch, das gestörte Verhältnis von Schule und Leben zu verbessern dadurch, daß der gesellschaftliche Verwertungszusammenhang des in der Schule vermittelten Wissens für die Schüler erfahrbar gemacht wird. Sie liegt erziehungstheoretisch in dem Versuch, Schüler zu Subjekten ihrer Lernprozesse zu machen. Sie liegt motivationstheoretisch in dem Versuch, über die Handlungsorientierung mehr Freude und Interesse am gemeinsamen Tun zu finden.

Wenn man nach Realisierungsmöglichkeiten fragt, stößt man bei Meyer im Unterschied zu formalem Schülerhandeln (zuhören, Texte abschreiben, Standpauken anhören, organisatorische Hinweise hinnehmen u.a.m.) auf einen inhaltlich-normativ bestimmten Begriff von Handlungsorientierung: Handlungsorientierung liegt für ihn dann vor, wenn die Schüler sich mit den Unterrichtsabläufen und -ergebnissen identifizieren können. So kann dieser Unterricht ein Beitrag zur Aufhebung entfremdeten Lernens sein.

Handlungsprozesse und Handlungsprodukte

Der Ansatz wird deutlicher, wenn man Beispiele für Handlungsprozesse und -produkte gibt. Dabei kann hier keine Systematik entwickelt werden.

Handlungsprozesse können z.B. sein:

- etwas planen, besprechen, Vorschläge machen, Gruppen bilden,
- ein Rollenspiel entwickeln, Szenen ausdenken und vorspielen,
- Zeitungen, Reportagen, Kommentare, Lieder, Gedichte, Wandzeitungen herstellen/produzieren,
- bildliche Darstellungen schaffen:
  Fotos, Fotomontagen, Collagen, Videofilme, Comics u.a.m.
- Experimente machen, Modelle bauen, Aktionen durchführen,
- ein Sportfest durchführen, eine Ausstellung arrangieren, einen Spielnachmittag organisieren.

Handlungsprodukte können z.B. sein:

- szenische Darstellungen: Hörspiel, Planspiel, Theater,
- Schülerbücher,
- Film- und Videoproduktionen,
- öffentliche Aktionen: Klassenfest, Schulfest, Demonstrationen,
- Modelle, Experimente.

Der Leser erkennt, daß die Grenzen zwischen Handlungsprozessen und -produkten fließend sind. Die Beispiele machen aber deutlich, was handlungsorientierter Unterricht sein kann: aus dem rein rezeptiven Lernen soll gebrauchswertorientiertes Lernen werden. Zu hinterfragen wäre: l'art pour l'art oder lebens-/gesellschaftsrelevant? Und da wird die Schule immer wieder Schwierigkeiten haben.

Der Lernbegriff handlungsorientierten Unterrichts

Der Lernbegriff handlungsorientierten Unterrichts läßt sich von drei Seiten her entwickeln:

- Die materialistische Psychologie, die zunehmend rezipiert wird, bietet folgenden Gedankengang an:

Alle menschlichen Tätigkeiten haben ihre Grundlage in der materiellen, gegenständlichen, gesellschaftlichen Tätigkeit des Menschen. Äußere, materielle Tätigkeit verwandelt sich im Lauf der Zeit in innere Tätigkeit. Das Bewußtsein ist das sich dem Subjekt darbietende Bild von der Welt, es ist die höchste Form des Psychischen. Der Übergang von äußeren Prozessen in geistige ist einer Transformation unterworfen. Daraus hat Galperin folgende Interiosationstheorie entwikkelt (Keseling 1974):

Orientierungsgrundlage

Schaffung einer Orientierungsgrundlage für die Lösung einer neuen Aufgabe

1. Etappe
materialisierte Handlung:
sinnlich-praktische Aneignung der Aufgabe

2. Etappe
Übertragung der Handlung in gesprochene Sprache, damit Verallgemeinerung

3. Etappe
Die Handlung wird zur geistigen Operation durch äußere Sprache

4. Etappe
Innere Sprache: die handlungssprachlich fixiert, ist im Bewußtsein der Schüler

- Piaget hat bekanntlich in seiner Entwicklungspsychologie der Intelligenz die Entwicklung von der senso-motorischen Intelligenz, die nur zur praktischen Erfüllung einer Handlung und nicht zur Erkenntnis als solcher führt, bis zum formalen Denken beschrieben. Dabei zeigt sich, daß autogenetisch auch bei ihm der Weg vom Anschaulich-konkret-praktischen zum zunehmend Abstrakt-formalen-geistigen führt (Piaget 1947).

- Schulpädagogisch liefert der erfahrungsbezogene Unterricht Schellers einen dritten Aspekt: Unterricht soll nach ihm so organisiert werden, daß an vorgegebenen Themen die Schüler ihre Erlebnisse zu Erfahrungen verarbeiten. Das heißt, daß sie in der aktiven, bewußten Auseinandersetzung mit Erlebnissen diese im Horizont vorgängig erlernter Bedeutung reflektieren und Erweiterungen und Umstrukturierungen zugänglich machen. Die Grundidee dabei ist, daß sie sich in der tätigen Auseinandersetzung mit ihrer Umwelt als identische Subjekte produzieren.
Das Lernsubjekt soll sich seiner selbst gewiß werden. Die Folgenlosigkeit schulischen Lernens soll einer Selbstvergewisserung im Lernprozeß weichen (Scheller 1981).

Zusammenfassung bisheriger Überlegungen:

1. Definition des zentralen Terminus "Handlung" und der zugrundeliegenden Lernbegriffe

1. Definition "Handlung"
Die Handlung ist eine sinnbestimmte, für die Beteiligten relevante Bearbeitung einer Thematik, die in Idee, Planung, Durchführung, Ergebnis und Auswertung von einer Gruppe getragen wird, die immer kognitive Elemente (Überlegungen, Erörtern, Planen, Steuerung der Durchführung, Bewertung der Ergebnisse) enthält, mit der man sich identifiziert (es ist "unsere Sache"), die Gebrauchswert hat (damit fangen wir etwas an) und die häufig praktische Tätigkeiten (Herstellen, Bauen, Zeichnen, Durchführen) und Ergebnisse (Bilder,

Collagen, Modelle, Videos, Ausstellungen, Schulfeste, Bücher, Filme, Aktionen u.a.m.) beinhaltet.

2. Der zugrunde liegende Lernbegriff

Der zugrunde liegende Lernbegriff läßt sich folgendermaßen beschreiben:

- **Ganzheitliches Lernen** ist erwünscht:
  mit der ganzen Person dabei sein, nicht nur Papier-Bleistift-Verfahren, nicht nur Ausführen, mehr Verantwortung.
- **Sinnvolles Lernen** ist intendiert:
  man ist an etwas beteiligt, was man für wichtig hält, man ist in der Planung wie in der Durchführung wie in der Auswertung dabei - ein Sinn-Zusammenhang entsteht.
- **Orientierung an der Interiosationstheorie Galperins und an der Entwicklungspsychologie Piagets:**
  Weltaneignung ist sinnlich-praktische Aneignung:
  von der materialistischen Handlung zur geistigen Operation durch Versprachlichung und Bewußtmachung.
- **Lebensnahes Lernen ist beabsichtigt:**
  Handlungsorientierter Unterricht gewinnt wenigstens zeitweise den Zusammenhang von Leben und Lernen zurück: Man verfolgt komplexe Anliegen, man muß aus der Schule hinaus, man braucht außerschulische Kompetenz in der Schule.

2. Didaktisch-methodische Dimensionen

Für den Unterrichtsalltag wird es gut sein, die Reichweiten handlungsorientierten Unterrichts etwas genauer zu bestimmen. Es ist von unterschiedlich weit reichenden Dimensionen handlungsorientierten Unterrichts die Rede. Das Grundanliegen ist darin zu sehen, daß rein rezeptive Formen des Lernens (sog. Papier-Bleistift-Verfahren) ergänzt werden durch aktive Formen der Er-, Be- und Verarbeitung, bei denen das

Moment des geplanten und reflektierten Vorgehens bedeutsam ist.

Dimensionen handlungsorientierten Unterrichts

1. Die klassische Variante: Projektarbeit

Die Projektarbeit - etwa nach dem Verlaufsschema, das Frey entwickelt hat - kann als die klassische Variante handlungsorientierten Unterrichts bezeichnet werden.

Beispiele:
Afrika-AG mit konkreten Hilfsmaßnahmen (z.B. Windpumpen), Schulpartnerschaften mit konkreten Begegnungen hier wie da, differentielle Verfahrensweisen in Projekten seien mit folgender Übersicht aufgezeigt:

Handlungsdimensionen mit Beispielen aus der Umwelterziehung

Handlungsdimensionen	Beispiele aus einem Aufgabenbereich

Erforschen
Die Möglichkeiten dienen der eigenständigen Erforschung von Sachverhalten, Einstellungen und Gewohnheiten

1. Recherchieren	*Beispiele:* - Bei der Gemeinde/Stadt Art und Organisation der Müllabfuhr erkunden - Zahl der Flaschencontainer im Stadtteil feststellen
2. Untersuchen	*Beispiele:* - Wasseruntersuchungen betr. Leine z.B. - Waldschäden mit Förster feststellen
3. Befragen	*Beispiele:* - Menschen nach ihren Gewohnheiten im Umgang mit Abfällen befragen - Menschen nach ihren Einstellungen zur Atommüllentsorgung befragen

Informieren/Aufklären
Die drei Möglichkeiten zielen auf das Dokumentieren für andere (z.B. in der Pausenhalle), Mitteilungen an andere (z.B. an Eltern) und auf Werbe-, Überzeugungsaktivitäten in der Öffentlichkeit generell.

4. Dokumentieren	*Beispiele:* - Waldschutzmaßnahmen - Sparsamer Energieverbrauch
5. Mitteilen	*Beispiele:* - Einsparungen im Energieverbrauch - Verbesserungen im Verkehrsverhalten
6. Kampagne	*Beispiele:* - Öffentlichkeit zum Umstieg auf öffentliche Verkehrsmittel anregen - Für saubere Kraftwerke werben

Bewegen/Verändern
Die "höchste" Aktivitätsstufe stellt sich im Bewegen/Verändern dar. In sich gestaffelt ist sie in einem Dreischritt, der vom Demonstrieren über konkrete Veränderungsaktionen bis zum eigenen Verhalten geht.

7. Demonstrieren	*Beispiele:* - Gegen Umweltsünder demonstrieren (Firmen z.B.) - Gegen Flußverseuchung demonstrieren
8. Aktionen	*Beispiele:* - Saubere Eilenriede - Regeneration von Biotopen
9. Alltagsverhalten verändern	*Beispiele:* - Schulhof reinhalten - Differenzierte Müllentsorgung zuhause

2. Simulierte Handlungen: Rollenspiel, Planspiel

Da gerade für den Geographieunterricht Handlungsorientierung nicht immer in gesellschaftliche Wirklichkeiten führen können, sind abgestufte Formen wichtig:

- Rollenspiele (Personen geraten in einen simulierten Situations- und Kommunikationszusammenhang: Gespräch und Auseinandersetzung über Absichten/Zwänge der Auswanderung als Beispiel.
- Planspiele (Ein Straßenbauobjekt wird in all seinen Aspekten in der Simulation geplant und durchgeführt).

3. Entdeckendes Lernen

Wenn Lernmaterialien so angelegt sind, daß sie Such- und Findungsprozesse ermöglichen, ist die Entdeckung von Zusammenhängen, Fakten, Gegebenheiten eine handlungsorientierte Lernmöglichkeit. Als Beispiel sei die "Entdeckung geographischer Prinzipien" im Buch von Massialas/Zevin genannt (Massialas/Zevin 1969).

4. Materialisierung/Visualisierung

Die Rede von den Handlungsprodukten meint den Sachverhalt, daß ein unterrichtliches Thema in mannigfachen Formen (Modelle, Collagen, Wandzeitungen, Videos, Filme, Fotografien, Texte u.a.m.) verarbeitet wird. Dabei ist der Prozeß der Produktion hier die Handlungsorientierung, die lerntheoretisch von großer Bedeutung ist, da die Be- und Verarbeitung von Unterrichtsinhalten diese intensiver verfügbar machen als die bloße Besprechung.

5. Didaktische Funktionen handlungsorientierten Unterrichts

Für den Unterrichtsalltag kann handlungsorientierter Unterricht recht Unterschiedliches bedeuten. Dies zu entwickeln, scheint wichtig und vor allem ehrlich zu sein, um nicht den Anspruch gleich wieder zu hoch zu hängen. Folgender Systematisierungsversuch sei zur Diskussion gestellt:

1. Die Vehikelfunktion handlungsorientierten Unterrichts

Eine erste Funktion handlungsorientierten Unterrichts liegt ganz schlicht darin, Unterricht herkömmlicher Auffassung (die von Rahmenrichtlinien bzw. Lehrplänen vorgegebenen Intentionen und Inhalte sind zu vermitteln) anders und d.h. abwechslungsreicher zu gestalten.

1.1 Sogenannte Handlungsprodukte schaffen Anlässe und Gelegenheiten zum Umgang mit Sachverhalten

Wenn eine Fotoserie oder eine Collage einen Sachverhalt noch einmal darstellen soll, ist man über die verbale Rezeption oder das Aufschreiben des Erarbeiteten hinaus. Eine Ausstellung zum Thema "Umweltzerstörung/Umweltschutz" strukturiert noch einmal die wesentlichen Aspekte der Bearbeitung.

1.2 Durch Handeln etwas lernen - Handlungen als "Motoren" herkömmlichen Lernens

Die Vermessung des Schulgeländes
gibt dem Mathematikunterricht Realitätsnähe, Abwechslung. Im Kern aber geht es um die Erreichung von Zielen, die die Mathematik-Richtlinien vorgeben. Experimentalunterricht in Physik ist interessanter als Kreidephysik.

Solange handlungsorientierter Unterricht diese Vehikelfunktion wahrnimmt, ist er als eine methodische Anreicherung zu verstehen, die für den Unterrichtsalltag wichtig genug ist, Unterricht aber prinzipiell nicht verändert. Solange er so verstanden wird, ist er freilich besonders schnell den Bedenken ausgesetzt, die angesichts festgefahrener Unterrichtsstrukturen erhoben werden: Die vorhandene Zeit ist für solche Ansätze zu knapp, sie muß Wichtigerem vorbehalten bleiben.
Die 45 Minuten-Stunden erlauben ohnehin solche aufwendigeren Unternehmungen nicht. Die räumlichen Bedingungen erlauben die Organisation einer Ausstellung nicht. Schulleiter und Hausmeister werden schnell kritisch: Was sollen diese Extratouren? Wer soll die Räume wieder sauber machen? Kollegen erwarten in der Klasse ein stabiles Wissen und nicht diesen leistungsirrelevanten Aktionismus. Und selbst muß man auch mehr Zeit aufwenden, als eigentlich vorgesehen ist.

2. Die Erweiterungsfunktion handlungsorientierten Unterrichts

2.1 Erfahrung neben Belehrung

Da, wo handlungsorientierter Unterricht den Unterrichtsalltag um eine Dimension des Lernens anreichert, trifft er auf den Zentralnerv herkömmlichen Unterrichts. Dieser ist "verkopft", ist an kognitiven Intentionen orientiert und favorisiert daher "Papier-Bleistift-Lernverfahren". Meyer spricht davon, daß Lehrer und Schüler mehr versuchen sollten, etwas mit Herz, Kopf, Händen und allen Sinnen zu tun. Über Brot als Hauptnahrungsmittel zu sprechen, ist eine Sache, Brot selbst zu backen eine andere. Handlungsorientierter Unterricht in diesem Sinne umfaßt die Gruppe von Möglichkeiten, mit denen das Deweysche "learning by doing"

realisiert werden kann: Biologie im Schulgarten, Physik lebens- und anwendungsbezogen - man baut eine Wechselschaltung selbst -ein Plakat wird nicht zur Klärung bestimmter Techniken, sondern für die Bekanntmachung einer Schulveranstaltung hergestellt. Geschichten werden nicht zur sterilen Lernübung, sondern zum Vorlesen bei einem Altennachmittag ausgewählt. Mathematik wird zur Kalkulation der Kosten einer Exkursion praktiziert.
Gemeint ist, was von Hentig mit der Chiffre von der Schule als Erfahrungsraum ausdrücken wollte. Erfahrungen machen, Erfahren worden, sein. Das Erfahrungslernen, das im Gegensatz zum Belehrungslernen steht, ist gemeint. Es geht dann um andere Aneignungsmodi, nämlich um solche, die Lernenden "Erfahrungsmaterial" anbieten, mit denen körperliche, sinnlich-praktische und emotionale Qualitäten den Lernprozeß mitbestimmen, mit denen Arbeit an der eigenen Identität, wie Rumpf es genannt hat, möglich wird. Das heißt, daß über die eingeschliffenen Muster des Schule-Aushaltens hinaus Schüler sich auf Prozesse, Sachverhalte, Situationen einlassen, die alte Sicherheiten verwerfen, neue Sicherheiten aufbauen.

2.2 Gesellschaftlich-politisches Lernen

Eine andere Erweiterung schulischen Lernens durch Handlungsorientierung wäre gegeben, wenn statt des Wissens aus den fein geordneten Schubladen der Lehrer vom vielfältigen, chaotischen, unmittelbaren Lebenszusammenhang außerhalb der Schule ausgegangen werden könnte. Beispiele wären dabei: Mit Vertretern der GEW und des Philologen-Verbandes wird über die Einstellung eines Lehrers aus Namibia diskutiert, die Arbeitsplatzsituation wird im eigenen Nahbereich recherchiert, mit Vertretern der jüdischen Gemeinde wird über die Annektion der Golan-Höhen gesprochen, Aktionen für Randgruppen werden durchgeführt, die Tatsache fehlender Spielplätze wird an jedes Gemeinderatsmitglied herangetra-

gen, Umweltbelastungen werden empirisch ermittelt, die eigenen Muster der Erfahrungsbildung, die möglicherweise sehr öffentliche sind (Musikkonsum, Kleidungsgewohnheiten und -moden, sprachliche Klischees u.a.m.), werden problematisiert.
Die Resubjektivierung der Aneignungsprozesse wäre beabsichtigt, um den individuellen wie gesellschaftlichen "Gebrauchswert" des in der Schule Lernenden zu thematisieren.

Lehrer und Schüler haben wenig gemeinsame Erfahrungen. Daher bleiben ihre Beziehungen oft abstrakt, bestimmt durch das je erwartete Rollenverhalten, das häufig zum Versteckspiel wird. In der Schule ist man nicht der, der man eigentlich sein will. Drei Aspekte würde handlungsorientierter Unterricht hier entgegensetzen:

- Lehrer und Schüler suchen die Auseinandersetzung mit Wirklichkeitsbereichen außerhalb der Schule.
- Lehrer und Schüler schaffen sich zusätzliche "Wirklichkeiten", z.B. durch gemeinsame Treffen am Abend, durch Erkundungen und Exkursionen (beide sind dann Lernende), durch Schullandheimaufenthalte, Praktika, Wochenendfreizeiten.
- Lehrer und Schüler tauschen ihre Modi der Wirklichkeitsverarbeitung aus und lernen dabei, wie man leben kann, nicht nur, wenn man lernen soll. Die Produktion von Beziehungen wäre dann wichtiger als die Speicherung bedeutungslosen Wissens.

Gesellschaftlich-politisches Lernen kann man diese Handlungsorientierung nennen, weil sie in die gesellschaftliche Realität hineinführt, weil sie kooperativ realisiert wird und weil sie die Dialektik von individueller Existenz und gesellschaftlichen Prozessen bewußtmacht.

3. Die emanzipatorische Funktion handlungsorientierten Unterrichts

Die bisherigen Erörterungen haben zu dem Punkt geführt, an dem eine weitere Funktion handlungsorientierten Unterrichts deutlich wird. Und hier ergibt sich die Verknüpfung mit dem Ansatz einer kommunikativen Didaktik.

3.1 Die Identifikation mit den Intentionen, Abläufen und Ergebnissen des Unterrichts

Schulisches Lernen zum Anliegen der Schüler zu machen, ist der alte Traum der Lehrerschaft. Er hat sich bis heute weitgehend nicht realisiert, da die Strukturen institutionellen Lehrens und Lernens sich so verfestigt haben, daß Lernen häufig nicht mehr persönliches Anliegen ist, sondern lästige Pflicht. Wenn es gelänge, die Schüler und auch sich selbst - wenn man Lehrer ist - mit den Intentionen, Abläufen und Ergebnissen der gemeinsamen Lernarbeit zu identifizieren, wäre man ein entscheidendes Stück weiter.

Gelingen könnte dies wohl, wenn Unterricht zur gemeinsamen Handlung werden könnte. Man identifiziert sich mit etwas, wenn man es für bedeutungsvoll für sich und andere ansieht, wenn man es mittragen, mitgestalten, mitplanen, mitrealisieren, mitverbessern kann, wenn es Spaß und Interesse weckt.

Dies heißt, daß es zuallererst darauf ankäme, Schülern Planungen für gemeinsame Arbeiten offenzulegen, ihnen Spielräume für eigene Ideen, Interessen und Bedürfnisse zu eröffnen, ihnen die Begründung für das "Unerläßliche" zu geben, die Realisierung zum gemeinsamen Anliegen zu machen. Für den Lehrer ist dann das Instrumentarium einer Planungsdidaktik neben dem der Vermittlungsdidaktik das wichtigste Thema, für die Schüler sind nicht mehr nur Lerninhalte,

sondern Lernplanung, Lernmethoden, Lernmittel wichtige Themen. Kritische Rückfragen, aber auch konstruktive Alternativvorschläge sind erwünscht.
Das "Aushandeln" des Arbeitsplans ist fast das wichtigste Stück der gemeinsamen Arbeit. Die Berücksichtigung von Schülervorschlägen, die Delegation von Steuerungsfunktionen an Schüler, die Metakommunikation über den Verlauf, dies sind "Methodenelemente", die die Chance, Unterricht zum gemeinsamen Handeln zu machen, erhöhen können.

3.2 Lernen selbst planen, durchführen und reflektieren

Handlungsorientierter Unterricht heißt im letzten, Schüler in die Lage zu versetzen, Lernen immer wieder - sicher nicht ausschließlich - selbst zu planen, durchzuführen und zu reflektieren. Dafür gibt es Konzepte unterschiedlicher Reichweite: von Phasen freien Arbeitens über Projektunterricht zu Studientagen, Monatsarbeiten bis zum zunächst einmal engeren Rahmen wahldifferenzierten Unterrichts sind konkrete Vorstellungen vorhanden.

Mit dem Stichwort "freies Arbeiten" sind Phasen des Unterrichts gemeint, in denen Schüler selbst bestimmen, was sie machen möchten: ganz gleich, ob das von Lehrern gutgeheißen wird oder nicht. Dabei erfolgt eine Steuerung häufig durch die Art und Zahl der Materialangebote, die gemacht werden.

Projektunterricht kann überfachliches Lernen bedeuten, es kann sehr konkret die Veränderung gesellschaftlicher Realität zum Ziel haben. Man denke an das klassische Typhus-Beispiel von Dewey/Kilpatrick. Immer aber beinhaltet es ein Lernen, das von der Problemidentifikation über die Projektplanung, -durchführung und -ergebnisprüfung von Schülern entscheidend mitgetragen wird. Per Konferenzbeschluß verordnete Projektwochen und -themen sind häufig nur noch am Rande mit der Projektidee verwandt.

Wahldifferenzierter Unterricht gibt im Rahmen einer einzelnen Unterrichtseinheit (z.B. Freizeit) eine Strukturierung vor, innerhalb derer verschiedene Arbeitsansätze (Hobbies vorstellen, Freizeiteinrichtungen erkunden, den Zusammenhang von Freizeit und Werbung erarbeiten, Menschen nach ihrer Freizeit befragen, Freizeit in früheren Zeiten erforschen u.a.m.) gewählt und in kleineren Gruppen bearbeitet werden können. Eine Phase der Vermittlung und Reflexion beschließt die Unterrichtseinheit. Die Voraussetzungen freilich müssen auch bedacht und bereitgestellt werden: Wenn Lernen Erfahren heißen soll und wenn Erfahren selbständiges Handeln bedeuten soll, müssen Lernanregungen in der Umwelt (überschaubare Vielfalt, viel Unfertiges), personelle Konstellationen (anregende Mitschüler und Lehrer), zeitlich disponible Rahmenvorgaben und mehr Mut und Geduld vorhanden sein.

Weitere Konkretisierungen
Nach der theoretischen Grundlegung und den immer schon eingestreuten Beispielen folgen nun weitere konkretisierende Hinweise. Für den Unterrichtsalltag können die Arsenale praktischer Möglichkeiten nicht umfangreich genug sein. Für drei Fächer/Fachbereiche werden Beispiele gegeben. An einem Thema sei exemplarisch die didaktische Phantasie entfaltet, um die prinzipiellen Möglichkeiten und die dann immer wieder schnell vorzunehmenden Reduktionen gedanklich durchzuspielen.

1. Handlungsorientierter Deutschunterricht

Für den Deutschunterricht könnte man auf den ersten Blick wenig Chancen für handlungsorientierten Unterricht sehen. Die folgende Übersicht zählt eine Reihe von Möglichkeiten auf, die moderne Medien in die Nutzung einbeziehen. Das Entwerfen eines Films (Drehbuch), die Gestaltung eines Features, Sendungen für Senioren bedürfen in eminenter Weise zunächst der Sprache.

1. Etwas festhalten und bekanntmachen
- Interviews (alte Leute über ihre Geschichte)
- Beobachten und Erzählen von etwas (Jugendtreff, Schwulentreff)
- die Produktion eines Films (Sachreportage oder Lebensgefühl Jugendlicher - ein Stimmungsbild)
- Produktion einer Schallplatte (Musik, Literatur spielen oder sprechen)
- Reisen und Schreiben
- das Zeitungsprojekt (eigene Zeitung in der Schule; Jugendseite in einer Tageszeitung)
- Seniorenfernsehen
- Tonbildschau zum Thema "Deutsche Schriftsteller im französischen Exil"
- Schulfunksendung über die Feuerwehr
- Fernsehfilme

2. Illustrieren, Drucken und Gestalten
- Schreibspiele
- freie Texte
- Arbeitshefte für Sachunterricht
- Malerbuch zum Werther

3. Texte spielen
- Zauberlehrling spielen: wörtlich
- Zauberlehrling mit eigenen Worten spielen
- Zauberlehrling als Tanz- und Singspiel
- Theaterspiel (Th. Wilder "Wir sind noch einmal davongekommen")

4. Selbst schreiben
- Prosaskizzen über sich selbst
- Gedichtversuche

- Tagebuchartige Texte
- Dialog mit Dichtung
- Fragmente (von Kafka z.B.) weiterschreiben
- Schreibend mit sich ins Gleichgewicht kommen
- Erinnerungsbücher (Erinnerungsbücher über die Schulzeit)
- Bilder verbalisieren
- Antizipierendes Schreiben (an die Eltern)
- Freies Gestalten (z.B. zum Thema "Einsamkeit")
- Sprachvorlagen (Fertigteile verknüpfen)
- Ein Buch schreiben (Schüler schreiben ein Werther-Buch)

2. Ästhetische und kulturelle Erziehung

Zum Sachbereich Bildende Kunst gehören Werke der Malerei, der Grafik, der Plastik, der Architektur, der (künstlerischen) Ausdrucksformen. Sie sind als anschauliche und begreifbare Kunstwerke ganzheitliches Ergebnis der Auseinandersetzung des Menschen mit der Wirklichkeit. Bildende Kunst macht in konzentrierter, komplexer Art und Weise Wahrnehmungen, Erfahrungen, Erkenntnisse, Einstellungen und Haltungen deutlich. Sie spiegelt Hoffnungen, Wünsche, Sehnsüchte, Ängste, Ahnungen und Standpunkte der Menschen in unterschiedlichen Situationen wider.

Als Form der Verarbeitung von Lebenswirklichkeit ermöglichen Werke der bildenden Kunst Einsichten in gesellschaftliche Zusammenhänge und Veränderungen. Damit verknüpft ist ein dauernder Funktionswandel der bildenden Kunst, der im Wandel von Themen, Motiven, Stilen usw. seinen sichtbaren Ausdruck findet.

Durch eigene tätige Auseinandersetzung mit Werken der Bildenden Kunst sollen die SchülerInnen befähigt werden, ihre künstlerische Ausdrucksmöglichkeiten zu entfalten und zu einer erweiterten Selbst- und Welterkenntnis gelangen.

Der **Sachbereich Visuelle Massenmedien** umfaßt Bilder der Massendruckerzeugnisse, der Fotografie, des Films, des Fernsehens, der Neuen Technologien, der Werbung usw. Sie informieren und unterhalten, bilden Meinungen, erzeugen Bedürfnisse und beeinflussen Einstellungen und Haltungen. Ein Ziel des Kunstunterrichts ist es, zu bewußtem und kritischem Umgang mit Medien zu erziehen. Die SchülerInnen sollen lernen, Wirkungsmechanismen zu durchschauen und selbst gestaltend für eigene Absichten nutzbar zu machen. Voraussetzung hierfür sind nicht nur Kenntnisse über die Spezifik der jeweiligen Medien und Einsichten in ihre Herstellungsbedingungen, ihre Reproduzierbarkeiten und Verwendung, sondern auch Einsichten in gesellschaftliche Interessenzusammenhänge.

Der **Sachbereich Gestaltete Umwelt** umfaßt Gegenstände des täglichen Gebrauchs, Bauwerke und Plätze, die als Ausdruck ästhetischer Wertungen und planerischer Entscheidungen von Architekten, Städteplanern, Denkmalspflegern, Designern, Ingenieuren, Politikern und betroffenen gesellschaftlichen Gruppen unseren Alltag prägen. Daraus ergibt sich die Aufgabe, den SchülerInnen das Ineinandergreifen von Absichten, Funktionen und Wirkungen verständlich zu machen. Hierzu gehört die Auseinandersetzung mit historisch-kulturellen Zusammenhängen ebenso wie die mit aktuellen Konzeptionen.

Auflistung von Handlungsprozessen und -produkten

Handlungsprozesse:

- *grundsätzlich:*

mitplanen, Vorschläge machen, aussuchen, erzählen, imitieren, Aktionen planen und durchführen (Happenings, Ausstellungen usw.)

- *Theater/Interaktionsformen*

Rollenspiel, Pantomime, Spiele erfinden, Modelle bauen (Bühnenbild), Kasper- und Marionettentheater usw.

- *Zeitung machen/Layout*
Sammeln, collagieren, Reportage machen, Wandzeitung gestalten, Plakate/Anzeigen entwerfen und herstellen, Karikaturen/Comics machen usw.
- *Fotografie/Film/Drehbuch*
Montieren, collagieren, filmen (Video), Comics, Karikaturen, Aktionen anderer Fächer fotografisch und filmisch begleitend usw.
- *Bildherstellungsprozesse und -techniken*
Witze, Märchen, Fabeln visualisieren, Kinderbücher illustrieren, Wohnsituationen analysieren und visualisieren (u.a. auch Spielplätze), Pflanzen- und Tierwelt, Musik visualisieren, Masken nach Gedichten bauen, Ästhetik der Nahrung usw.

Handlungsprodukte
- Szenische Darstellung: Revue, Planspiel, Kasperle-Marionetten, Theater, Theaterspiel, Pantomime, Kabarett
- Darstellung mit Text und Bild, Fotoserien, Fotomontagen, Collagen, Fotoroman, Film, Video
- Herstellen von Dokumentationen
- Film/Videoproduktionen, Diaschau
- Öffentliche Aktionen, Klassenfest, Schulfest, Raumgestaltung, Happenings, Aktionskunst
- Modelle und Experimente, die der öffentlichen Auseinandersetzung dienen:
  Schulhofgestaltung, Stadtsanierung/Gestaltung von öffentlichen Räumen, Spielplatzprogramm, Freizeitprogramm, Umweltschutzprogramm usw.

3. Naturwissenschaften

Handlungsorientierter Unterricht hat unterschiedliche Dimensionen und Reichweiten (Bönsch 1988). Wenn man die Möglichkeiten nicht nur immer im großrahmigen Arrangement sucht, kann experimenteller naturwissenschaftlicher Unterricht eine ausgezeichnete Realisierung sein. In einer Schrift der GEW - Kreisverband Hildesheim - sind viele Beispiele und Tips beschrieben zu folgenden Themen:

Biologie:
B 1 Kondensat verklebt die Lungenbläschen
B 2 Die Belichtung eines Standortes bestimmt den Bewuchs
B 3 Die Entwicklung der Wirbeltiere/Vögel
B 4 Recycling: Beispiel Papier

Chemie:
C 1 Wir stellen ein Namensschild aus Metall her
C 2 Wir bauen einen Feuerlöscher
C 3 Wir stellen Holzgas her
C 4 Wir stellen Wunderkerzen her
C 5 Wir stellen einen Spiegel her
C 6 Wir züchten Metalle am Faden
C 7 Wir verkupfern einen Nagel
C 8 Magnesium brennt in Kohlendioxid

Physik:
P 1 Wie schwer ist Luft?
P 2 Was befindet sich in der "Fadenverkürzungsmaschine"?
P 3 Wie kann ein U-Boot tauchen und wieder aufsteigen?
P 4 Wie lange wird es dauern, bis die Kerze erlischt?
P 5 Akustik: Wie erzeuge ich hohe und tiefe Töne/ Monocord?
P 6 Wie arbeitet ein Lautsprecher?
P 7 Wie funktioniert eine Licht-Alarmanlage?
P 8 Lüsterklemmen-Elektronik (Einführung)
P 9 Lichtorgel
P10 Martinshorn
P11 Detektorenempfänger

Zum Thema werden jeweils Ausführungen zur Intention, zum Versuch, zum benötigten Material gemacht.
Skizzen erläutern die Versuchsanordnungen.

4. Handeln in fiktiven Situationen

Während die bisherigen Beispiele reale Prozesse des Handelns und Kooperierens beinhalten, soll wenigstens auch ein Hinweis auf das Handeln in fiktiven Situationen gegeben werden. Plan- und Rollenspiele sind gemeint. Am Beispiel

"Spielzeugherstellung" kann die arbeitsteilige Herstellung von Produkten deutlich gemacht werden. In Rollenspielen können mannigfache Anlässe sozialen Handelns quasi realisiert werden. Die Auseinandersetzung mit Erwachsenen, der "kultivierte Streit", die Aufarbeitung des Beleidigtseins, die engagierte Interessenvertretung u.a.m. können Inhalt von Rollenspielen sein, immer in der Absicht, in Spielsituationen Handlungskompetenz für reale Situationen vorzubereiten.

5. Didaktisches Phantasieren an einem Beispiel aus dem Geschichtsunterricht: UE "Das Leben der Menschen in der Steinzeit"

Wenn man zunächst einmal ganz frei von sog. Sachzwängen "phantasiert", könnte diese Unterrichtseinheit ganz unterschiedliche Gestalt gewinnen. Folgende Skala kann Strukturierungshilfe sein:

1 Woche im Steinbruch:	24 Std. im Wald:	1 Nacht oder 1 Tag in der Natur:	Elemente handlungsorientierten Lernens:	Konventionelle UE
mit allen Konsequenzen	mit welchen Bedingungen?	mit welchen Auflagen?	1. Feuer machen mit Feuerstein und Holzstab	mit Texten, Bildern und Arbeitsblättern
- Kleidung - Nahrung - Wasser - Unterkunft - Lager - Werkzeuge - Wetterschutz			2. Die Kunst der Steinzeitmenschen Werkzeuge und Steinzeitmenschen herstellen	

Wenn es um handlungsorientiertes Lernen geht, wäre wohl die konsequenteste Variante, einen Aufenthalt von etwa einer Woche in einem Steinbruch z.B. durchzuführen, der nach Maßgabe des Lebens der Steinzeitmenschen gestaltet werden soll. Eine Reihe von Fragen wäre zu klären: Wie richtet man das Lager ein, wie müßten Unterkünfte aussehen, wie steht es mit der Kleidung, wie werden Nahrung und Wasser zu beschaffen sein, welche Arbeit Steinzeitmenschen hatten. Kannten sie schon Spiele, welche Schutzmaßnahmen mußten sie ergreifen?

Und bei der Suche nach Antworten wird es vollends abenteuerlich: Kann man im Wald Beeren sammeln, welche Gräser und Kräuter könnte man zu Essen verwerten? Wie könnte man an fleischliche Nahrung kommen? Wie kommt man zu der Kleidung der Steinzeitmenschen? Die Unterrichtseinheit "Leben der Steinzeitmenschen" wird in der Regel im 5./6. Schuljahr behandelt.

Was könnte man also mit 11- bis 12jährigen SchülerInnen realisieren, so wären von vornherein Abstriche zu machen (Wild jagen z.B.)?

Aber bliebe es nicht trotzdem sehr aufregend, solch eine Woche zu realisieren? Würde man nicht so vielfältige und interessante Erfahrungen machen, daß die genaue historische Rekonstruktion einen ganz anderen und neuen Resonanzboden bekommen würde?

Die zivilisatorischen "Abers" sind dem Leser sicher schon längst deutlich: Es entstehen rechtliche Fragen (Krankenversicherung, stimmt der Besitzer des Steinbruchs zu? usw.), werden die Eltern überhaupt zustimmen? Gibt es nicht sehr ernsthafte gesundheitliche Einwände? Überlebenstraining ist ja aktuell, aber für Kinder? Ist solch eine Woche nicht zu aufwendig angesichts der Restriktionen, die auf jeden Fall zu beachten sein werden? Handelt es sich wirklich um die Wiedergewinnung von ganzheitlichem Lernen, oder sind das alles nicht didaktische Künstlichkeiten?

Wenn nun aber die weitestgehende Variante als nicht realisierbar erscheint, wie wäre es dann mit wenigstens 24 Stunden Zeltlager unter einfachen Bedingungen im Wald, im Sommer z.B. oder wenigstens mit einem Tag ohne zivilisatorische Annehmlichkeiten. Die letzten Überlegungen nehmen immer mehr von der Ausgangsüberlegung zurück, aber wären sie nicht auch interessant?

Erscheint alles dies als nicht machbar, bleiben zwei Varianten: die konventionelle Unterrichtseinheit mit Buch, Texten, Bildern und Arbeitsblättern, evtl. spannenden Schilderungen des Lehrers/der Lehrerin. Oder man gestaltet eine konventionelle Unterrichtseinheit mit Elementen handlungsorientierten Lernens. Dies hieße, einzelne Aktivitäten einzubauen: Da wird Feuer mit Feuerstein und Holzstab entfacht, es werden Werkzeuge der Steinzeitmenschen hergestellt, es wird die Kunst der Steinzeitmenschen (Höhlenmalereien) reproduziert mit geeigneten Mitteln. Auch diese Elemente würden den herkömmlichen Unterricht noch auf interessante Weise anreichern. Die Spannbreite didaktisch-methodischer Möglichkeiten ist nicht unerheblich. Es kommt immer darauf an, inwieweit Konventionen schulischer Vermittlung einmal gesprengt werden können. Im Rahmen einer Projektwoche aller 6. Schuljahre einer Schule würde vielleicht sehr viel an handlungsorientiertem Unterricht zusammenkommen. Und wenn die Phantasie erst in Gang kommt, ist man vielleicht überrascht über das, was alles zu machen ist.

Schluß

Die vorstehenden Ausführungen zeigen die Richtung auf, die jedes Kollegium gehen sollte, wenn es handlungsorientierten Unterricht im Prinzip für wichtig hält: Man braucht viele Ideen/Arsenale von Möglichkeiten, und man muß sich immer wieder einmal auf didaktisches Phantasieren einlassen. Es führt so oder so aus den eingefahrenen Gleisen heraus. Das Lernen der Schüler und die eigene Arbeit werden interessanter und spannender. Und dies ist eigentlich das Wichtigste.

Literatur

Bielefelder Lehrergruppe: Schule kann anders sein. Drei Versuche zu handlungsorientiertem Lernen in Hauptschulen und zur Arbeit im Lehrerteam. Reinbek 1979.

Bönsch, M.: Moderne Unterrichtsgestaltung. München 1981.

Bönsch, M.: Handlungsorientierter Unterricht. In: Schulverwaltungsblatt für Niedersachsen. 1/1982.

Bönsch, M.: Rezeption, Entdecken/Erforschen oder Handeln. In: Die Realschule. 10/1986.

Bönsch, M.: Unterrichtskonzepte. Baltmannsweiler 1986.

Bönsch, M.: Handlungsorientierter Unterricht. Heft 28/88 der Oldenburger Vor-Drucke. Universität Oldenburg 1988.

Bönsch, M.: Handelnd lernen. In: Umwelt lernen. Zeitschrift für ökologische Bildung. 39/40/1988.

Bönsch, M.: Schüler aktivieren. Hannover 1990 (2).

Drenkelfort, G. u.a.: Handlungsorientierter Unterricht in der Hauptschule - Fachbereich Geschichtlich-Soziale Weltkunde. NLI Drucksachen. Hildesheim 1989.

Fauser, P. u.a.: Lernen mit Kopf und Hand. Weinheim 1983.

Frey, H.: Projektmethode. Weinheim 1983.

Fuhr, R.: Handlungsspielräume im Unterricht. Königstein/Ts. 1979.

GEW, Kreisverband Hildesheim (Hrsg.): Handlungsorientierter Unterricht in der Hauptschule. Beispiele und Tips für Lehrer von Lehrern im Fachbereich Naturwissenschaften. Hildesheim 1988.

Gudjons, H.: Handlungsorientiert Lehren und Lernen. Bad Heilbrunn 1986.

Hentig, H. von: Schule als Erfahrungsraum. Stuttgart 1973.

Hilpert, P.R.: Arbeitspapier zum Thema "Ästhetische Erziehung und deren Aspekte handlungsorientierter Methoden und Unterrichtsformen", unveröffentl. Arbeitspapier.

Mann, I.: Lernen durch Handeln. München 1972.

Massialas, B.E./Zevin, J.: Kreativität im Unterricht. Stuttgart 1969.

Meyer, H.L.: Leitfaden zur Unterrichtsvorbereitung. Königstein/Ts. 1980.

Meyer, H.L.: Unterrichtsmethoden, 2 Bde., Frankfurt a.M. 1987.

Scheller, J.: Erfahrungsbezogener Unterricht. Oldenburg 1980.

Schmidt-Wulffen, W.D.: Besiedlungsgang Nordamerikas. Unterrichtseinheit, durchgeführt in einer 9. Hauptschulklasse in einem hannoverschen Arbeiterviertel. In: Geographie im Unterricht. 1/1983.

Schmidt-Wulffen, W.D.: Entwicklungsprobleme und handlungsorientierter Unterricht. In: Praxis Geographie 3/1988.

Schmidt-Wulffen, W.D.: Handlungsorientierter Erdkundeunterricht. Unveröffentl. Manuskript 1990.

Schwerpunktheft "Dritte Welt im handlungsorientierten Unterricht" der Zeitschrift "Praxis Geographie" 3/1988.

Schwerpunktheft "Lebendiger Geographieunterricht" der Zeitschrift "Praxis Geographie" 7/8/1989.

1.5 *Drittes Korrespondenzkonzept* Forschendes Lernen als Lernprozeß im Sachunterricht der Schule

Einleitung:
Lernen als Lernprozeß im Sachunterricht der Schule

Wenn man die schulpädagogische Literatur unter dem Stichwort "Forschendes/entdeckendes Lernen" durchsieht, findet man erstaunlicherweise nicht viel.
In den meisten Handbüchern und Lexika taucht es gar nicht auf. Zu erklären ist das wohl damit, daß didaktisch-methodisches Denken immer noch stark auf Vermittlung hin orientiert ist, der entsprechende Lernbegriff demzufolge vor allem ein rezeptiver ist: Lernen ist Aufnehmen, Speichern und Reproduzieren, Erlernen von Vorgegebenem. Und das Vorgegebene besteht aus einer Unmenge von gesellschaftlich gefundenem und in Wissenschaftsdisziplinen/Fächern abgelagerten und geordneten Wissensbeständen. Die Einführung in die Erwachsenenwelt kann dann nicht anders verstanden werden als die Vermittlung des gesellschaftlich für wichtig erachteten Wissens. Die Frage ist, ob Lernen produktiver sein kann, wenn SchülerInnen immer wieder ihre Welt und das darüber vorfindliche Wissen erforschen und (nach-)entdecken könnten. Aber wie wären Situationen und Prozesse dieser Qualität denkbar? Im ersten Abschnitt soll eine Grundlage dafür entwickelt werden, um im zweiten Abschnitt an Beispielen diese Grundlage zu konkretisieren.

1. Die erste Grundfolie: Forschendes und entdeckendes Lernen

1.1 Forschen heißt Suchen und im glücklichen Fall Finden von Informationen, Problemlösungen, neuen Erkenntnissen und Verfahrensweisen.

Forschen kann ich

- in der Literatur nach Wissen und Einsichten
- in Realitäten (sozialen und sächlichen) nach Phänomenen, Abläufen, Gesetzmäßigkeiten, Regelhaftigkeiten.

Für Forschungsprozesse brauche ich

- Fragen, Probleme, Interessen
- eine Methodik des Vorgehens
- ggf. Geräte (etwa für Experimente)

1.2 Entdecken ist als ein Vorgang zu verstehen, bei dem es zu subjektiver Neufindung von der Menschheit bereits bekannten Sachverhalten (Nachentdecken) kommen kann.
Für Prozesse des Entdeckens benötige ich

- problemhaltige Situationen
- Materialkonstellationen,

die Antwort auf zubereitete Problemlagen enthalten, um ebenfalls auf Fragen, Suchmotive, Anliegen, Antworten zu entdecken.

Vorgehensweisen können sein:

- problemlösendes Denken (Bedenken)
- Experimentieren
- Herstellen, z.B. von Geräten, die für etwas Bestimmtes brauchbar sind.

Bei der entwickelten Grundorientierung ist von vornherein eine didaktisch-methodische Einengung vorzunehmen. Es geht nicht um völlige Neuartigkeit bei den hier gemeinten Forschungs- und Entdeckungsprozessen, sondern um subjektive Neuartigkeit, d.h. für die jeweiligen SchülerInnen gegebene Neuartigkeit. Dafür sind bei immer begrenzten Zeit- und Materialressourcen und in der Regel sicher begrenztem Vorwissen didaktisch-methodische Vorstrukturierungen notwendig, um Forschen und Entdecken als Lernprozesse möglich zu machen. Die zugrundeliegende Absicht ist aber doch, Prozesse anzuregen, die anders als die Rezeption "fertigen Wissens" das Finden und Suchen möglich machen, deren Ergebnisse einen anderen Resonanzgrund bei Lernern/-innen haben werden, als dies die Wissensbestände der Unterrichtsfächer in aller Regel haben. Erkundungen und Manipulationen in konkreten Operationen werden lernpsychologisch als intrinsische Motivation qualifiziert. Erfolgreiche selbständige Entdeckungen verstärken das Kompetenzgefühl und Selbstvertrauen bei SchülerInnen. Wichtig ist dabei allerdings, daß Strategien der Datenaufnahmen und -verarbeitung so angelegt sind, daß eine gewisse Produktivität und Gründlichkeit gesichert sind.

2. Annäherungen durch Beispiele

Am besten wird sich der zur Rede stehende Sachverhalt konkretisieren, wenn man mit Beispielen operiert.

2.1 *Erstes Beispiel:* "Zentralheizung"

In der Schule fällt die Heizung aus. Es ist kalt in den Räumen. Die Fragen kommt auf: Was ist kaputt, wo liegt der Schaden, warum kommt keine Wärme in die Klassenräume? Wie funktioniert eigentlich das Heizungssystem? Die Fragen entstehen aus einer aktuellen Lage. Die Schüler überlegen mit dem Lehrer, wie man zu Antworten kommen könnte. Der Heizungskeller wird besichtigt, der Hausmeister fungiert als Experte. Das Röhrensystem wird, so weit das geht, verfolgt.

Eine Skizze entsteht, aber neue Fragen kommen auf: Wie funktioniert der Wärmetransport, warum sind einige Räume wärmer als andere, welche Rolle spielt das Wasser, warum sind die Rohre mit Isolationsmaterial umwickelt?

Der Lehrer hat inzwischen Materialien bereitgestellt: Thermometer verschiedener Art, Spiritusbrenner, Bechergläser, Glasröhren, Stoffreste, Filz, Aluminiumfolie, Bücher, in denen man über Wärme nachlesen kann. Mit den Fragen und den Materialien entsteht ein "Forschungsplan":

- Wärmemessungen werden in verschiedenen Räumen und Etagen vorgenommen?
- Das Heizungssystem ist ungefähr klar geworden. Kann man es in einer Modellanlage nachbauen?
- Wärmeverlust und Wärmeerhalt werden bei verschiedenen Temperaturen mit verschiedenen Materialien und in unterschiedlichen Zeitphasen geprüft.
- In den Büchern wird über Befunde nachgeforscht: Verschiedene Heizmöglichkeiten und -materialien. Illustrierte Berichte entstehen.

Nach den Experimentier- und Erkundungsphasen werden die Ergebnisse festgestellt.

2.2 *Zweites Beispiel:* **"Ostseewasser"**

In einer Einführungs- und Strukturierungsphase wird mit Hilfe von Texten, Bildern und ggf. Filmen über die Lage der Ostsee informiert (in einer Schule an der Ostsee). So wird eine Informationsbasis geschaffen, aus der Fragen und Probleme entstehen können:

- Wie ist das Wasser beschaffen? Salzwasser
- Wenn es verschmutzt ist, wie könnte man es reinigen?
- Könnte man das Wasser auch entsalzen?
- Könnte man sogar Salz "produzieren"?

Die Fragenbereiche sind von der Lehrerin in ihrer Planung antizipiert worden, so daß sie mit einem "vorbereiteten Labor" Materialien und Geräte vorstellt, mit denen man den Fragen nachgehen könnte:

1. Schmutziges Wasser saubermachen
   (absetzen - ziehen - filtern)
2. Salz in Leitungswasser lösen
   (Lösungen bei unterschiedlichen Temperaturen)
3. Salz aus Salzwasser gewinnen
   (verdunsten - verdampfen)
4. Salzwasser entsalzen
   (kondensieren)

Die SchülerInnen können sich Teilbereichen zuwenden. Zur Bearbeitung werden ihnen Handlungsaufgaben als Hilfe gegeben, um sich einen eigenen Plan mit Fragestellung, Durchführung und Ergebnisfeststellung aufzustellen.

2.3 *Drittes Beispiel:* "Schon der zweite Unfall vor unserer Schule"

Die Unruhe und Erregung ist groß. Heute morgen sind zwei Radfahrer (Schüler) zusammengestoßen und haben sich erheblich verletzt. Erst vor ein paar Wochen ist eine Schülerin vor der Schule von einem Autofahrer angefahren worden. Die Betroffenheit ist groß. Erklärungen, Vorwürfe, Vermutungen, eigene Erfahrungen schwirren durcheinander. Immer wieder wird geäußert: Das kann so doch nicht weitergehen. Aber was wäre zu tun? Verkehrserziehungsstunden gibt es nur für die SchülerInnen. Was kann man gegen die erwachsenen Raser machen? Und gäbe es nicht Sicherungsmöglichkeiten? Aber wie wären diese zu gestalten? Der Problemgrund ist gegeben. Aber man müßte erst einmal "Genaueres wissen?"

- Wie laufen morgens die Schülerströme?
- Wer kommt zu Fuß, mit dem Fahrrad, mit dem Bus; wer wird von Eltern, Nachbarn gefahren?

- Wo sind die kritischen Stellen?
- Zahlen müssen her.
- Skizzen über Wege und kritische Stellen müssen erstellt werden.
- Konsequenzen könnte man dann überlegen (Verkehrsberuhigung, alternative Wege, Verkehrszeichen und -ampeln, Entzerrung des Verkehrs).

Die Aufgaben werden in Frage- und Beobachtungsbögen hinein konzipiert. Positionen zur Beobachtung und Erhebung werden markiert. Die Aufgaben werden verteilt. Dann geht es zu den verabredeten Zeiten an die Erkundung/Erhebung selbst heran. Die Ergebnisse werden ausgewertet und dargestellt. Konsequenzen können begründet entwickelt werden. Das kleine, echte "Forschungsprojekt" bringt Befunde und Veränderungsvorschläge, die der Schule, den Eltern, der Gemeinde vorgetragen werden können. Der Ernstcharakter der Thematik ist evident.

2.4 *Viertes Beispiel:* **"Im Labyrinth der Sinne"**

Das didaktische Arrangement eines Sinneserfahrungsraums soll SchülerInnen ermöglichen, spielerisch-handelnd möglichst alle Sinne rezeptiv und aktiv anzusprechen: Im "Labyrinth der Sinne" sind vielfältige Möglichkeiten des Erlebens und Ausprobierens möglich.

Das Arrangement
In einem Klassenraum werden folgende Ecken, Stationen und Haltepunkte mit Hilfe von Materialien, Medien, Geräten, Spielmitteln eingerichtet:
- Trugbilder: Optische Täuschungen, Vexierbilder,
- Geräuschkassetten mit verschiedenen Umweltgeräuschen und Hörrätseln,
- Tastboxen und Fühlkisten mit verschiedenen Materialien (Holz, Stoff, Metall, Papier u.a.m.),

- Riechgläser und Riechboxen (Putzmittel, Essig, Käse u.a.m.),
- Fühlsäckchen mit verschiedenen Materialien,
- Wechselbäder (warmes, kaltes, laues Wasser),
- Schokoladentest (verschiedene Schokoladen erschmecken),
- Erlebnisboxen (Waldboden, Meeresstrand, Müll).

Musik, Lichtorgel, Discokugel können im abgedunkelten Raum zur "Labyrinthstimmung" beitragen.

Erleben und Ausprobieren

Das Sich-hinein-Begeben in diesen Irrgarten der sinnlichen Wahrnehmungen mit Auge, Ohr, Hand, Zunge und Nase kann zu einem Erleben von Illusionen, Sinnestäuschungen und Verwirrungen führen. Staunen über Merkwürdigkeiten, rätselhafte Objekte, das Ausprobieren der eigenen Sinne, schließlich das Entwirren und Enträtseln von Trugbildern, verborgenen Dingen, das Herausfinden von Wahrnehmungsqualitäten und den bewußten Gebrauch der Sinne bekommen differenzierte Chancen in diesem Arrangement.

Man kann diese Situation offen lassen für je sich ergebende Erfahrungen, man kann aber natürlich auch den Prozeß des Erkundens und Erforschens methodisieren mit entsprechenden Fragen und Aufgaben.

2.5 *Fünftes Beispiel:* "Sprudelspiel"

Die SchülerInnen sollen sich mit einer chemischen Reaktion beschäftigen. Sie erhalten Materialien und können sie zunächst frei untersuchen. Sie können die Substanzen mit bekannten Stoffen aus dem täglichen Leben vergleichen: Natron mit Puderzucker, Calciumchlorid mit kleinen Eiswürfeln oder Eisbonbons. Nach dem Kennenlernen des Materials kommt die experimentelle Aufgabenstellung: Wie kann man aus zwei Stoffen einen neuen herstellen, und wie könnte man diesen dann lösen? In Partnerarbeit soll diese Aufgabe angegangen werden. Die Schüler können sich die Materialien holen. Das

Überraschende und Unerwartete ist die chemische Reaktion. Sie führt zu einem schnell anschwellenden Plastikbeutel: Bezüge zum täglichen Leben können schnell hergestellt werden. Anschließend wird ihnen ein Luftballon gezeigt. Sie können ohne Schwierigkeiten den Transfer leisten, die Gasbildung beobachten und das damit verbundene Aufblasen des Luftballons.

Das Beispiel ist dem Lernangebot AKTIF entnommen, das zum selbsttätigen Entdecken und forschenden Lernen anregen will. Folgende Grundelemente sind charakteristisch:
- Lernen erfolgt am Gegenstand.
- Entdecken schafft wichtige Lernanlässe.
- Entdeckendes Lernen verlangt Selbsttätigkeit.
- Flexible Lernzeiten sind möglich.
- Die Schüler planen ihre Tätigkeit zunehmend selbständig.
- Entdeckendes Lernen schließt Lernhilfen ein.

Zu folgenden Themen werden Angebote gemacht:
Energiequellen (Sonnenenergie, Sonnenheizung, Windenergie, Windmühlen), Küchenzauber (Zuckertest, Krümelmonster, Salzwasser, Säuretest), Pflanzen und Pflegen (Wildpflanzen, salztolerante Pflanzen, Umwelt und Pflanzenwachstum), Kommunizieren mit Geräuschen und Tönen (Geräusche sind Schwingungen, wie hoch klingt das?, leise Geräusche, große Ohren, klingende Botschaften), Mischungen und Lösungen (Sprudelspiel, Sättigungsproblem, verschiedene Lösungen, löst es sich?, Trennen von Mischungen), Leben im Klassenzimmer (Schneckenkraft, Wurzeln, wachsende Pflanzen, Keimling, Daten sammeln, Samen sortieren), Experimentieren (Nägel einschlagen, Flöße, Schutz für Eiswürfel, Pulsschlag, Weitsprung), Messen und Maße (Winkel und Dreiecke, warm oder kalt?, achte auf das Gewicht, literweise, wie lang ist das?).

2.6 *Sechstes Beispiel:* "Büchertisch, Materialientisch, Lernmaterialien"

Für unsere an "Papier-Bleistift-Verfahren" orientierte Schule ist sicher auch wichtig, über gedruckte Materialien Anregungspotentiale zu entwickeln. So kann ein Büchertisch zu einem Thema (z.B. "Ozonloch") zum Schmökern und Suchen einladen. Man kann lesen, blättern, sich Grundinformationen beschaffen. Nach solch einer Phase (1-2 Stunden) kann eine gemeinsame Planungsphase beginnen: Welche Teilthemen sind offensichtlich wichtig, in welchen Büchern stehen interessante Informationen, wo müßte man intensiver nachlesen und Fakten aufbereiten?
Für das Thema "Das Skelett des Menschen" könnte die Lehrerin einen sog. "discovery table" vorbereiten. Einige Hühnerknochen, Hüftknochen und Schulterblätter eines Hasen, die Schulter eines Lamms, Rinder- und Schweineknochen, ein vollständiger Schafkopf mit Kiefer provozieren eine Vielzahl von Aktivitäten (Vergleiche, Wiegen, Bau eines beweglichen Holzmännchens, Herstellen von Gelenken aus Pappe, Berichte). Die Frage kommt auf, ob man ein menschliches Skelett bauen könnte. Papprollen, Schnüre und Perlen, Draht, Lockenwickler stehen zur Verfügung. Aus Büchern und Röntgenaufnahmen kann man sich zunächst genauere Kenntnisse über das Skelett erarbeiten. Mit den Materialien werden dann Knochen, Gelenke, der Brustkorb "gebaut". Man merkt, was ungefähr stimmen wird, wo Probleme bleiben. Der Kopf ist am schwierigsten zu bauen. Man muß weitere Materialien suchen. Gegenüber der Betrachtung eines fertigen Skeletts werden mannigfache Erfahrungen gemacht und Erkenntnisse erarbeitet (Klewitz/Mitzkat, a.a.O., 5. 153 ff.). Die Kultur der Lernmaterialien ist in diesem Zusammenhang auch noch weiterzuentwickeln. Für ein Thema könnte man sich z.B. denken, daß einerseits Erkundungs-, Forschungs- und Handlungsaufgaben entwickelt werden, zum anderen Sets von Informa-

tionsmaterialien bereitgestellt werden, um das Suchen und Finden vorzustrukturieren.

Die sechs Beispiele müssen hier reichen, um Konkretionen vorzunehmen und gleichzeitig eine Basis zu legen für didaktische Arrangements für forschendes Lernen.

3. Didaktische Arrangements (die zweite Grundfolie)

Die Beispiele stehen exemplarisch für bestimmte Arrangements, die zusammenfassend und ordnend zum Abschluß kurz beschrieben werden sollen. Die folgende Übersicht gibt ein Strukturschema wieder, das sicher noch ausgegliedert werden könnte. Seine Merkmale sind:

1. Anlässe
Das zentrale Problem liegt in den Anlässen. Da schulisches Wissen in der Regel systematisiert in Büchern vorliegt, ist die Rückverwandlung in Fragen, Probleme, offene Lernsituationen schwierig (Roth 1970 (12)). Sie liegt gewissermaßen gegen die herkömmliche Ausbildung von LehrerInnen. Die Übersicht zeigt fünf solcher Ausgänge an: Die ungeteilte Wirklichkeit in ihrer Komplexität und Undurchschaubarkeit ist immer dann Lernanlaß, wenn der Rückbezug auf diese "fruchtbare Momente" schafft (Copei 1960 (5)). Ein Gegenstand aus der Wirklichkeit stellt eine andere Ausgangslage dar. Er ist ein technisches Produkt, das in seiner Ausformung zu analysieren oder nachzubauen ist. Etwa auf dieser Ebene der Vorauswahl liegt die dritte Variante. Alle drei Ausgänge nehmen die ungeschriebene oder selektierte Wirklichkeit (soziale, natürliche, technische Welt) zum Forschungsanlaß. Natürlich könnte man jeweils niedergeschriebene Befunde nehmen, das Lehren und Lernen wäre (auf den ersten Blick) einfacher. Was die Produktivität des Lernens anbelangt, werden aber auf den skizzierten Wegen andere

Qualitäten angesprochen. Es ist sicher sinnvoll, dabei nicht zu verharren, sondern das Repertoire der Arrangements auszuweiten. So sind "arrangierte Welten" und eine "vorbereitete Umgebung/Situation" zusätzlich nutzbare Möglichkeiten, forschendes und entdeckendes Lernen zu initiieren. Die Vorbereitung besteht dabei in "didaktisierten Lernanregungen".

2. Exploration

Erfüllen die Anlässe ihre gedachte Funktion, kommt es relativ unkompliziert zur Exploration von Fragen, Problemen, Interessen, Handlungsanlässen. Das didaktische Arrangement darf sich darin noch nicht erschöpfen. Schnell könnte eine oberflächliche Zufriedenheit bei ersten Ergebnissen entstehen.

3. Aufgabenformulierung

Deshalb ist die Aufgabenformulierung, die Entwicklung eines Forschungsprogramms, eines Erkundungsdesigns, eines Untersuchungsansatzes wichtig.

Wenn dies schon wieder als eine zu stark lenkende Lehrer-Aktivität verstanden werden sollte, wären zweierlei Antworten zu geben:

- Erstens kann jederzeit die Lernsituation offener bleiben im Sinne einer schülerorientierteren Exploration.
- Zweitens aber ist der Hinweis wichtig, daß fachlich frag würdige Vorgehensweisen auf Dauer nur Inkompetenzerleb nisse bringen, die dem Lernen nicht förderlich sind.

Die Unterscheidung von zunächst **wirklich offenen Lernsituationen -** SchülerInnen entwickeln kreativ und produktiv ihre Vorgehensweisen - und **strukturierteren Lernsituationen** - der Lehrer/die Lehrerin bringt sein/ihr Wissen ein, um Aufgaben realistisch und dem jeweiligen Problem entsprechend zu formulieren - kann eine positive Balance schaffen.

Forschendes und entdeckendes Lernen

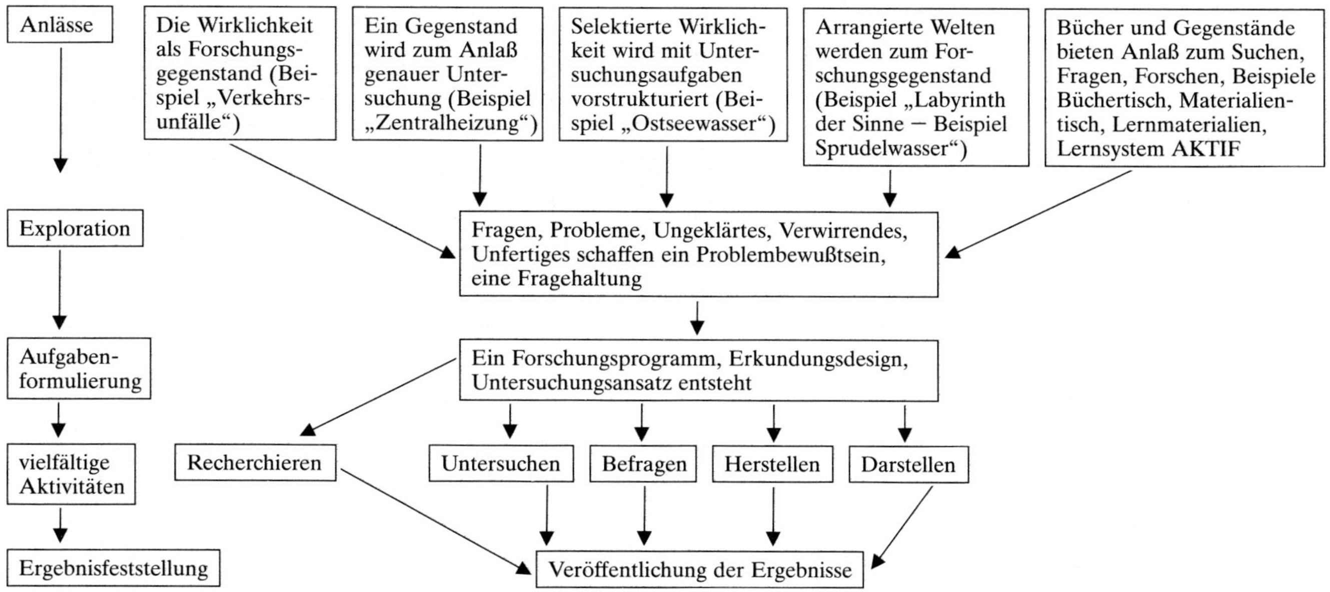

4. Vielfältige Aktivitäten

Die in der Übersicht aufgeführten Aktivitäten signalisieren die **Aktivitätsrichtungen**. Das Recherchieren, Untersuchen, Befragen, Herstellen und Darstellen sind Konkretionen der Tätigkeiten des Forschens und Entdeckens.

Sachverhalte werden erhoben, untersucht, Menschen werden befragt, das Herstellen führt zur eigenständigen Produktion wie das Darstellen die eigenständige Reproduktion (Nach-Entdecken) von Sachverhalten.

5. Ergebnisfeststellung

Schließlich ist eine Veröffentlichung der Ergebnisse wichtig. Was in Einzel-, Partner- oder Gruppenarbeit gefunden worden ist, ist der Klasse zu vermitteln. Was eine Klasse erarbeitet hat, ist für andere Klassen, für die Schule, ggf. für die Eltern und für eine größere Öffentlichkeit interessant (Ozonloch, Verkehrsaufkommen um die Schule herum u.a.m.).

Schluß

Chancen und Möglichkeiten forschenden und entdeckenden Lernens sind hoffentlich deutlich geworden. Sei zum Schluß noch erwähnt, daß diese Weisen des Lernens in einer Dialektik mit gutem vermittelnden, lehrerorientierten Unterricht stehen. Je **interessanter** der Unterricht eines Lehrers/einer Lehrerin ist, je mehr **Zugänge** zu Lernbereichen geschaffen werden, umso eher ergeben sich eigenständige Fragen und Problemformulierungen. Je produktiver SchülerInnen ihre Umwelt und die aus ihr kommenden Objektivationen (Wissensbereiche, kulturelle Produkte u.a.m.) befragen und erkunden, umso wichtiger wird ein Lehrer/eine Lehrerin mit seinem/ihrem Wissensvorsprung, der mindestens im **Repertoire der Quellen und Methoden** vorhanden sein sollte. So kann forschendes und entdeckendes Lernen auch den vermittelnden Unterricht befruchten.

Zusammenfassung

Da forschendes und entdeckendes Lernen immer noch seltenere Formen schulischen Lernens sind, wird nach einer näheren Bestimmung dessen, was forschendes und entdeckendes Lernen sein kann, mit Hilfe von kurz skizzierten Unterrichtsbeispielen eine anschauliche Basis für den anschließend unternommenen Versuch gelegt, die Möglichkeiten didaktischer Arrangements etwas zu systematisieren und gleichzeitig eine Methodisierung anzubieten. Letztere ist sicher kritisierbar, weil forschendes und entdeckendes Lernen Offenheit, Spontaneität und Kreativität brauchen. Auf der anderen Seite ist für den Unterrichtsalltag sicher ein gewisses Maß an Strukturierung nötig, um Realisierungsmöglichkeiten zu sehen und dafür eine Rahmenplanung vornehmen zu können.
Zum Schluß wird das Aufeinanderbezogensein (Dialektik) von vermittelndem Unterricht und forschendem und entdeckendem Lernen betont.

Literatur

Bönsch, M.: Produktives Lernen in dynamischen und variabel organisierten Lernprozessen. Essen 1970.

Bönsch, M.: Forschendes Lernen im Geschichtsunterricht. In: Die Realschule 1/1988.

Bönsch, M.: Forschendes Lernen. In: Lehrer-Journal. Hauptschulmagazin 2/1988.

Bönsch, M.: Schüler aktivieren. Hannover 1990 (2).

Bönsch, M.: Schule verbessern. Hannover 1990.

Bönsch, M.: Variable Lernwege. Paderborn 1990.

Bönsch, M.: Kreativität - die fehlende Ressource. In: Neue Deutsche Schule 1/1991.

Bönsch, M.: Forschendes Lernen (II). In: Die Realschule 5/1991.

Brunnhuber, P., Czinczoll, B.: Lernen durch Entdecken (3), Donauwörth 1974.

Copei, F.: Der fruchtbare Moment im Bildungsprozeß. Heidelberg 1960 (5).

Fries, E., Rosenberger, R.: Forschender Unterricht. Frankfurt/H. u.a. 1970 (2).

Giel, K., Hiller, G.G., Krämer, H.: Stücke zu einem mehrperspektivischen Unterricht, 2 Bde. Stuttgart 1974/75.

Homeyer, U. u.a.: Naturwissenschaften AKTIF. 8 Unterrichtseinheiten. Kiel 1986.

Homeyer, U. u.a.: Mit AKTIF entdecken und experimentieren. Ein Lernangebot für den Sachunterricht. In: Sachunterricht und Mathematik in der Primarstufe 10/1989.

Klewitz, E./Mitzkat, H. u.a.: Entdeckendes Lernen und offener Unterricht. Braunschweig 1977.

Neber, H. (Hrsg.): Entdeckendes Lernen. Weinheim und Basel 1981 (3).

Neff, G. (Hrsg.): Kreativität in Schule und Gesellschaft. Ravensburg 1975.

Neumann, G.-H.: Forschendes Lernen im Biologieunterricht. Düsseldorf 1979.

Plöger, W.: Forschender Physikunterricht. Ansbach 1983.

Riedel, K.: Lehrhilfen zum entdeckenden Lernen. Hannover 1973.

Roth, H.: Pädagogische Psychologie des Lehrens und Lernens. Hannover 1970 (12).

Schaare, J.: Lernen, Handeln, Üben und forschen im offenen Unterricht. In: Die Grundschule 9/1991.

Scholz, F.: Problemlösender Unterricht. Essen 1980.

Süß, W.: Didaktische Arrangements für integrative Lernsituationen. In: Die Grundschule 5/1991.

Wagenschein, H.: Verstehen lernen. Weinheim und Berlin 1968.

Wagenschein, H., Banholzer, A., Thiel, S.: Kinder auf dem Wege zur Physik. Stuttgart 1973.

Wertheimer, H.: Produktives Denken. Frankfurt/H. 1964 (2).

2. Gestaltungen des Terrains: Theoriebildende Praxis

Wenn das Terrain abgesteckt ist, kann es bebaut werden. Es gibt heute "Bebauungen" in großer Breite. Die folgenden Beiträge machen dies in sehr anschaulicher Weise klar.

Die ersten zwei Beiträge beziehen sich auf die Grundschule. Während Frau Spitz Innovationsprozesse in sehr persönlicher Weise beschreibt und damit deutlich macht, wie der Umgang mit einem Unbehagen zu bedeutsamen Veränderungen führen kann - die Frage, wie ich als einzelner anfangen kann, erfährt damit eine Antwort - beschreibt Herr Längsfeld, wie eine Schule mit veränderten Rahmenstrukturen umgeht und dabei zu einer reformierten Grundschule kommt.

Die zwei weiteren Beiträge beziehen sich auf den Sekundarbereich: Hauptschule und Gymnasium. Die Autoren (Frau Krause, Herr Vogelsaenger) zeigen unterschiedliche Ausgangspunkte und Ausfaltungen offenen Unterrichts. Beeindruckend ist die Vielfalt von Ideen und Realisierungen. Der interessierte Leser findet ein anregendes Potential von Vorschlägen. Das Stichwort "theoriebildende Praxis" findet Belege in reichhaltiger Weise.

Der letzte Beitrag von Ulrike Bönsch will die sog. kleinen Möglichkeiten der Öffnung von Unterricht aufzeigen. Es sind dies die Ansatzpunkte, die jeder einzelne Lehrende in seinem Unterricht verwirklichen kann, wenn er es will.

Literaturhinweise und Verlagsnennungen beschließen den Band.

2.1 *Brigitte Spitz:* Unterrichts- und Raumveränderung für offenen Unterricht in der Primarstufe

1. Wunschvorstellung

Vor knapp 20 Jahren machte ich folgende Erfahrung: Zwei meiner "privaten" Kinder besuchten die Kindertagesstätte, die der Grundschule, in der ich arbeitete, gegenüberlag. Jeden Mittag holte ich sie nach meinem Unterricht dort ab. Dabei sah ich, wie dort gelebt, gespielt und gelernt wurde. Es gab in einem großen Raum verschiedene Bereiche, die optisch voneinander getrennt waren. In einer Ecke wurde z.B. mit Puppen gespielt, in einer anderen gemalt oder gebastelt. Die Erzieherin wandte sich immer nur einer dieser Gruppen zu; teilweise zog sie sich ganz zurück, was von manchen Eltern als Desinteresse ausgelegt wurde, in der Tat aber wichtiges pädagogisches Konzept des Kindergartens war. Ich bemerkte mit Erstaunen, daß die Kinder selbständig miteinander agieren konnten. Sie spielten gemeinsam, berieten sich, halfen sich gegenseitig und waren teilweise auch in der Lage, kleine Konflikte zu lösen.

Beim Beobachten dieser Kinder wurde mir bewußt, daß ich bei meinen Erstkläßlern so ein Sozialverhalten nie erwartete, ja, daß ich ihnen diese vorhandenen Fähigkeiten durch meinen überwiegenden Frontalunterricht sogar wieder abgewöhnte. Bis dahin schienen mir Ziele wie Selbstständigkeit, Eigenverantwortlichkeit und Gruppenfähigkeit nur von besonders begnadeten Kollegen erreichbar zu sein. Ich hatte zwar ansatzweise auch Versuche zu diesen Zielen unternommen, hatte aber immer wieder erschöpft resigniert.

Durch diese Erfahrung mit der Arbeit im Vorschulbereich erwachte der Wunsch erneut in mir, meinen Unterricht zu verändern. Diesmal ging ich nicht von guten Ratschlägen aus oder von Berichten in Fachzeitschriften. Ich fragte mich selber, wie ich das Zusammenleben in meiner Klasse gerne hätte, welche Vorstellungen ich vom gemeinsamen Lernen hatte.
Vor meinem inneren Auge entstand so etwas wie ein Wunschbild, eine idealisierte Traumvorstellung, eine Vision, wie sie nie realisierbar ist: ein heller ständig sonnendurchfluteter Raum, mit vielen, vielen bunten Blumen, mit Kindern, die selbständig und eifrigst arbeiten, die sich gegenseitig in freundlichster Weise helfen, nie "Unerlaubtes" tun, routiniert alles aufräumen, die von mir nur soviel verlangen, wie ich auch leisten kann, die fröhlich sind und trotzdem keinen Krach machen ... Meine Traumvorstellung war für mich die bildgewordene Herrlichkeit von Schule.

Obwohl ich wußte, daß sich diese Vision nie verwirklichen ließ, trennte ich mich doch nicht von ihr, sondern versuchte, ihr genauere Konturen zu geben. Ich tat beiseite, was nicht in meiner Macht stand und versuchte, dort zu verändern, wo es mir möglich schien. Da durch die Nordfenster nie ein Sonnenstrahl zu uns gelangen würde, mußten die Wände sonnengelb gestrichen werden. Blumen wurden in langen Balkonkästen gezogen, Materialkästen bunt gestrichen. Tische verschoben wir mehrfach, um die günstigste Anordnung zu finden. Schränke erhielten wir durch die Hilfe der Eltern und stellten sie als Raumteiler quer zu den Wänden.

Nach diesen räumlichen Veränderungen gewann ich den Mut zum nächsten Schritt der Verwirklichung meines Traumbildes. Ich begann, die Kinder zu Eigenständigkeit zu führen und gab ihnen einen Plan, den sie inhaltlich in einer Stunde selbständig bearbeiten sollten. Das lief aber nicht so, wie ich es mir vorgestellt hatte. Wir brauchten Material mit der

Möglichkeit zur Eigenkontrolle, wir brauchten Regeln und Rituale, um sinnvoll damit umzugehen, und wir brauchten vor allem Hilfe, mit uns selber umzugehen.

Ich hatte Glück, meine Klasse vom 1. bis zum 4. Schuljahr führen zu dürfen und konnte dadurch jedesmal die Auswirkungen meiner Veränderungen wahrnehmen. Durch Ausprobieren, viele Enttäuschungen, aber auch Lichtblicke wurde ich allmählich sicherer im Umgang mit Materialien und Raummöglichkeiten, und mein Aufgabenplan wurde umfangreicher. Es entstand nach und nach ein Plan für eine ganze Woche mit differenzierenden Aufgaben. Ich nannte ihn Wochenplan und war damals der Meinung, die Wochenplanarbeit "erfunden" zu haben. Erst später las ich in der Fachliteratur zu meiner Freude, daß diese Arbeitsform schon eine hundertjährige Geschichte hat.

Wenn ich heute bei Lehrerfortbildungen über meine Arbeit mit dem Wochenplan berichte und viele Fragen beantworten muß, wird mir deutlich, wie sehr jede Aktion mit Raumgegebenheit und Raumgestaltung verknüpft ist. Immer wieder hatten Veränderungen meines Unterrichts auch Veränderungen des Raumes zur Folge oder umgekehrt: Wenn ich Tische und Schränke verschob, konnte ich vertraute Rituale nicht mehr beibehalten und mußte mir im pädagogischen Bereich andere Wege überlegen. Raumgestaltung kann nie etwas Fertiges, Abgeschlossenes sein. Sie ist vielmehr ein ständiger Prozeß. Um meinen Klassenraum beschreiben zu können, scheint es mir wichtig, zunächst einmal meine Wochenplanarbeit und meinen Weg dorthin vorzustellen, denn bei jedem Kollegen sieht diese Arbeitsform etwas anders aus. Sie wird immer durch ganz persönliche Erfahrungen und Zielvorstellungen geprägt sein.

2. Wochenplanarbeit

1. Organisatorisches

Ich unterrichte in meiner Klasse Deutsch und Mathematik. Neuen Lernstoff führe ich im allgemeinen mit der Klasse gemeinsam ein. In den Wochenplan gebe ich vorwiegend Aufgaben und Spiele aus dem Übungsbereich, die von den Kindern selbständig kontrolliert werden können. Dadurch kommen die Kinder in dieser Stunde weitgehend ohne meine Hilfe aus. Den gewonnenen Freiraum nutze ich, um individuell zu fördern, Eintragungen im Klassenbuch vorzunehmen, Kinder zu beobachten und Material zu ordnen. Gelegentlich entspanne ich auch und genieße für einen kurzen Moment den Gedanken, nicht im Mittelpunkt des Unterrichtsgeschehens zu stehen.

Der Umfang eines Plans ist unterschiedlich, je nach Situation rechne ich 3 bis 4 Wochenstunden. Entscheidend ist für mich nur, daß die Kinder vorher die zur Verfügung stehende Zeit kennen, um sich entsprechend einrichten zu können. Zu Hause wird nicht an dem Plan weitergearbeitet. Es gibt bei mir nicht unbedingt jede Woche einen Plan, manchmal liegen zu viele andere Vorhaben an wie Vorbereitung von Festen, Besuche der Patenklasse oder Wanderungen.
Danach freue ich mich dann immer, wenn von den Kindern die Fragen kommen, wann es denn endlich wieder einen Wochenplan gäbe.

Meine Kinder haben für die Wochenplanarbeit eine Klarsichthülle mit einem Schreib- und einem Rechenheft. Außerdem liegen in der Hülle ihre individuellen Wochenpläne und die zu bearbeitenden Aufgabenkarten, Geschichten oder Bilder.

Nach der letzten Wochenplanarbeit werden alle Hüllen eingesammelt und zu Hause von mir durchgesehen. Das ist manchmal eine Arbeit von größerem Umfang. Wenn ich damit mein Wochenende nicht belasten möchte, lasse ich den Plan eben von einer Wochenmitte zur anderen laufen.

2. Eigenverantwortlichkeit

Mit der Wochenplanarbeit verbinde ich 3 Anliegen: Ich möchte die Kinder zu Eigenverantwortlichkeit führen, ihnen soziales Lernen ermöglichen und sie in ihren Leistungen weitgehend differenziert fördern.

Es waren Alltagssituationen, die mir die Notwendigkeit der Eigenverantwortlichkeit zeigten:

Mitten in einer Stunde öffnete die Mutter eines Kindes unsere Klassentür und entschuldigte sich vielmals, daß sie heute vergessen habe, ihrem Sohn den Turnbeutel mitzugeben; er solle aber nicht unter ihrem Versäumnis leiden und eventuell vom Sportunterricht ausgeschlossen sein, sie nähme alle Schuld auf sich. In mir entstand ein leichter Unmut gegen die vermeintlich liebevoll sorgende Mutter, hatte sie doch ihrem Kinde die Chance genommen, sich selber verantwortlich zu fühlen.

Als ich überlegte, warum ich dieser Frau grollte, fiel mir auf, daß ich auch oft den Kindern die Gelegenheit zum Lernen aus den eigenen Erfahrungen nahm. Aus falsch verstandener Fürsorge sorgte ich mich für sie und nahm ihnen die Verantwortung ab.

Die Wochenplanarbeit gab mir Möglichkeiten, die Kinder ihre Eigenverantwortlichkeit erleben zu lassen. Es entstanden Leitsätze und Regeln:

- Jeder muß sich so verhalten, daß er andere nicht stört.
- Die Reihenfolge der Aufgaben kann selbst gewählt werden.
- Der Schwierigkeitsgrad mancher Aufgaben kann selber gewählt werden.

- Jeder kann seine Partner selber wählen.
- Materialien sind sorgfältig wieder wegzuräumen.
- Am Ende der vereinbarten Zeit muß der Plan erfüllt sein.
- Zügiges Arbeiten ermöglicht Zeit zur freien Verfügung.

Solche Regeln waren Mittelpunkt vieler Unterrichtsgespräche.
Sie waren teilweise mit den Kindern gemeinsam erarbeitet, basierten aber immer auf meinen pädagogischen Vorstellungen, denn das Grundkonzept war von mir vorgegeben. Die Kinder nahmen wahr, daß ihnen viele Freiheiten eingeräumt wurden, die sie aus dem herkömmlichen Unterricht nicht kannten, daß aber auch Begrenzungen notwendig wurden. Durch Rollenerfahrungen bei Puppen-, Schatten- und Theaterspielen erlebten sie, wie man sich verändern kann und wieviel Freude es macht, einen Erfolg sich selbst zuschreiben zu können.

3. Soziales Lernen
Auch im Sozialbereich machte ich eine wichtige Erfahrung, die u.a. auslösend für das Einüben von Verhaltensweisen wurde und mich von meiner Vorstellung abbrachte, daß sinnvolles Miteinanderumgehen sich von selber entfalten würde, wenn ich nur häufig genug offene Unterrichtsformen praktizieren würde:

Eine Familie lud mich zu sich nach Hause zum Mittagessen ein. Beide Eltern bemühten sich, einen guten Eindruck zu machen. Als die Mutter den Vater fragte: "Kannst du mir mal die Kartoffeln geben?" sagte dieser: "Du kannst mich mal" und fand diese Antwort offensichtlich sehr geistreich. In ähnlicher Form verlief die weitere Unterhaltung, immer etwas schnippisch und beleidigend. Besonders das Kind mußte viele Verletzungen hinnehmen.

Da dieses Kind keine andere Art miteinander umzugehen gelernt hatte, sprach es in der Schule genauso kränkend. Bei mehreren meiner Schüler vermutete ich das Fehlen von Sprach- und Umgangsmustern für ein freundliches Miteinander, so daß wir es in ähnlicher Form einübten wie etwa die Erfahrungen der Eigenverantwortlichkeit. Dafür nutzten wir Situationen, von denen wir in unserem Schulalltag genügend fanden.

Natürlich wurden dadurch keine tiefgreifenden Änderungen bewirkt wie das Abbauen eingewurzelter Aggressionen oder das Lösen häuslicher Probleme. Aber das sehe ich auch nicht als meine Aufgaben. Vielmehr geht es mir darum, innerhalb der Klassengemeinschaft eine Umgangsform zu finden, mit der wir alle leben und arbeiten können, in der Hoffnung, daß hier erlernte Erfahrungen und Verhaltensweisen auf dem weiteren Schul- und Lebensweg nicht ganz vergessen werden. Soziales Lernen erleben wir in der Wochenplanarbeit bei den verschiedensten Interaktionsformen. Mein Problem war zeitweilig, daß ich turbulente Lernsituationen schwer ertragen konnte. An manchen Tagen fürchtete ich, das "sanfte Chaos" würde ausbrechen.
Da ich aber auch nicht ständig um Ruhe bitten wollte, führte ich zu den gewohnten Lernspielen wie Domino, Memory, Lotto, Karten- und Würfelspielen die "Lernübungen" ein. Darunter verstehen wir in meiner Klasse Partner- oder Gruppenarbeiten, die einen nicht so starken Spielcharakter haben, sondern das Anliegen der Übung deutlicher zeigen und "gesitteter" ablaufen.

Eine dieser Lernübungen ist das Eckenrechnen. Es kann folgendermaßen aussehen. 4 bis 6 Kinder finden sich in einer Ecke zusammen, um Aufgaben aus dem kleinen Einmaleins zu üben. Eines der Kinder übernimmt als erstes die Karte, auf die von mir 15 Aufgaben mit Lösungen geschrieben worden sind. Dieses Kind ist Spielführer oder Übungsleiter und

darf stehen, während die anderen sich dicht an seinen Füßen hinhocken. Der Übungsleiter liest die erste Aufgabe vor, nimmt ein sich meldendes Kind dran, kontrolliert das Ergebnis auf der Karte und liest dann die nächste Aufgabe vor. Wenn alle 15 Aufgaben gelöst wurden, übernimmt das nächste Kind der Gruppe die Aufgabenkarte. Es wird solange gespielt, bis alle Kinder einmal die Übung geleitet haben.
Bei dieser Übungsform gibt es keine Probleme. Der jeweilige Leiter fühlt sich sicher, weil er die Lösungen in der Hand hat. Er wird durch sein Stehen von den Hockenden deutlich gesehen und anerkannt. Durch enges Zusammenrücken ist lautes Sprechen überflüssig. Verlierer oder Gewinner gibt es nicht. Der Wettstreit, Spielführer zu sein, entfällt, da jeder einmal drankommt. Bei 5 Teilnehmern ist das Spiel nach ca. 8 Minuten beendet. In dieser Zeit war jedes Kind einmal Leiter und jede der 15 Aufgaben wurde 5 mal gelöst. Durch die kurze Frist bis zur Wiederholung der gleichen Aufgabe ist das Ergebnis eventuell noch in Erinnerung und schleift sich über das Kurzzeitgedächtnis ein. Die Einführung dieser Lernübung kann schon am Anfang des 1. Schuljahres erfolgen. Inhaltlich wird sie durch das Austauschen der Aufgabenkarten dem jeweiligen Unterrichtsstoff angepaßt. Für die Lehrerin ist der Herstellungsaufwand sehr gering und meine anfängliche Vermutung, die Kinder würden Lernspiele den Lernübungen vorziehen, haben sich nicht bestätigt.

4. Differenzierung

Meine Vorstellung, jedes Kind seinem Leistungsvermögen entsprechend zu fördern, erschien mir anfangs nur schwer realisierbar, hieße es doch, jede Woche 24 verschiedene Wochenpläne zu schreiben. So ließ ich es zunächst bleiben und fügte nur am Ende des Planes für leistungsstarke, schnelle Schüler einige schwere Zusatzaufgaben an. Erstaunt war ich aber immer wieder, daß diese Aufgaben mit größerer Konzentration angefertigt wurden als das Pflichtpensum. Daraus zog ich den Schluß, daß mein Plan für diese Schülergruppe nicht in Ordnung war.

Inzwischen habe ich eine Möglichkeit gefunden, ohne großen Aufwand einen differenzierenden Wochenplan zu erstellen.

Ich schreibe nur einen einzigen Plan. Aber dieser ist sehr umfangreich und enthält in beiden Fächern Aufgaben für leistungsschwächere und leistungsstärkere Kinder. Jedes Kind bekommt diesen Plan, muß aber nicht alle aufgeführten Punkte bearbeiten, denn ich streiche die Aufgaben aus, die das Kind unter- oder überfordern würden. Bei nur 10 Arbeitsaufträgen, von denen 6 erfüllt werden sollen, kann der Plan oft genug variiert werden (nach der KlM-Formel gibt es 210 Möglichkeiten).

Bei Nuri's Plan z.B. hatte ich die Aufgaben ausgestrichen, die er sprachlich nicht bewältigen konnte. Nuri war am Anfang der 3. Klasse aus der Türkei ohne Deutschkenntnisse zu uns gekommen.
Im mathematischen Bereich war er sehr gut, deswegen interessierten ihn die schwierigen Aufgaben aus dem großen Einmaleins.

Im Schreiben waren ihm aber nur die Nummern 1, 3 und 5 zumutbar, bei denen es um sinnvolles Abschreiben ging und um Anwendung passender Begriffe. Die Übungen 2, 4 und 6 hätten eine Sprachkreativität vorausgesetzt, zu der ihm noch der Wortschatz fehlte.

Das Lehrangebot auf dem Plan bestand aus Texten des 1., 2. und 3. Schuljahres, so daß Nuri den für sich passenden Schwierigkeitsgrad wählen konnte.

- Wochenplan -

(siehe folgende Seite)

Wochenplan

Datum: 8.6. – 13.6.92
Stunden: 4 Wochenstunden
Name: Nuri

Sachaufgabe		lp.
Turmkarte (schriftl. Addition)		lp.
Kellerkarte (schriftl. Subtraktion)		
Divisionsskat:	kl. oder gr. 1×1	
Spiel mit 2 Würfeln:	kl. oder gr. 1×1	
Eckenrechnen:	kl. oder gr. 1×1	

Froschkarte:

1. Nomen mit Artikel	
2. Singular – Plural	lp.
3. Verben in der Grundform	
4. Verben in den Personalformen	lp.
5. Adjektiv, Gegenteil	
6. Adjektiv, Steigerung	lp.

Lernübung: Pluralbildung bei Fremdwörtern

Lesekarte oder Nis Puck oder Schulwitze

4 Kreise aufzeichnen und ausschneiden für unser geplantes Lernspiel

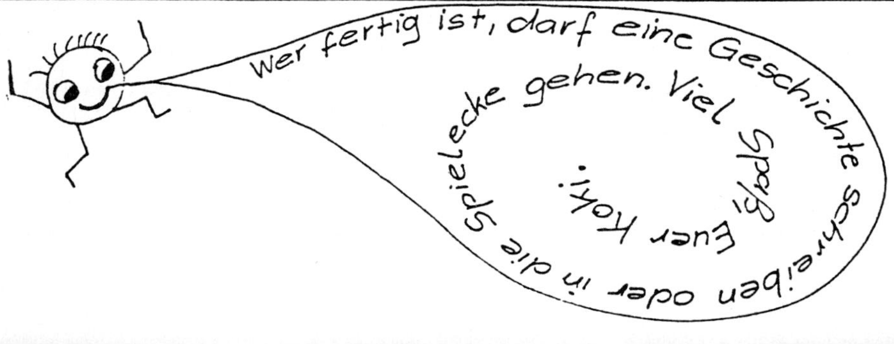

Der Umgang mit dem Plan wird durch Symbole erleichtert. Unsere "Kobis" sind Produkte einer 1. Klasse. Damals hatte ich einen Kopffüßler an die Tafel gezeichnet. Bei seiner Namenssuche entstand eine Diskussion, ob es sich um einen Kopf oder ein Kind handele und durch das Zusammensetzen beider Wortanfänge entstand der Kompromiß.

Die Rechenkokis, erkenntlich an der Zahl, zeigen uns, was gerechnet werden soll. Entsprechend ist es bei den Schreib-, Lese- und Bastelkokis und den weiteren Verwandten.

Die Strichmännchen rechts des Arbeitsauftrages deuten an, ob es sich um Einzel-, Partner- oder Gruppenarbeit handelt. In den Kreisen wird von mir abgezeichnet, welche Übungen das Kind nicht zu machen braucht und in den verbleibenden leeren Kreisen kreuzt es selbst die von ihm bearbeiteten Aufgaben an, so daß es immer den Überblick hat, wieviel noch zu erledigen ist.

Der Plan enthält teilweise eine von mir vorgegebene Differenzierung. Teilweise können aber auch die Kinder eigenständig differenzieren und zwar bei den Aufträgen, die durch "oder" gekennzeichnet sind. Bei diesen Übungen gehe ich davon aus, daß Kinder im allgemeinen in der Lage sind, sich richtig einzuschätzen oder durch die Partner Hinweise erhalten: Auf Dauer werden zu leichte Aufgaben langweilig, zu schwere Aufgaben verzögern den Spielablauf bzw. erschweren das Zuhören bei stockendem Vorlesen.

5. Erfahrungen

Ich habe jetzt viermal einen Jahrgang mit Wochenplanarbeit durch die Grundschulzeit geführt. Jedesmal begann das Einüben der Arbeitstechniken und der Verhaltensformen von vorne, und je nach Klassenzusammensetzung verlief diese schwierige Aufgabe anders. Das machte sich auch beim Gestalten der Wochenpläne bemerkbar. Trotz der gewissen Routine, die ich beim Schreiben der Pläne erworben habe, muß ich von Zeit zu Zeit überprüfen, ob die Anteile von Einzel- und Gruppenarbeit und von schriftlichen und spielerischen Übungen ausgeglichen sind, da sie das Arbeitsklima mit bestimmen.

Ein anderer entscheidender Aspekt scheint mir das Sich-wohl-fühlen der Kinder zu sein. Wenn sich alle von uns rundherum sicher fühlen, ist unsere Klassenwelt in Ordnung und die Alltagsprobleme lassen sich lösen. Sind einige von uns unsicher, verstärken sich die Verhaltensauffälligkeiten. Wir brauchen Sicherheit

- in der Technik, mit dem Wochenplan umzugehen,
- in der Anordnung und Ausführung schriftlicher Arbeiten,
- in den Regeln für Spiele und Übungen,
- in den Kontrollmöglichkeiten,
- in der Raumorientierung (Spielecken, Materialaufbewahrung),
- im Auffordern von Partnern,
- in der Formulierung von Zu- oder Absagen,
- in dem Gefühl, die geforderten Leistungen erbringen zu können,
- in dem Gefühl, zur Klassengemeinschaft zu gehören ...

Einige dieser Bedingungen benötigen nur die Wiederholung von Informationen, andere müssen gelegentlich geübt werden und wieder andere bedürfen eines längeren Prozesses.

Sich sicher zu fühlen, hängt auch mit dem Bewußtsein zusammen, sich heimisch zu fühlen. Heimisch fühle ich mich dort, wo ich mein Umfeld mit gestaltet habe und es mir zu eigen machen konnte. Dann ist es mir so vertraut, daß ich mich ihm anvertrauen kann. Für mich als Organisatorin solcher Prozesse bedeutet es, das Maß zu finden zwischen meinen pädagogischen Vorstellungen und dem kreativen Mitgestalten der Kinder und das Maß zu finden zwischen Veränderung des Raumes für zeitweise Vorhaben und dem Beibehalten von vertrauten Grundstrukturen.

3. Raumgestaltung

1. Zwei Grundrisse

Die ersten Versuche, meinen Unterricht zu verändern, scheiterten an meiner eigenen Inkonsequenz. Immer wieder neigte ich dazu, die Blickrichtung der Kinder auf mich zu lenken. Trotz aller guten Vorsätze blieb ich Mittelpunkt der Klasse, verteilte ständig Anweisungen und nahm Reaktionen der Kinder entgegen. Um mir das abzugewöhnen, stelle ich das Mobiliar so um, daß ein frontales Arbeiten nur noch schwer durchführbar war.

- Skizze I -

(siehe folgende Seite)

Die Tischgruppen wurden möglichst weit in die Ecken geschoben und dazwischen Sichthindernisse aufgebaut aus Schränken oder Tischen, auf die ich Kartons und hohe Blumen stellte. Nun konnte ich unmöglich einen Platz im Raum finden, von dem aus mich alle hätten sehen können. Wenn gemeinsame Arbeit notwendig war, hockten wir uns im Halbkreis vor die Tafel oder bildeten einen Stuhlkreis. Durch diese Raumordnung wurde für mich der Wechsel zwischen Frontalarbeit und Arbeit an den Gruppentischen deutlich. Hatte ich einmal versäumt, während der gemeinsamen Phase wichtige Hinweise zu geben, so mußte ich das in jeder Gruppe einzeln nachholen.

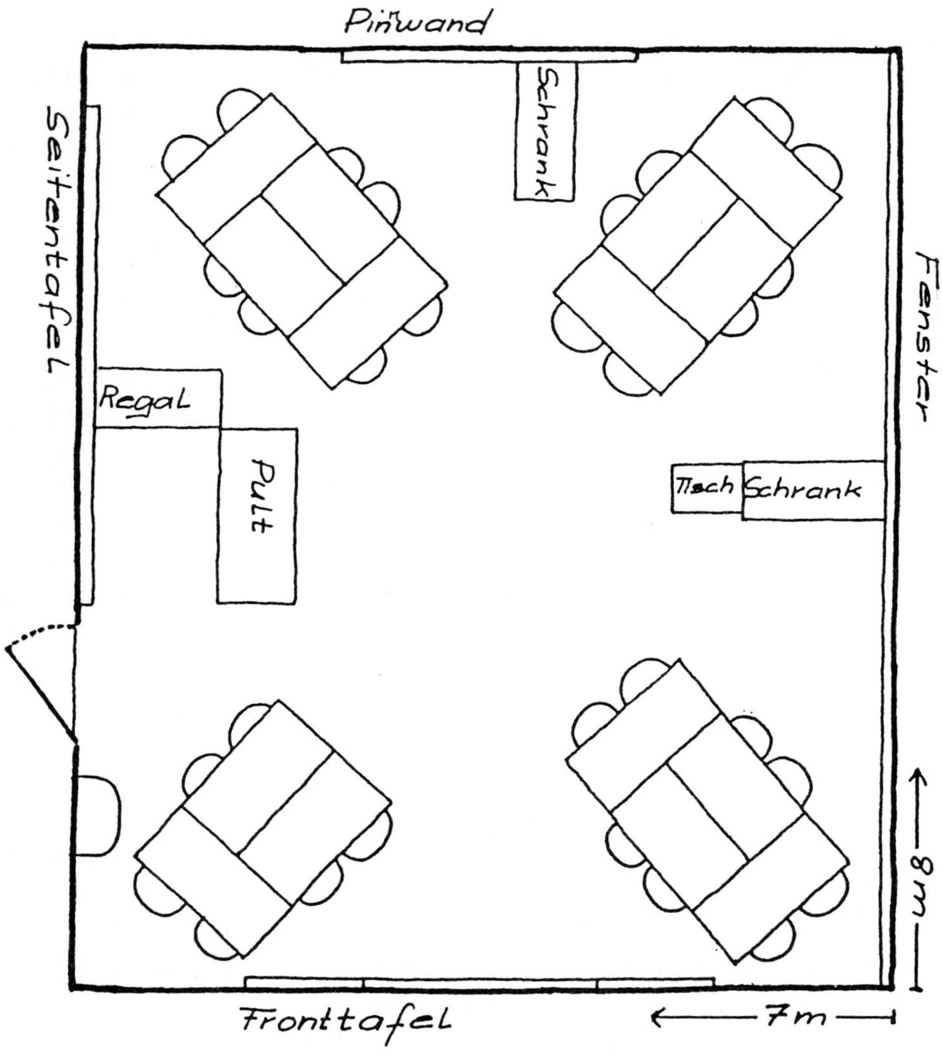
Pinwand
Schrank
Seitentafel
Fenster
Regal
Pult
Tisch
Schrank
8m
Fronttafel
7m

Skizze I

Später wurde mir das Prinzip der Arbeitsecken wichtig und ich veränderte den Raum. Wieder brauchte ich trennende Wände, aber dieses Mal, um den Kindern Abgrenzung ihrer Arbeitsbereiche zu bieten. Durch eifriges Sammeln besaß ich 4 Schränke bzw. Regale.

Außerdem dienten das Lehrerpult und 2 Tische diesem Zweck. Es entstanden geschlossene und offene Ecken. Die Tischgruppen rückten weit in die Mitte, ein Nachteil, mit dem wir aber leben können. Das Grundkonzept dieser Raumeinteilung habe ich bis jetzt beibehalten.

- Skizze II -
(siehe nächste Seite)

2. Raumnutzung für verschiedene Sozialformen
Wir haben unsere Stammplätze an den Tischgruppen, die nur im Anschluß an größere Ferien nach den Kinderwünschen gewechselt werden.

Viele der schriftlichen Aufgaben erarbeiten die Kinder in Einzelarbeit. Dabei können sie an ihrem Stammplatz bleiben oder sich einen der zusätzlichen Extratische aussuchen. Bei manchen Tests lege ich Wert auf Einzelplätze, soweit vorhanden, weil die Kinder für diese Arbeit zu sehr die Kooperation mit dem Nachbarn gewohnt sind. Wenn Kinder für sich allein Lesetexte oder Geschichten üben möchten, suchen sie sich Ecken, von denen immer einige frei sind, da bei der Wochenplanarbeit ja nie alle parallel das Gleiche tun. Auch bei Partner- und Gruppenarbeiten werden Extratische oder Ecken gewählt. Wir haben ausprobiert, daß bei größeren Entfernungen automatisch lauter gesprochen wird. Also trachten wir danach, möglichst eng zusammenzurücken. Z.B. beim Partnerlesen hieß unsere Aufforderung, sich so dicht aneinanderzusetzen, daß sich die Körper berühren, woraus dann unser interner Slogan "Schenkel-an-Schenkel-Lesen" entstand.

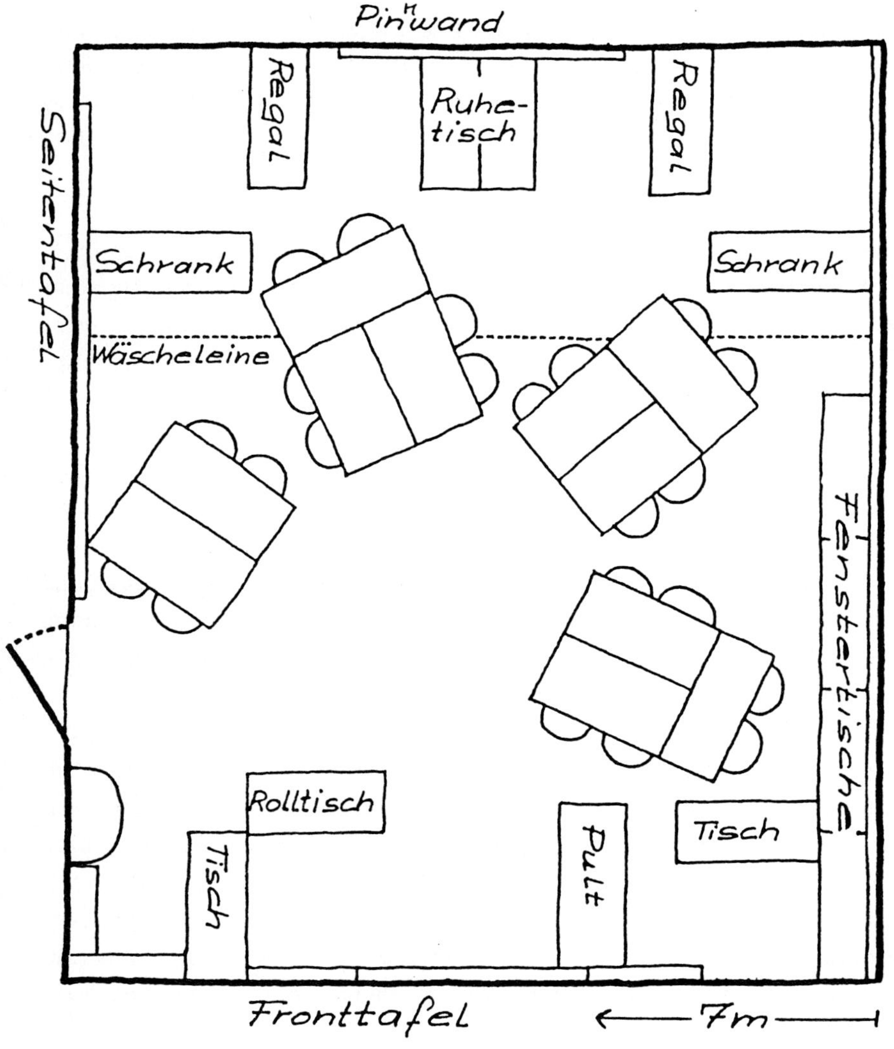
Pinnwand
Regal
Ruhe-
tisch
Regal
Seitentafel
Schrank
Schrank
Fenster
Wäscheleine
Fenstertische
Rolltisch
Tisch
Tisch
Pult
Fronttafel
7m

Skizze II

Manchmal arbeitet eine Gruppe von 5 Kindern lieber in einer kleinen Ecke zusammen, obwohl eine größere zur Verfügung stünde. Vielleicht spüren die Kinder, daß auf engem Raum die Verständigung direkter läuft und kleinste Anzeichen nonverbaler Kommunikation deutlicher verstanden werden.

3. Raummitte

Wir unterscheiden bei uns den Halbkreis und den Stuhlkreis. Den Halbkreis vor der Tafel bilden wir bei frontalem Unterricht, egal, ob dabei die Tafel benötigt wird oder nicht. Wichtig ist mir die Nähe der Kinder, die den Blickkontakt lenkt und die Konzentration erhöht. Bei kurzen Phasen, z.B. Erklären einer Seitenaufteilung oder Hausaufgabenbesprechung hocken wir auf den Knien. Bei längeren Phasen, wie Neueinführungen, schieben wir den Rolltisch (ein normaler Schülertisch mit untergeschraubten Rädern) zur Seite und bringen unsere Stühle nach vorne. Unseren Stuhlkreis müssen wir immer nach einem bestimmten Ritual bilden, weil die Raummitte sehr eng ist. Wir brauchen den Stuhlkreis für den Frontalunterricht, für gemeinsame Übungen und Spiele und für die verschiedenen Formen des Kreisgespräches. Das sind entweder die von mir gelenkten Diskussionen oder die ganz freien, von den Kindern selbst geleiteten Gespräche. Gelegentlich setzen wir uns auch zum "Brunnenreden" zusammen, bei dem die Kinder ihre Meinungen in den Brunnen (Kreismitte) sprechen und sie dann versinken lassen, so daß sie von niemanden kommentiert werden können - eine Möglichkeit sich ohne Furcht von Kritik äußern zu dürfen.

Durch einen Zufall kamen wir zu unseren "Deckenaktionen". Eine Erbschaft von Bettlaken wurde von einer Mutter eingefärbt, und zwar in unseren Klassenfarben: flieder, lila und pink. Aus einigen wurden Polsterbezüge und Vorhänge genäht, andere verwendeten wir als Tischtücher. Die dunkelsten schlug ich als Decken für Fußbodenspiele vor - aber auf Wunsch der Kinder nehmen wir sie nun für unsere Deckenaktionen. Das sind Dialoge, die durch ihren gekennzeichneten Untergrund an Wichtigkeit gewinnen. Die jeweiligen Akteure begeben sich mit ihren Stühlen auf das lilafarbene Feld und bereden ihr Anliegen, meistens sind das Klärungen von Streitsituationen.

Wenn die Raummitte leer ist, verführt sie in den Pausen leicht zum Rasen und Balgen. In besonders turbulenten Zeiten stellen wir für ein bis zwei Wochen unsere Laufbremse auf - das ist ein großes wassergefülltes Gurkenglas mit überhängenden Zweigen. Automatisch wird sich dann etwas langsamer bewegt.

4. Raumecken

In meiner Klasse habe ich die Raumecken nicht für bestimmte Aktionen eingerichtet. Sie haben zwar festgelegte Namen, wie Bücherecke, weil dort die Leihbücher ausliegen, Blumenecke, weil dort einmal Ableger gezogen wurden und Baumecke, weil dort unser Lattenbaum hängt. Aber in jeder Ecke kann gelesen, geübt, gebastelt, gespielt oder sich ausgeruht werden.

Die Bücherecke erlebte viele Veränderungen, bis sie ihr jetziges Aussehen erhielt. Sie hat einen 1,5 x 1,5 m großen Teppichboden und 2 Sitzpolster. Es war unser Wunsch, die Bücher nicht wie im Regal Rücken an Rücken zu ordnen. Wir wollten die Titelseiten sehen können. Deswegen haben wir die Rückwand unseres hohen Schrankes im Abstand von 30 cm mit waagerechten Leisten versehen. Darauf können wir genug Bücher stellen. Quergespannte Gummibänder verhindern das Herunterrutschen.

In der Baumecke, die auch einen Teppichboden hat, hängt an einer Wand unser Lattenbaum. Wenn er für ein Vorhaben gebraucht wird, nehmen wir ihn in die Raummitte. Er ist von Eltern gefertigt. In seiner Form sieht er einem Tannenbaum nicht unähnlich. Auf einer 1,5 m langen Stange wurden ab-

wechselnd Würfel von 5 cm Kantenlänge und 2 cm dicke Latten so übereinandergesteckt, daß der Baum oben kurze und unten lange Zweige hat. Die Teile wurden nicht miteinander verklebt. Wir können die Äste deswegen nach Belieben drehen und ggf. den Baum ganz flach an die Wand hängen. Dafür hat er auf der Spitze einen Ring. Als Fuß dient ein ausrangierter Tannenbaumständer.
Diesen Baum behängen wir mit den verschiedensten Dingen: Oster-, Weihnachts- und Faschingsschmuck, Wörtersammlungen, Wunschzettel, Mathematikaufgaben oder Herbstfrüchte. Auch bei Theateraufführungen kann er wechselnde Funktionen übernehmen.
Eine andere Ecke ist unsere Spielecke. Hier liegen in einem offenen Regal außer den Lernspielen auch die Dinge, die evtl. noch zusätzlich gebraucht werden, z.B. die Platzdeckchen. Wer am Tisch spielt, muß bei Würfelspielen ein Deckchen unterlegen, damit das Klappern die anderen nicht stört. Es darf nur soviel Schwung gegeben werden, daß der Würfel nicht über das Deckchen hinaus auf den Boden fällt. Wer auf dem Fußboden spielt, hat den Vorteil, daß der Würfel niemals herunterfallen kann.
Kürzlich kam jemand von uns auf die Idee, seinen Würfel in eine kleine durchsichtige Plastikdose zu legen. So konnte er nach dem Schütteln die gewürfelte Zahl ablesen ohne den Deckel zu öffnen. Auf diese Weise war das Problem des "Weitwurfs" entfallen. Zur Zeit probieren wir gerade aus, ob wir das Prinzip für alle Würfelspiele übernehmen wollen.

Das Eckenrechnen, eine unserer Lernübungen, hatte ich schon beschrieben. Eine andere tägliche Übung ist unser Eckenlesen. Aus alten Büchern habe ich Texte gesammelt, die inhaltlich keiner Besprechung bedürfen, sie auf Pappen geklebt, in Klarsichthüllen gesteckt und nach Schwierigkeitsgraden in verschiedene Kästen geordnet. 3 Schwierigkeitsgrade stehen den Kindern zur Verfügung. Sie nehmen sich einen Text ihrer Wahl zum Üben als Hausaufgabe. Am nächsten

Tag soll in Gruppen vorgelesen werden. Dafür habe ich die Klasse in Vierergruppen eingeteilt und zwar so, daß jede Gruppe aus einem langsamen, zwei durchschnittlichen und einem zügigen Leser besteht und außerdem die Temperamente berücksichtigt werden. Jedes Kind gehört einer festen Gruppe mit einer zugeordneten Ecke an. Wenn die Kinder am nächsten Tag ihre Hausaufgabe vorlesen, gehen sie mit ihrer Gruppe in diese Ecke. Es beginnt der Langsamere, weil er noch die geduldigsten Zuhörer braucht. Der gewandteste Leser bildet mit seinem anspruchsvolleren Text den Abschluß. Wenn eine Gruppe fertig ist, legt sie ihre Blätter wieder in die entsprechenden Kästen und holt neue für den nächsten Tag.
Bei diesem Ritual haben in 6 bis 12 Minuten (je nach Textlänge) alle Kinder der Klasse ihre Hausaufgabe vorlesen können. Sie sind wirklich zum Lesen motiviert, weil ihren Zuhörern der Text fremd ist.
Je mehr Blätter ich zur Auswahl gebe, umso geringer ist die Wahrscheinlichkeit, daß in einer Gruppe eine Geschichte doppelt vorgetragen wird.

Für meine Klasse war die Einengung in der Gruppen- und Eckenwahl ungewohnt und deswegen habe ich ihr alle Schritte meiner pädagogischen Überlegungen genau erklärt. So ein Offenlegen meiner Absichten kommt gelegentlich vor. Ich muß dann zwar immer mit kritischem Hinterfragen rechnen, aber ich spüre, wie es das Miteinander verstärkt.

5. Variable Zone

Die Rückwand unserer Klasse ist 7 m lang. Davon gehen an beiden Seiten 1,5 m für die Ecken und 0,5 m für die quergestellten Halbschränke ab. In der Mitte bleiben 3 m für unsere variable Zone frei. Früher nannte ich sie "veränderbare Zone", aber das Fremdwort imponierte den Kindern mehr (Die gleiche Erfahrung hatte ich schon einmal gemacht, als ich versehentlich Fachausdrücke benutzte. Wir sprechen deswegen schon im 1. Schuljahr von "nonverbalen Spielen" oder "beckenfixierter Sitzweise" und sind mächtig stolz auf diese Begriffe.) Die variable Zone kann für verschiedene Zwecke umgestaltet werden. Wir nutzen sie für den Ruhetisch oder den Präsentationstisch, für Schattenspiele oder Theaterspiele.

Normalerweise stehen hier 2 zum Quadrat geschobene Schülertische, die durch eine Tischdecke und einen Blumentopf als etwas Besonderes herausgehoben sind. Wir nennen sie den Ruhetisch. Wenn ein Kind sehr zappelig ist oder zu viel redet, dann versuche ich, dieses Verhalten nicht durch negative Äußerungen von mir zu verstärken, sondern frage das Kind, ob es an den Ruhetisch gehen möchte. Länger als 10 Minuten darf sich aber niemand daran aufhalten, weil andere Kinder diesen Platz auch einmal genießen möchten.

Eine Zeit lang hatten wir 1 x wöchentlich ein kurzes meditationsähnliches Vorlesen im Kreis gemacht, bei dem in der Mitte eine dicke lila Kerze als Blickziel brannte. Auf Wunsch der Kinder wurde diese Kerze in den Zwischenzeiten auf dem Ruhetisch deponiert. Ausgerechnet der Junge, der am ehesten Kribbeligkeit in sich verspürt, meinte, es sei für ihn so, als hätte die Kerze auch auf dem Ruhetisch ihre Flamme an und seitdem steht unsere Kreiskerze ständig neben dem Blumentopf. Sie ist für uns mit Erfahrungen und Empfindungen verbunden und Teil unseres Klassenlebens geworden.
Der Ruhetisch ist also das Gegenteil einer Strafecke und wohl deswegen auch wirkungsvoller als diese.

Bei besonderen Anlässen funktionieren wir den Ruhetisch zum Präsentations- oder Sammeltisch um. Der übliche Präsentationsplatz ist bei uns eigentlich die lange Tischzeile unter den Fenstern.
Hier wird alles hingelegt, was für die verschiedenen Unterrichtsbereiche von Bedeutung ist, z.B. schön gestaltete Seiten unserer Gedichtsmappen, eine selbstgebaute Hebel-

waage aus Fischer-Technik, Bücher in einem bestimmten Themenbereich, Briefe und Geschenke von unserer Patenklasse, Sporturkunden oder Versuchsanordnungen, bei denen wir eine längere Zeit brauchen, bis alle Kinder oft genug daran experimentieren konnten. Wenn die Fenstertische aber besetzt sind und wir zusätzlichen Platz brauchen, nehmen wir dafür den Ruhetisch. In Konflikt gerieten wir einmal nach einer Klassenfahrt.
Wir hatten alle Reiseergebnisse auf diesem Tisch ausgebreitet und konnten uns nach 14 Tagen immer noch nicht von ihnen trennen. Wir wollten aber auch nicht länger auf unseren Ruhetisch verzichten. Da bekamen wir den Tip, eine alte Holzschublade an die Wand zu hängen. Darein klebten wir unsere wichtigsten Erinnerungsstücke wie Versteinerungen, schöne Baumwurzeln, einen Brief von unseren Eltern und einen ausgetrockneten Frosch.

Vorübergehend kann unsere variable Zone auch für Schattenspiele eingerichtet werden. Wir besitzen eine Wäscheleine, die in 2 m Höhe 3 m vor der Rückwand straff gespannt ist und für viele Zwecke von uns genutzt wird. Wenn wir darüber 2 zusammengenähte weiße Bettlaken hängen, erhalten wir eine Projektionswand für unsere Schattenspiele. An die Stelle des Ruhetisches schieben wir einen Overhead-Projektor. Auf Folien gemalte oder geklebte Bilder zeigen das Szenarium. Die Kinder agieren auf dem Fußboden stehend dicht an der Schattenwand und es entsteht ein Abbild in natürlicher Größe.

Viele unserer Aktionen sind nur für uns selbst gedacht und bedürfen keines weiteren Umräumens. Wenn wir aber Besuch erwarten, wird aus dem vorderen Klassenbereich der Zuschauerraum.

Für Theaterstücke räumen wir unsere variable Zone ganz leer zu einem Bühnenraum. Rechts und links davon hängen wir auf die Leine unsere lila Vorhänge, die bis an die Seitenwände reichen und so den Einblick in beide Raumecken versperren, in denen wir uns umkleiden. Es ist praktisch, dort zu proben, wo später auch aufgeführt wird, weil die Kulissen nach der Fertigstellung gleich an dem endgültigen Platz angebracht werden können und die Kinder sich in der Raumorientierung nicht umstellen müssen. Zuerst üben wir unsere Stücke auf dem Fußboden. Für die Aufführung bauen wir dann aus 9 oder 12 Stammtischen eine erhöhte Bühne so auf, daß sie seitlich von den beiden Halbschränken begrenzt wird. Wenn nach der aufregenden Vorbereitungszeit endlich der Vorhang zur Premiere aufgeht, kommt unsere geschickte Bandführung zur Geltung, die den Vorhang effektvoll seitlich in die Höhe rafft.

6. Wandflächen

Die Wände geben uns nicht nur die Möglichkeit, Schmuck in die Klasse zu bringen durch das Anhängen künstlerischer Eigenprodukte. Sie sind auch wichtiges Raumelement in anderen Unterrichtsbereichen. Wir brauchen sie für unser Merkbrett, für den Geburtstagskalender, die Niedersachsenkarte, für Rechenkontrollkarten und ähnliches mehr.

Die Türwand nennen wir unser Sprachbuch, weil wir hier alle Ergebnisse aus der Sprachlehre anheften. Dafür haben wir über die gesamte Breite von 7,5 m vier waagerechte Holzleisten im Abstand von 30 cm angebracht und sie mit der Wandfarbe übergestrichen. Wenn wir etwas Neues im sprachlichen Bereich gelernt haben, klammern wir das Merkplakat dafür zunächst an die Wäscheleine. Nach einer gewissen Übungszeit wird es dann mit Reißzwecken in das Sprachbuch gehängt, also an die Türwand. Im Laufe der 4 Grundschuljahre füllt sich die Wand immer mehr und zeigt zum Schluß alle in den Rahmenrichtlinien vorgeschriebenen Unterrichtsziele. Damit ich keines vergesse, habe ich mir früher einmal die verbindlichen Lerninhalte auf Kartons geschrieben und in Klarsichthüllen in einem Ordner abgeheftet. Wenn dieser Ordner am Schluß der Grundschulzeit leer ist, weiß ich, daß ich nichts vergessen habe. Nach Beendigung der 4. Klasse sammle ich die Plakate für den nächsten Jahrgang wieder ein.

Die Kinder besitzen kein eigenes Sprachbuch. Sie benutzen ausschließlich unser Wandbuch. Die Orientierung darin fällt ihnen leicht, weil die Einteilung der Wand vorher nach Gebieten geplant ist und weil die Kinder den allmählichen Aufbau miterleben. Im 4. Schuljahr schreiben sie alle Themen mit Beispielen als Wiederholungsübung in ein Heft ab und üben dann die Orientierung in diesem Heft.

Ein anderer Teil der Klassenwand ist unserer Geschichte vorbehalten. Wir beginnen damit im 1. Schuljahr. Die Kinder schreiben ihre einfachen kurzen Sätze auf kleine Zettel und unterstützen die Aussage durch Zeichnungen. Der Adressat dieser Geschichten ist die Klasse und deswegen müssen sie auch uns allen zugänglich gemacht werden. Das geschieht an der Geschichtenwand. Sie motiviert zu immer neuen Texterstellungen, wobei jedes Ereignis und jeder Gedanke zum Inhalt genommen werden kann. Zunächst schreiben die Kinder noch nicht regelbewußt, sondern lautgetreu. So hieß eine unserer ersten Geschichten: WCHAO SCHIS lS DA (Frau Spitz ist da).
Für mich ist die Geschichte inhaltlich in Ordnung, weil ich ihr den Sinn entnehmen kann, den das Kind zu Papier bringen wollte, und nur das ist zunächst mein Ziel. Um aber nicht die falsche Rechtschreibung stehenzulassen, nehme ich mir während der Wochenplanstunde die Zeit, mit jedem Kind seinen Text zu besprechen und an den unteren Rand den Satz in "richtiger" Weise hinzuschreiben.
Mit dem Lernfortschritt werden die Texte anspruchsvoller und auch der äußere Rahmen verändert sich. Die Kinder erlernen das Vorschreiben mit Ausbesserungen. Mit der Reinschrift wagen wir uns dann zur Präsentation auf den Flur

und erleben, daß auch andere Klassen an unseren Texten interessiert sind.

Wir haben an der Flurwand, die unserem Raum gegenüberliegt, ein gekennzeichnetes Feld zum Aushängen unserer Geschichten. Im Klassenraum reicht einfach der Platz nicht aus, alle Texte in Lesehöhe anzubringen.

Von vielen Klassen kann man in unserer Schule in den Gängen Arbeitsergebnisse aus verschiedenen Fächern sehen. Da sind plastische Darstellungen von Höhenringen einer Berglandschaft, Plakate zum Thema "Müll", Gestaltungen aus dem Textilunterricht, Stationspläne vom Sportunterricht oder mathematische Darstellungen mit Reißzwecken an Holzleisten gesteckt und werden laufend ausgewechselt.
Durch alle diese Präsentationen nehmen wir gegenseitig Anteil am Leben der anderen Klassen. Unsere Flure sind aber nicht nur Ort des Betrachtens, sondern auch Ort gezielten Unterrichts, denn oftmals arbeiten Klassen vor einer Tausenderdarstellung, die für den eigenen Raum zu groß war, oder sie orientieren sich am Straßenplan unseres Bezirkes, der der gesamten Schule zugänglich sein muß.

In manchen Bereichen des Flures stört es nicht, wenn Tisch und Stühle aufgestellt werden, um zusätzlich Arbeitszonen zu schaffen. So sind unsere Schulflure sinnvoll mit in den Unterricht einbezogen.

Es versteht sich von selbst, auch an die Raumdecken zu denken. Bastelarbeiten hängen als Mobiles im Klassenraum und im Flur. Es lassen sich direkt unter den Decken oder an Fensterrahmen Fäden spannen, über die zu speichernde Begriffe oder Aufgaben gehängt werden können. Jede Kollegin wird genügend Möglichkeiten finden.
Abzuwägen ist, wo das verwirrende Übermaß an Angeboten beginnt.

7. Materiallagerung

Ebenso erfinderisch wird man bei der Suche nach der geeigneten Aufbewahrung von Materialien sein müssen, um nicht im Durcheinander zu ersticken. Ich hefte die Materialien, die ich zur Zeit nicht benötige, in Ordnern ab oder lege sie in beschriftete Schuhkartons in unseren geschlossenen Schrank.

Die Unterrichtsmaterialien, die laufend gebraucht werden, stehen bei uns griffbereit in einheitlichen Pappkästen auf der Fensterbank und teilweise auch auf den darunterstehenden Fenstertischen.

Die zu dem gerade laufenden Wochenplan benötigten Dinge liegen immer vorne auf dem Rolltisch.

In einem offenen Regal haben wir Kleinkram, der für ungeplante Situationen schnell zur Hand sein muß: Knöpfe, Gardinenband, Gummiringe, Klebeband, Scheren, Knetmasse, Stoff- und Wollreste, Muggelsteine, alte Zahnbürsten, Streichholzschachteln, Kastanien usw.
Dafür habe ich mit meinen Kindern und Eltern über Jahre hin bestimmte Formate von Speiseeisbehältern gesammelt, die sich gut stapeln lassen.

Die Kinder haben ihre persönlichen Scheren und Schachteln. Bei so vielen Behältern, die nicht hinter verschlossenen Türen verschwinden sollen, sieht der Raum leicht unordentlich aus und daher, da das Umfeld ja in uns einwirkt, habe ich mich bemüht, eine gewisse Gleichmäßigkeit in der Form der Schachteln und ihrer Beschriftung anzustreben. Je mehr Materialien sich im Laufe der Jahre ansammeln, umso größer ist bei mir das Bedürfnis nach klarer, strukturierter Übersicht.

8. Elternarbeit

Mit der Veränderung meines Unterrichts veränderte sich auch die Beziehung zwischen den Kindern und mir. Ich wurde vom zentralen Übermittler von Faktenwissen mehr und mehr zum Organisator von Lernprozessen. Auf mich wirkte das entlastend. Ich fühle mich in meiner Lehrerrolle jetzt wohler als früher. Auch mein Verhältnis zu den Eltern ist anders geworden. Ihnen war zunächst das neue Schulleben fremd. Sie waren zuerst skeptisch, ob die Kinder bei soviel Spielen und Freiwilligkeit überhaupt etwas lernen. Mit jedem 1. Schuljahr begann deswegen wieder eine intensive Elternarbeit. Das Thema des offenen Unterrichts wurde Mittelpunkt vieler Elternabende, wo wir Spiele erstellten und ausprobierten, zaghafte Rollenspielversuche wagten und Raumgestaltung diskutierten.

Wir untersuchten gemeinsam Stellenangebote aus unserer Tageszeitung nach den gewünschten Fähigkeiten und entdeckten dabei, daß sich die dort gewünschten Qualifikationen mit den von uns angestrebten Zielen gleichen: eigenverantwortlich, selbständig, umsichtig, fähig zur Zusammenarbeit, eigene Meinung vertreten können, begeisterungsfähig, einsatzbereit.

Zu meiner Freude wurde einigen Eltern mein Anliegen klar, aber sie hatten genau wie ich mit den eingefahrenen Gewohnheiten zu kämpfen. Es bereitete ihnen Sorge, nicht mehr soviel Einfluß nehmen zu können und über alles informiert zu sein. Das konnte ich sehr gut verstehen und bot deswegen Elterngespräche und regelmäßige Hospitationsmöglichkeiten an. Beides wurde dann, besonders im 1. und 2. Schuljahr, häufig wahrgenommen. Bei weniger oder gar nicht interessierten Familien mußte ich meine Erwartungshaltung zurückschrauben.

Am sichtbarsten wurde das Einbeziehen der Eltern bei der Raumgestaltung. Durch ihre Aktivität verwuchsen die Eltern

mit dem Schulgeschehen und fühlten sich ähnlich heimisch wie ihre Kinder. Schwellenängste verloren sich. Bei besonderen Anlässen, wie dem ABC-Fest nach der Ausgliederung aller Buchstaben, hatte eine Mutter Buchstaben gebacken und überraschte uns damit auf lilafarbenen Tabletts, für die wir hinterher vielerlei Verwendung hatten. Bei anderen Gelegenheiten beschenkten sie uns mit pinkfarbenen Papierkörben oder 25 fliederfarbenen Pappkästen für unsere Materialien.
Die Eltern hatten sie im Supermarkt für uns gesammelt und die Reklameaufschriften überklebt. Diese Anteilnahme der Eltern unterstützt nicht nur meine pädagogische Ziele, sondern hilft mir auch persönlich.
Indem wir am gleichen Strang ziehen, fühle ich mich mit ihnen verbunden und scheue mich weniger, Versäumnisse und Fehler einzugestehen. Ich spüre, daß man meine Bemühungen unterstützt und das ist für mich hilfreich, manche Fehlschläge und Enttäuschungen zu überwinden.

4. Perspektiven

Viele Grundschulkolleginnen gestalten ihren Unterricht und ihre Räume in ähnlicher Weise, immer durch ihre persönlichen Anliegen und Anlagen geprägt. Auch die weiterführenden Schulen beginnen, nach neuen Wegen zu suchen. An Fortbildungsveranstaltungen, auf denen ich in Niedersachsen über offene Unterrichtsformen referiere, nehmen Lehrerinnen und Lehrer aller Schulformen teil, bis hin zu berufsbildenden Schulen. Die Schule wird nicht mehr nur als Ort organisierten Lernens gesehen, sondern auch als Lebens- und Entwicklungsraum heranwachsender Menschen. Sicher wird je nach Altersstufe manches anders organisiert werden müssen. Planarbeit z.B. bezieht sich dann eventuell nur auf ein Fach und erstreckt sich über eine längere Zeitspanne. Die Idee, spielend zu handeln und zu lernen, muß nicht als aus-

schließlich grundschulbezogen angesehen werden. Gespielt wird bis ins Erwachsenenalter hinein, zwar inhaltlich verändert, aber zum Teil mit den gleichen Spieltechniken, man denke an Karten-, Würfel- und Fragespiele.
Ich würde mich freuen, wenn die Kinder, die unsere Grundschulen verlassen, weiterhin in offenen Unterrichtsformen arbeiten dürfen, in einem Umfeld, das zum entdeckenden Lernen auffordert.

Mir ist es heute unvorstellbar, daß ich selber einmal in einer sterilen, kahlen, grauen Klasse unterrichtet wurde. Vielleicht ist deswegen mein Wunsch so groß geworden, mit den Kindern zusammen in einem Raum zu leben, der Fröhlichkeit und Kreativität widerspiegelt, der alle unsere Sinne anspricht und der uns inspiriert und motiviert zu lebendigem Lernen.

Literatur

Dreikurs, R.: Kinder lernen aus den Folgen. Herder. Freiburg i.B. 1973.

Müller, E.: Autogenes Training mit Märchen zum Entspannen und Träumen. Fischer. Frankfurt a.M. 1985.

2.2 *Volker Längsfeld:* Offener Unterricht an einer vollen Halbtagsgrundschule

1. Begründungsrahmen

Offener Unterricht an Halbtagsgrundschulen ist nicht anders als offener Unterricht an herkömmlichen Schulen, und auch an Halbtagsgrundschulen gibt es nur so viel Offenheit, wie es das Kollegium oder jede einzelne Kollegin für sich selber will. Die veränderten und verbesserten Rahmenbedingungen, unter denen eine Halbtagsgrundschule arbeitet, erleichtern die Öffnung und werden sie vermutlich auch in einigen organisatorischen Bereichen nach sich ziehen, ohne daß es eines großen Vorhabens bedarf.

Da in einer Halbtagsgrundschule Kinder und Lehrerinnen mehr Zeit füreinander und miteinander haben, als das in "normalen" Regelschulen der Fall ist, ist anzunehmen, daß diese Rahmenbedingungen es erleichtern, offen zu unterrichten.

Alles, was in einer Halbtagsgrundschule machbar ist, geht auch (und dafür gibt es viele gute Beispiele) in einer "normalen" Regelschule. Arbeitet eine Lehrerin in einer Regelschule offen, dann ist das von ihr gewollt; arbeitet das ganze Kollegium so, dann ist anzunehmen, daß diesem Zustand eine intensive pädagogische Programmdiskussion, dem Anliegen, offener als bisher arbeiten zu wollen, vorausging. Diese Kollegien, die in einer solchen Schule offen arbeiten, vermissen in der Regel Unterrichtszeit, die sie gemeinsam mit den Kindern für ihre vielfältigen Aktivitäten benötigen würden.

Die Umwandlung einer Regelschule in eine volle Halbtagsgrundschule schafft Kindern und Lehrerinnen bessere Rahmenbedingungen für die schon früher vollzogene innere Schulreform. In einer solchen Schule bedarf es keiner größeren Programmdiskussion, dort findet der Modellversuch "Volle Halbtagsgrundschule" offene Türen vor, und der Versuch schafft dem Kollegium die für deren Arbeit erforderlichen Freiräume und (Stunden-)zuwendungen.

Die Mehrzahl der Grundschulen hat aber eine andere Ausgangsbasis! Bei ihnen werden die im Grundsatzerlaß über "Die Arbeit in der Grundschule (in Niedersachsen)" nicht etwa zugestandenen, sondern geforderten Alternativen, reformorientierten Unterrichtsformen und -verfahren nicht oder nur wenig erbracht! Die Ursachen dafür können sehr vielfältig sein und sollen hier nicht Gegenstand der Überlegungen sein.

Für mich sind diese Schulen der eigentliche Adressat des Reformanstoßes! Um wieviel interessanter und spannender ist es zu beobachten, wie sich eine Schule auf den Weg macht, welche Reformstrategien sie entwickelt, wie sie mit dem Plus an Zeit kindgerechter und offener als bisher umgeht! Aus den verschiedenen Wegen, die mehrere Schulen mit unterschiedlichen Ausgangsvoraussetzungen gehen, werden sich dann Elemente isolieren lassen, die anderen Regelschulen bei der Erneuerung ihres Schullebens und Unterrichts hilfreich sein können.

Die Halbtagsgrundschule Wardenburg ist eine Schule, die den äußeren Anstoß, den der Modellversuch "Volle Halbtagsgrundschule" mit sich brachte, zur inneren Umgestaltung des Unterrichts und des Schullebens (hin zu einer reformierten, offeneren Schulkultur) versteht und nutzen will. Wir haben uns auf den Weg begeben und uns dafür mit pädagogischem Gepäck ausgerüstet, von dem wir meinen, daß es uns auf diesem Wege von Nutzen sein könnte und unsere Schule im umfassenden Sinne öffnet. Gewißheit, ob das so sein wird, haben wir noch nicht; das gerade ist ein Element unseres Modellversuches! Von unserem Aufbruch soll hier berichtet werden, weniger vom offenen Unterricht in einer oder mehreren Klassen. Wir sind der Ansicht, daß viele unserer geplanten und schon verwirklichten Maßnahmen zur Umgestaltung unserer Schule, hin zu einer vollen Halbtagsgrundschule, eine umfassende Öffnung von Unterricht und Schulleben bewirken werden.

1.2 Zum Begriff "Halbtagsgrundschule"

Halbtagsgrundschulen sind in Niedersachsen Modellvorhaben, die gemeinsam vom Land, von den jeweiligen Kommunen und von den Gesamtkonferenzen der betreffenden Schulen gewollt, ausgestattet, getragen und gestaltet werden. Die gemeinsamen Zielvorstellungen werden von den unterschiedlichen Trägern dieser Versuche verschieden gewichtet und gestützt: Das Land Niedersachsen hat für die bisher laufenden und für zukünftige Versuche den Aktionsrahmen vorgegeben und die personelle Mehrausstattung zugesichert und in unserem Fall auch realisiert. Die Schule hat im Rahmen der Erlasse über "Die Arbeit in der Grundschule" und der jeweiligen Rahmenrichtlinien ein schuleigenes, pädagogisches Konzept für die zukünftige Gestaltung von Unterricht und Schulleben zu erarbeiten und zur Genehmigung einzureichen.

Darüber hinaus müssen die Halbtagsgrundschulen den Eltern und Alleinerziehenden die Gewähr bieten, daß die Kinder zu festgelegten Zeiten in der Schule sind. Die Schülerinnen und Schüler sind in niedersächsischen Halbtagsgrundschulen in der Regel an fünf Tagen in der Woche je fünf Zeitstunden anwesend. Eine kürzere Anwesenheitszeit kann nur als Ausnahme für das erste und zweite Schuljahr im pädagogischen Konzept der Schule vorgesehen werden und bedarf der Genehmigung.

2. Das praktizierte Modell

2.1 Schul- und standortspezifische Rahmenbedingungen

Die Halbtagsgrundschule Wardenburg ist die größte von vier Grundschulen auf dem Gemeindegebiet und liegt ca. 10 km von der Großstadt Oldenburg entfernt. Sie liegt direkt im Ort und ist die Regelschule für ca. 300 Kinder, die sich auf 12 Klassen in vier Jahrgängen und einen Schulkindergarten verteilen. Die Sozialstruktur der Familien, aus denen die Kinder in unsere Schule kommen, entspricht ungefähr dem allgemeinen Durchschnitt der Bevölkerung. Die Kinder werden z.Z. von 19 Lehrkräften mit unterschiedlich hoher Unterrichtsverpflichtung unterrichtet.

2.2 Zielvorstellungen der Vollen Halbtagsgrundschule Wardenburg

Die Gemeinde Wardenburg trägt diesen Versuch aktiv mit, indem sie die räumlichen und sachlichen Voraussetzungen für die innere Umgestaltung der Schule bereitstellt. Die Gesamtkonferenz hat ein umfassendes Schulkonzept erarbeitet, mit dessen Hilfe sie die unterschiedlichen Zielvorstellungen in einem langfristigen Prozeß realisieren will.

Einige Zielvorstellungen sollen hier genannt werden, die von der Konferenz erarbeitet worden sind:

Wir wollen
- den differenzierenden und individualisierenden Unterricht schrittweise auf- und ausbauen und dabei die individuell unterschiedlichen Ausgangslagen der Kolleginnen in besonderer Weise berücksichtigen;
- die schülerbezogenen Arbeitsformen stärker als bisher geschehen berücksichtigen und gleichzeitig die lehrerzentrierten Phasen deutlich vermindern;

- das Leben und Lernen an unserer Schule schrittweise zu einer offenen Schullebenkultur hin entwickeln;
- in unseren schulischen Angeboten die Bereiche Kunst, Musik, Sport, Handwerk und Technik ausweiten;
- möglichst viele Übungen in den Schulvormittag integrieren und die zusätzlichen Unterrichtszeiten bewußt dafür nutzen, damit Kinder und Lehrer weitgehend ohne Hausaufgaben auskommen können;
- verschiedene Gestaltungsmöglichkeiten der Unterrichtsorganisation und des Arbeitens im Team erproben, und uns dafür schrittweise teilautonome Lehrerinnenteams in den Jahrgangsstufen aufbauen;
- die kollegiale Zusammenarbeit auf- und ausbauen, indem wir uns zwei noch näher zu beschreibenden Arbeitsvorhaben zuwenden, die der Öffnung des Unterrichts dienen sollen;
- uns regelmäßig in einem pädagogischen Gesprächskreis treffen, um dort frei von formalen Zwängen die uns berührenden schulischen Ereignisse und Probleme besprechen zu können;
- die an unserer Schule mit diesem Versuch gewonnenen Erfahrungen im Rahmen der dafür bereitgestellten Kapazitäten anderen KollegInnen zugänglich machen und uns damit für die regionale und landesweite Lehrerfortbildung öffnen.

2.3 Wochenstrukturplan

Organisatorisches Kernstück unseres Konzeptes ist der Wochenstrukturplan, mit dessen Hilfe wir die pädagogische Umgestaltung ermöglichen und abstützen wollen. Mit ihm soll es uns möglich werden, die eingangs genannten Vorgaben und unsere Zielvorstellungen so miteinander zu verbinden, daß ein für die beteiligten Kinder und LehrerInnen optimaler Gestaltungsrahmen für die von uns angestrebte Umgestaltung und Öffnung des Unterrichts und Schullebens gefunden wird.

Das Konzept des Wochenstrukturplanes

Abb. 1: Wochenstrukturplan der Halbtagsgrundschule Wardenburg (siehe Anhang)

Grundeinheit

Als Grundeinheit für die Gliederung des Unterrichtsvormittages bleibt die 45-Minuten-Stunde bestehen. Das hat Vorteile in der Berechnung der Lehrerstunden und der Gewichtung der Fachanteile. Die 45-Minuten-Stunden sind in unserem Modell aber nur noch Verrechnungseinheiten, die zu neuen pädagogischen Einheiten zusammengefaßt worden sind: Der Vormittag ist in drei Unterrichtsblöcke und zwei Pausenabschnitte aufgeteilt. Innerhalb der Unterrichtsblöcke werden die Lernabschnitte und Pausen individuell festgesetzt. Die Entscheidung darüber treffen je nach Unterrichtspraxis entweder die Lehrerinnen allein, die Lehrerin in Absprache mit den Kindern der Klasse oder das einzelne Kind.

Die veränderte Gliederung des Vormittages vereinigt nach unserer Ansicht mehrere unserer Zielvorstellungen und berücksichtigt gleichzeitig bindende und öffnende Elemente:

Drei Unterrichtsblöcke

Die Unterrichtsblöcke von 95, 90 und 70 Minuten Dauer öffnen den Kindern und Lehrerinnen mehrere Alternativen für die Ausgestaltung der unterrichtlichen Handlungsfelder, indem sie, mehr als in einer "normalen" Schule möglich, die Bedürfnisse der Kinder berücksichtigen.

Zwei lange Pausen

Bewußt haben wir uns dafür entschieden, in unserem Strukturplan zwei für alle Kinder und Lehrerinnen verbindliche Pausen festzulegen. Die beiden 20 und 15 Minuten langen Pausen gelten für alle Klassen. Die Kinder nutzen die Zeit zur Entspannung, zur Pflege von sozialen Kontakten, zum

Spiel und zum körperlichen Ausgleich. Dafür stehen ihnen für ihre Aktivitätsbedürfnisse der Schulhof und die in ruhige Spiel- und Entspannungszonen gegliederte Aula mit den angrenzenden Fluren zur Verfügung.

Wir haben die Pausen aber auch deshalb verbindlich festgelegt, weil es unserer Meinung nach für die Lehrerinnen und Lehrer wichtig ist, sich während des Vormittags entspannen und in Kontakt zu den anderen Kolleginnen und Kollegen treten zu können.

Schulfrühstück

Zwischen der ersten großen Pause und dem zweiten Unterrichtsblock ist ein Zeitabschnitt von 10 Minuten vorgesehen, in dem alle Kinder unter der Aufsicht der nachfolgend unterrichtenden Lehrkraft gemeinsam mit der Klasse frühstücken.

Das Frühstück dient, wie die anderen Strukturelemente auch, bindenden und öffnenden Zielvorstellungen. Die Festlegung auf eine für alle verbindliche Frühstückszeit schafft Rituale und ist dadurch geeignet, den Vormittag zu rhythmisieren. Die mehr familiäre Ausgestaltung des Schulfrühstücks schafft außerdem neue und handlungsorientierte Möglichkeiten des sozialen und kulturellen Lernens. Diese vordergründig nur als Organisationselement erscheinende Situation öffnet die Schule und den Unterricht hin in einen Bereich, der uns bisher nur während einiger weniger Tage im Jahr zugänglich war, nämlich immer dann, wenn wir auf Schulfahrten waren.

Forum

Kinder, die stärker als bisher üblich individualisiert lernen und arbeiten, brauchen dennoch oder gerade deshalb ein großes Maß an vielfältigen und unterschiedlichen Gemeinschaftserfahrungen. Diese finden sie, wie im herkömmlichen

Unterricht auch, in der eigenen Lerngruppe oder aber in besonderen Großgruppenveranstaltungen. Das Forum ist ein solches schulisches Angebot, bei dem die Kinder erfahren und lernen können, sich in neuen sozialen Gruppen zu orientieren, angemessen und rücksichtsvoll zu verhalten und die Lern- und Arbeitsergebnisse vor einer sehr großen und altersgemischten Gruppe zu präsentieren.

Das Forum wird an unserer Schule in der Form einer Wochenabschlußversammlung durchgeführt. Dazu treffen sich die Kinder entweder aus allen vier Jahrgangsstufen oder aus den Klassen 1/2 mit Schulkindergarten und aus den Klassen 3/4. Die Zusammenkünfte werden im feststehenden Rhythmus im wöchentlichen Wechsel von einer anderen Lerngruppe gestaltet. Neben den Klassen können das auch Interessengruppen und Arbeitsgemeinschaften sein. Jede Gruppe kann frei wählen, was sie der Schulöffentlichkeit vorstellen möchte. Das können z.B. jahreszeitlich passende Lieder und Gedichte, Berichte von Klassenaktivitäten und -vorhaben, kleine darstellende Spiele, Lesetexte oder die Präsentation der Produkte aus dem Textil- und Werkunterricht sein. Das Forum dauert ungefähr 20 bis 30 Minuten.

Im ersten Halbjahr gestaltete entweder eine Klasse aus den Jahrgängen 1/2 oder aus den Jahrgängen 3/4 das Forum. Zum Jahresbeginn wurde die Zuständigkeit für das ganze Jahr festgelegt. Wir gingen dabei von der Annahme aus, daß die Organisation so leichter sein wird und die Kinder weniger Startschwierigkeiten haben würden, weil die Adressatengruppe noch überschaubar ist. Die das Forum gestaltende Klasse hatte also immer fünf Gastklassen mit insgesamt 125 Kindern.

Inhalte

1. Woche, Klasse 4a

Thema: **Von Ferienerlebnissen berichten**

Jedes Kind erzählte ein besonderes Ferienerlebnis und zeigte dazu ein von ihm gemaltes Bild, das dieses Erlebnis zum Inhalt hatte.

2. Woche, Klasse 2a

Thema: **Papierfaltarbeiten präsentieren, gemeinsam ein Lied singen**

Die Kinder zeigten eine Papierfaltarbeit und benannten die verschiedenen Arbeitsschritte, die zum Endprodukt führten. Anschließend sangen sie den zuhörenden Kindern ein lustiges Lied vor und leiteten sie zum Nachsingen an.

3. Woche, Klasse 4b

Thema: **Früchte, die uns der Herbst beschert, ausstellen**

Die Kinder hatten eine Ausstellung vorbereitet, in der die verschiedenen Wild- und Kulturfrüchte auf zwei großen Tischen präsentiert wurden. Während des Forums zeigte jedes Kind eine Frucht, erfragte den Namen bei den zuschauenden Kindern und legte sie anschließend mit dem passenden Namensschild auf den Tisch zurück. Die Kinder der anderen Klassen wurden eingeladen, die Ausstellung in der nächsten Woche näher zu betrachten und durch eigene Zugaben zu vervollständigen. Dieser Impuls wurde von mehreren Gruppen aufgegriffen. In den Folgetagen wurde die Ausstellung von verschiedenen Klassen während der Unterrichtszeit aufgesucht und teilweise ergänzt.

Beispiele für die Umsetzung des Wochenstrukturplanes

Klasse 3a

Im Jahrgang der dritten Klassen haben sich die Klassenlehrerinnen der drei Parallelklassen zu einem Jahrgangsteam zusammengeschlossen. Vom Schwimm-, Textil- und Werkunterricht abgesehen, wird der Unterricht in dieser Jahrgangsstufe ausschließlich von diesen Lehrerinnen gestaltet.

Da das kooperative Unterrichten für die Lehrerinnen neu ist, wollen sie sich diesem Ziel schrittweise nähern: In dieser Jahrgangsstufe wurden die Tandemstunden nur mit den Lehrerinnen der Parallelklassen besetzt.

Außerdem haben sie im ersten Halbjahr in einer zwei- bis dreiwöchigen Projektphase mit allen Kindern des Jahrgangs das klassenübergreifende Projekt "Tiere im Winter" durchgeführt. Für solche Zwecke wurde im Gesamtstundenplan berücksichtigt, daß im 3. Jahrgang täglich mindestens in einem Unterrichtsblock die Klassenlehrerinnen zeitgleich in ihren Klassen eingesetzt sind.

Ansonsten orientieren sich die Stundenpläne der dritten (und vierten) Klassen noch weitgehend an der herkömmlichen Stundentafel.

Abb. 2: Wochenstundenplan der Klasse 3a (siehe Anhang)

Klasse 1a

Diese Klasse wird von einer Lehrerin und einem Lehrer gleichberechtigt geführt und betreut. Beide arbeiten schon länger in offenen Unterrichtsformen zusammen. Für die Planung und Vorbereitung des Unterrichts und die Durchführung der lehrgangsorientierten Phasen haben sie die Zuständigkeiten aufgeteilt: Deutsch, Musik, Sport, Schwimmen, Religion und Mathematik, Sachunterricht, Kunst. Neben den lehrgangsorientierten Phasen in den Bereichen Lesen, Schreiben und Rechnen eignen sich die Kinder die weitaus meisten Inhalte in Freier Arbeit an.

Abb. 3: Wochenstundenplan der Klasse 1a (siehe Anhang)

Die Kinder können in dieser Klasse ihre Aktivitäten in einer von den beiden Lehrern gestalteten und vorbereiteten Umgebung, die sich an den Inhalten der Richtlinien und Lehrgänge und an den Interessen der Kinder orientiert, ausführen.

In den ersten Monaten konnten die Kinder ihre freien Aktivitäten in den Bereichen Deutsch und Mathematik mit je einem eigenen Freiarbeitsplan, der jeweils für mehrere Wochen galt, einteilen üben.

Nach den Weihnachtsferien wurden die beiden Teilpläne zu einem gemeinsamen Wochenplan zusammengeführt, der Pflichtaufgaben, Wahlpflichtaufgaben und freie Arbeitsangebote anbietet. Die Pflichtaufgaben orientieren sich an dem Übungsstoff der Lehrgänge und an den Schülervorschlägen, die Wahlpflichtaufgaben bieten den Kindern vielfältige Möglichkeiten zur selbsttätigen und teilweise schon selbständigen Bearbeitung von Teilthemen in den Bereichen Deutsch und Mathematik oder zur vertiefenden Weiterbearbeitung der gemeinsam erarbeiteten Inhalte an.

In den Plänen werden die Pflichtaufgaben in einer Kombination von Piktogrammen und spezifizierendem Text und in den beiden freieren Bereichen hauptsächlich in der Bildform angeboten. Diese Leitbilder befinden sich ebenfalls auf den Materialien und an den Regalen, damit ein problemloser Arbeitsfluß möglich wird.

Besondere schulinterne Organisationsstrukturen

LehrerInnenteams in den Jahrgängen

Die bessere Verknüpfung von lehrgangs- und fachbezogenem Unterricht mit fächerübergreifenden Angeboten konnten wir uns nicht ausschließlich mit einem Beschluß verordnen und erwarten, daß sich alles regeln wird. Diese Veränderungen müssen von uns vielmehr in mühevoller Kleinarbeit schrittweise erarbeitet werden.

Unseren Vorstellungen nach setzt die flexible Gestaltung des Schulvormittags einer Klasse oder einer Jahrgangsstufe kleine, möglichst autonome LehrerInnenteams voraus, die ihre Zeit während eines Tages, einer Woche oder eines Schuljahres flexibel einteilen können.

Deshalb wollen wir für jede Klassenstufe nach Möglichkeit solche Teams einrichten, die den Unterrichtsbedarf einer Stufe weitgehend abdecken.

Pädagogische Gesprächsrunden

Die permanente Abstimmung der veränderten unterrichtlichen Arbeit soll in regelmäßig tagenden "Pädagogischen Gesprächsrunden" erfolgen. In unserer Planung gehen wir davon aus, daß die Gesprächsrunden in wechselnder Leitung von den Mitgliedern des Kollegiums oder eines Lehrerinnenteams vorbereitet und gestaltet werden. In diesen Gesprächsrunden können die Teams ihre Probleme besprechen. Wir erwarten, daß wir dadurch besser als bisher in der Lage sein werden, unsere Unterrichts- und Erziehungsvorhaben aufeinander abzustimmen, und uns damit ein fruchtbares pädagogisches Betriebsklima erarbeiten. Gerade in der Startphase werden wir uns verstärkt mit der pädagogischen Gestaltung der Vormittage in Lehr-, Lern- und Entspannungsphasen beschäftigen müssen, damit wir besser als bisher üblich, die Vielfalt der pädagogischen Unterrichtsformen ausschöpfen. Die traditionellen und stärker lehrerzentrierten Arbeitsformen können wir durch das gemeinsame Gespräch überwinden, um sie z.B. durch wahldifferenzierten und fächerübergreifenden Unterricht, durch Projekt- und Epochenunterricht, durch individualisiertes und informelles Lernen, durch Wochenplanarbeit, Freiarbeit und Lernen in Interessengruppen, durch Arbeiten in außerschulischen Lernorten zu ergänzen.

Jahrgangskonferenzen anstelle von Fachkonferenzen
Mit dem START des Modellversuchs haben wir alle Fachkonferenzen in der Schule aufgelöst und dafür vier Jahrgangskonferenzen eingerichtet. Wir verbinden damit das Ziel, mit der Konferenzarbeit besser, als wir das bisher vermochten, direkt auf die Bedürfnisse der Kinder und Lehrerinnen eingehen zu können und gleichzeitig das angestrebte klassenübergreifende Arbeiten zu erleichtern.

3. Entwicklungsschritte

Wie eingangs schon beschrieben, hatte unsere Schule, abgesehen von einigen wenigen Lehrkräften, im wesentlichen keine reformpädagogischen Erfahrungen in der Gestaltung des Unterrichts und in der Pflege des Schullebens. Wir haben den von der Schule gekommenen Innovationsanstoß aufgenommen und uns an die Arbeit gemacht. Dieser Bericht ist sechs Monate nach dem Start des Modellvorhabens niedergeschrieben worden, und er kann deshalb nur eine Momentaufnahme unseres gegenwärtigen Ist-Zustandes auf unserem Weg zu einer offenen Schule sein.

Als wir anfingen, bestand Einigkeit darin, daß wir
- die äußere Umstellung auf einen Fünfstundenbetrieb an fünf Tagen sofort für alle Klassen vollziehen wollten;
- auf die individuell unterschiedliche Lehrausgangsanlagen der Kolleginnen bei der inneren Umgestaltung besondere Rücksicht nehmen wollten. (Es gab und gibt kein Hau-Ruck-Verfahren bei der Umgestaltung.)
- der Teamfindung und -bildung in der ersten Phase Priorität einräumen wollen, auch dann, wenn das zu ungewohnten Umsetzungen führen sollte;
- mindestens vom ersten 1. Schuljahr an aufsteigend die inhaltliche und pädagogische Umgestaltung entwickeln wollen.

Motivierende und zugleich bindende Wirkung haben wir uns von zwei gleichzeitig anlaufenden Langzeitprojekten versprochen, die sich mit der Einrichtung einer Textwerkstatt und eines Kinder-Informationszentrums beschäftigen. Davon soll an anderer Stelle berichtet werden.

Uns war und ist klar, daß unser theoretisch erarbeitetes pädagogisches Konzept und der darin integrierte Wochenstrukturplan allein noch keinen veränderten, reformierten und offenen Unterricht garantieren. Unser erklärter Weg ist es, durch die im ersten Schritt äußeren Veränderungen schrittweise zur inneren Umgestaltung der Schule und des Unterrichts zu gelangen.

In der ersten Phase haben wir uns fast ausschließlich damit beschäftigt, den organisatorischen und sachlichen Rahmen für die angestrebten inneren Veränderungen zu schaffen. Es sollte weitgehend sichergestellt werden, daß die Teams, die sich intensiver mit der inneren Öffnung des Unterrichts beschäftigen wollten, optimale Bedingungen als Startvoraussetzungen vorfinden würden.

Andererseits sollte der sich verändernde Rahmen und die bessere Ausstattung der Klassen Mut für erste Schritte machen und den Prozeß der inneren Öffnung erleichtern bzw. anregen.

Erste Schritte auf der organisatorischen und materiellen Ebene

Den tatsächlichen Stundenplan mit dem Wochenstrukturplan und unseren pädagogischen Zielvorstellungen "technisch" kombinieren.

Ungewohnt und schwierig war es, einen Stundenplan für die Schule zu erstellen, der die organisatorischen Vorgaben berücksichtigte und gleichzeitig unseren pädagogischen Zielvorstellungen entsprach. Im ersten Ansatz haben wir zwar alle organisatorischen und technischen Vorgaben und Bedingungen berücksichtigen und erfüllen können, doch ging das an mehreren Stellen auf Kosten der inneren, pädagogischen Stimmigkeit. Die Erfahrungen mit diesen Mängeln, die erst im eigentlichen Unterrichtsbetrieb offenbar wurden, sind der Ausgangspunkt für eine komplette Neugestaltung nach einem halben Jahr.

Teambildung und -findung begünstigen

Nach Möglichkeit wurden und werden die Kolleginnen schwerpunktmäßig in einer Jahrgangsstufe eingesetzt. Die den Klassen zustehenden "Tandemstunden", die Anzahl variiert zwischen 2 und 5 Wochenstunden und ist an unserer Schule von der Klassenstufe abhängig, werden ebenfalls vorrangig mit Kolleginnen besetzt, die Klassenlehrerinnen der Parallelklassen sind. Nicht immer lassen sich diese Prinzipien vollständig umsetzen, z.B. immer dann, wenn es gilt, im Klassenstundenplan eine entstandene Lücke zu besetzen.

Klassen- und Schulräume umgestalten

Die Gemeinde als Schulträgerin hat uns in die Lage versetzt, sehr schnell und unbürokratisch Möbel zu beschaffen, die eine Gliederung der Räume in verschiedene Arbeitsbereiche in den meisten Klassen ermöglichte. Es handelt sich dabei um vorwiegend offene Regale, die die verschiedenen Arbeitsmittel für die freie Bearbeitung aufnehmen und dadurch auch einen ständigen Lernanreiz ausüben, und um Regale und halboffene niedrige Schränke, in denen die Eigentumskästen mit sämtlichen privaten Arbeitsmitteln der Kinder und deren Schultaschen aufbewahrt werden.

Außerdem konnten durch kleine Umbaumaßnahmen zusätzliche Gruppenräume geschaffen oder vorhandene Gruppenräume besser an die Klassenräume angebunden werden. Dadurch haben zur

Zeit sieben von zwölf Klassen einen Gruppenraum, die anderen Klassen werden ein Jahr später folgen.

Abb. 4: Grundriß der Klasse 1a mit angeschlossenem Gruppenraum (siehe Anhang)

Lernmaterialien beschaffen, herstellen und einsetzen, die sich besonders für die Arbeit im offenen Unterricht eignen
Die Beschaffung der Lernmaterialien, die ein offeneres Arbeiten der Kinder erleichtern oder ermöglichen, hat sich im ersten Halbjahr noch fast ausschließlich auf die Einrichtung der Textwerkstatt und des Kinder-Informationszentrums konzentriert. Zur Zeit warten wir noch auf eine Hilfskraft, die von der Gemeinde befristet eingestellt werden wird, hauptsächlich um auf unsere Bedürfnisse zugeschnittene Arbeitsmittel in Zusammenarbeit mit dem Kollegium herzustellen.

Parallel zum Unterrichtsfortschritt des 1. Schuljahres entsteht eine Karteikartenserie, die die freie Arbeit ohne Schulbuch im Mathematikunterricht, in Kombination mit verschiedenen käuflichen Arbeitsmitteln, kind- und fachgerecht ermöglicht. Durch dieses Arbeitsmaterial sollen die Kinder ihren persönlichen Interessen entsprechend sich mathematischen Teilthemen immer dann besonders intensiv zuwenden können, wenn das Interesse dafür geweckt wurde. Die Anstöße dazu können im Kinde selber angelegt oder vom aufforderungsstarken Material, von der Kartei, von der Arbeit eines anderen Kindes, durch die Lehrer erfolgt sein.

Bisher sind je sieben Arbeitskarteien zur Arithmetik und zur Geometrie entstanden, die von den Kindern in Verbindung mit dem jeweiligen Material sehr intensiv genutzt werden.

Ein weiterer Schwerpunkt unserer Arbeit ist z.B. der Versuch zu erproben, ob Montessori-Arbeitsmittel im offenen Mathematikunterricht eingesetzt werden können, ohne dabei ausschließlich nach Montessori zu arbeiten. Die Bildung des Mengen- und Zahlenbegriffs, die Addition im Zahlbereich bis 20 von Anfang an, die sich erst spät anschließende Subtraktion und der intensive Umgang mit geometrischen Flächen und Körpern bilden im Umgang mit dem Montessori-Material die Schwerpunkte im 1. Schuljahr.

Erste Schritte bei der Entwicklung einer zu verändernden Schulkultur

Pädagogische Gesprächsrunden

Die mit dieser Einrichtung verbundenen Zielvorstellungen sind weiter oben schon genannt worden. Bisher haben wir uns ungefähr alle 14 Tage getroffen, und diese Treffen haben sich so zu einem Bestandteil unserer Arbeitskultur entwikkelt, daß es den meisten Kolleginnen schwerfallen würde, in Zukunft auf sie verzichten zu müssen.

Der außerdem erfolgte Aufbau der Textwerkstatt und des Kinder-Informationszentrums soll im folgenden Kapitel beschrieben werden.

4. Schwerpunkte

Textwerkstatt

Schreiben lernen die Kinder nur durch Schreiben. Dazu müssen ihnen vielfältige Möglichkeiten und Anregungen für gebundenes und freies Schreiben gegeben werden.

Schreiben ist eine Form der Mitteilung. Auch Kinder erwarten, daß die an sie gerichteten Schreiberwartungen in einem für sie erkennbaren Sinnzusammenhang stehen und beachtet und ihre Produkte gewürdigt werden.

Schreibt ein Kind aber schon früh viele freie Texte, dann werden diese noch nicht sofort grammatikalisch und orthographisch richtig sein und nicht immer den üblichen Gestaltungsvorgängen entsprechen. Diese Texte müssen deshalb noch nachgearbeitet werden.

Eine Überarbeitung ist für ein Kind aber nur dann einsichtig, wenn dadurch der Mitteilungsgehalt qualitativ verbessert wird und das neue Produkt den Überarbeitungsaufwand lohnt.

Hier setzt die Textwerkstatt an. In ihr können die Kinder ihre Texte, ganz gleich ob in freier oder in gebundener Form entstanden, in eine formal ansprechende Form bringen und sie anschließend auch vervielfältigen und binden. Dazu kann der Text in den folgend genannten Techniken festgehalten werden:
- als handschriftliche Reinschrift
- als Stempeldruck oder
- als Computerdatensatz.

Die vervielfältigten Texte (Kopien, Druck, Ausdruck) können dann in den Lerngruppen, Klassen, Klassenstufen oder in der Schule
- als loses Schmuckblatt,
- als geheftete Themen oder Klassenzeitung oder
- als klebegebundene Broschüren oder Bücher

verteilt werden.

Für die Kinder ist es einsichtig, daß solche Texte im umfassenden Sinne richtig sein müssen, und sie werden deshalb aus Überzeugung ihre Textentwürfe zu veröffentlichungsreifen Endfassungen überarbeiten.

In der Textwerkstatt erhalten die Kinder also die Möglichkeit, ihre Texte zu vervielfältigen und lernen dabei in natürlicher Weise grammatikalische, gestalterische und rechtschreibliche Regeln anzuwenden und zu beachten.

Die Bereitstellung der dafür erforderlichen Arbeitsmaterialien in einer Textwerkstatt hat mehrere Vorteile und berücksichtigt unterschiedliche Formen der Öffnung:

- In der Textwerkstatt werden sich gleichzeitig Kinder aus allen Klassenstufen mit einem ähnlichen Problem beschäftigen. Klassenübergreifende Aktivitäten und gegenseitige Hilfeleistungen von Kind zu Kind werden gefördert.

- Das Material kann intensiv genutzt werden. Damit rentiert sich die Anschaffung der Arbeitsgeräte und -materialien.

- Der Umgang mit Werkzeug und Farbe erfordert gewisse Rücksichtnahmen, die in einem Fachraum besser als in vielen Klassen einzuhalten sind.

- Störungen und Ablenkungen in den Klassenräumen werden reduziert oder entstehen erst gar nicht.

- Durch das Verlassen des Klassenraumes durch einzelne Kinder werden durch sie andere Bereiche der Schule harmonisch und sachbezogen in das Unterrichtsgeschehen integriert.

- Die für diese Arbeit erforderliche Materialausstattung wird von uns zeitlich gestaffelt angeschafft. Die Anschaffung einer Mindestanfangsausstattung konnten wir kurzfristig aus vom Schulträger bereitgestellten Mitteln tätigen.

Zur Zeit befinden sich in der Textwerkstatt:
10 Stempelkästen, 2 LEGO Composing Sets, 3 RICTO Stempeldruckereien mit je zwei Buchstabensätzen, 2 Steckstempelsysteme, 1 Set mit Letra-Großstempeln und ein Computerarbeitsplatz incl. Drucker zum Gebrauch durch die Kinder und eine Vorrichtung zum Klebebinden.

Dieses Arbeitsvorhaben ist auch innerhalb der Elternschaft auf große Zustimmung gestoßen. Schon im ersten Halbjahr konnten wir viele Mütter für die Mitarbeit in der Textwerkstatt gewinnen. Dadurch sind täglich ein bis zwei Mütter für mehrere Stunden in der Textwerkstatt anwesend, um den Kindern bei ihren Arbeiten technische und inhaltliche Hilfestellungen geben zu können. Diese Mütter nehmen auch an den täglichen Arbeitstreffen der nunmehr aus Lehrerinnen und Eltern bestehenden Arbeitsgruppe "Textwerkstatt" teil.

Kinder-Informationszentrum

Mittels eines Kinder-Informationszentrums (KIZ) sollen unsere Schülerinnen und Schüler eigenen Fragen und Interessen nachgehen und Informationen dazu sammeln können. Je ausgeprägter der Anteil der Frei- bzw. der Projektarbeit an der Schule ist oder angestrebt wird, umso unverzichtbarer ist und wird das gut funktionierende KIZ sein. Doch auch in den Klassen, in denen noch nicht offen unterrichtet und gearbeitet wird, kann es durch das Bereithalten von Info-Material viel Hilfe bieten.

Im KIZ haben wir alle bisher in den Klassen und in den Sammlungsräumen gelagerten Lexika und Sachbücher zusammengefaßt. Hauptmedium sind aber Sammelmappen, die, mit einem Themenstichwort versehen, eine lose Sammlung von Materialien (Zeitungs- und Illustriertenausschnitte, Texte, Bilder, Stücke aus ausgemusterten Sach- und Schulbüchern, Fotos usw.) enthalten. Aus diesem didaktisch nicht aufbereitetem Material können und sollen die Kinder die für ihre Arbeiten erforderlichen Informationen frei wählen und anschließend in ihren Klassen oder im Bereich des KIZ bearbeiten können.

Die Richtlinien für das Fach Sachunterricht sehen in Niedersachsen z.B. den Themenkomplex "Haustiere" zur Behandlung im Unterricht vor. Wird in einer zweiten Klasse den

Kindern dieses Thema ganz oder teilweise zur Bearbeitung in freien Arbeitsphasen angeboten oder überlassen, dann kann sich ein Kind allein oder unter Anleitung durch eine Lehrerin oder Mutter im KIZ einen thematischen Überblick verschaffen: Welche Tiere sind in der Mappe "Haustiere" abgelegt? Was steht im Tierlexikon unter dem Stichwort "Haustiere"?
Ist der Informationswunsch schon konkreter, dann wird das Kind die Themenmappe "Haustiere" gezielt nach einem "Wunschtier" durchsehen und diese Informationen daraufhin untersuchen und auswerten, ob sie für die beabsichtigte Arbeit zu gebrauchen sind. Die betreuende Lehrerin oder Mutter wird das Kind u.U. auf Querverbindungen zu anderen Themenmappen, wie z.B. auf "Säugetiere" oder "Vögel" hinweisen.

Folgende Punkte haben wir bei der Planung unseres KIZ berücksichtigt:
- zentrale Lage innerhalb des Schulgebäudes,
- Öffnungszeiten, die mit den projektbezogenen Arbeitsphasen und der freien Arbeit in den Klassen möglichst übereinstimmen,
- Ordnen des Materials nach Themenkomplexen,
- alles Material muß in der Greifhöhe der Kinder dimensionierten Regalen aufbewahrt werden.

Als Lern- und Arbeitshelfer stehen den Kindern auch hier gut instruierte Mütter und Lehrkräfte zur Verfügung. Sie beraten die Kinder bei der Materialsuche und geben Tips zur möglichen Weiterbearbeitung, sorgen für die nötige Ordnung, notieren fehlendes Material, leiten die Kinder an, ausgeliehene Sachen auf ihren Namenskärtchen zu vermerken und das Kärtchen in die richtige Kartei zu stecken.

Der Aufbau eines KIZ bedarf längerer Zeit der Vorbereitungsarbeit und ist nach einem halben Jahr so weit gedie-

hen, daß der Betrieb aufgenommen werden konnte. Organisationsfragen und -system müssen langfristig geplant und sorgfältig abgestimmt werden - es ist ein ständig kollegiales Projekt!
Da sich die Lehrerinnen und Lehrer in der Aufbauphase eines KIZ auch stark von den Interessenschwerpunkten der Kinder leiten lassen sollten, repräsentiert es im Aufbau bereits die Bedürfnisse der Kinder unserer Schule in ihrem speziellen Umfeld, natürlich aber auch inhaltliche Entscheidungen des Kollegiums. Alle Ergänzungen und Umstrukturierungen hängen auf höchst einfache und zugleich effektive Weise mit dem Wahl- und Auswahlverfahren der Kinder zusammen.

Arbeitsmehrbelastung und gemeinsames Bemühen beim Aufbau eines KIZ werden vor allem aufgewogen durch die intensive und frühzeitige Anleitung und Förderung der Kinder zur Selbständigkeit und zur Selbstverständlichkeit des Lernens.

5. Erste Bilanz

Für eine abschließende Aussage darüber, ob und in welchem Ausmaß die volle Halbtagsgrundschule Auswirkungen auf die stärkere Integration und Entwicklung des offenen Unterrichts im Alltag einer Schule hat, ist es für unseren Schulversuch noch zu früh. Dennoch lassen sich Tendenzen und Trends ausmachen:

- Lehrerinnen und Eltern berichten übereinstimmend, daß ihren Empfindungen nach die veränderte Struktur des Schulvormittags viel Hektik aus dem Schulbetrieb herausgenommen hat. Der Vormittag wird als harmonischer, entspannter, freundlicher und fröhlicher empfunden - für uns ein Ausdruck vermehrter Offenheit.

- In den einzelnen Klassen hat die zusätzliche Unterrichtszeit den Lehrerinnen die früher oft empfundene Angst genommen, bestimmte Pensen nicht zu schaffen. Das öffnet die Lehrerinnen für die vielen anderen Bedürfnisse und Interessen, die die Kinder täglich erkennen lassen.

- Der lange Vormittag läßt ein ausschließlich oder vorwiegend lehrer-stofforientiertes Arbeiten nicht (mehr) zu. Dieser äußere Umstand begünstigt das Vorhaben, Kinder stärker als bisher an den unterrichtlichen Planungs- und Entscheidungsprozessen aktiv zu beteiligen und die Kinder zum Subjekt ihres Lernens zu machen. In allen Klassen ist, ausgehend von dem jeweiligen Ist-Stand eine Entwicklung hin zu mehr Offenheit in diesem Bereich zu verzeichnen.

- Die Kinder haben die neuen Möglichkeiten, die ihnen unser Konzept der Halbtagsgrundschule bietet, bisher verantwortungsbewußt aufgenommen und für die Berücksichtigung persönlicher Interessen vielfältig genutzt.

- Für uns überraschend war, daß der verlängerte Schulvormittag auch von den Kindern der 1. Schuljahre nicht als belastend empfunden wurde.

- Auch Kolleginnen, die dem Modellvorhaben in der Planungsphase eher abwartend oder kritisch gegenüberstanden, haben nach sechs Monaten übereinstimmend erklärt, daß sie an einer "normalen" Grundschule nicht mehr unterrichten wollten, nachdem sie das Leben und Lernen in einer vollen Halbtagsgrundschule kennengelernt haben.

- Während einer Befragung anläßlich eines Kollegiumbesuchs an unserer Schule ist uns trotz intensiver Überlegungen kein Aspekt eingefallen, der von uns kritisch gesehen wird. Für uns selber ist das ein Zeichen, daß wir mit unserem Entwicklungsstand und -tempo sehr zufrieden sind.

ANHANG

Abb. 1 - Wochenstrukturplan der Halbtagsgrundschule Wardenburg

Abb. 2 - Wochenstundenplan der Klasse 1a

Abb. 3 - Wochenstundenplan der Klasse 3b

Abb. 4 - Grundriß der Klasse 1a mit angeschlossenem Gruppenraum

Literatur

Burk, K. (Hrsg.): Die ganze Halbtagsschule. Frankfurt a.M.: Arbeitskreis Grundschule 1990.

Claussen, C.: Wibbeke im Dokumentationszentrum. In: Grundschule 22. 1990 (9).

Grundschule Wardenburg: Pädagogisches Konzept der Halbtagsgrundschule Wardenburg. Unveröffentlichtes Skript 1991.

Längsfeld, V.: Offener Unterricht. Mülheim/Ruhr. Verlag an der Ruhr 1989.

Neumann, U., Ramseger, J.: Ganztägige Erziehung in der Schule. Seelze, Friedrich 1990 (2).

Warnken, G.: Volle Halbtagsschule, die NEUE GRUNDSCHULE: Chancen zur Entwicklung der eigenen Schule. Oldenburg. Universität Oldenburg 1991 (Oldenburger Vordrucke 152/91).

Wochenstrukturplan

Zeit		Mo	Di	Mi	Do	Fr	
7.55	1.						
9.30							gemeinsame Pause
9.50							Frühstück
10.00	2.						
11.30							gemeinsame Pause
11.45	3.					Forum	
12.55							

Klasse 1a

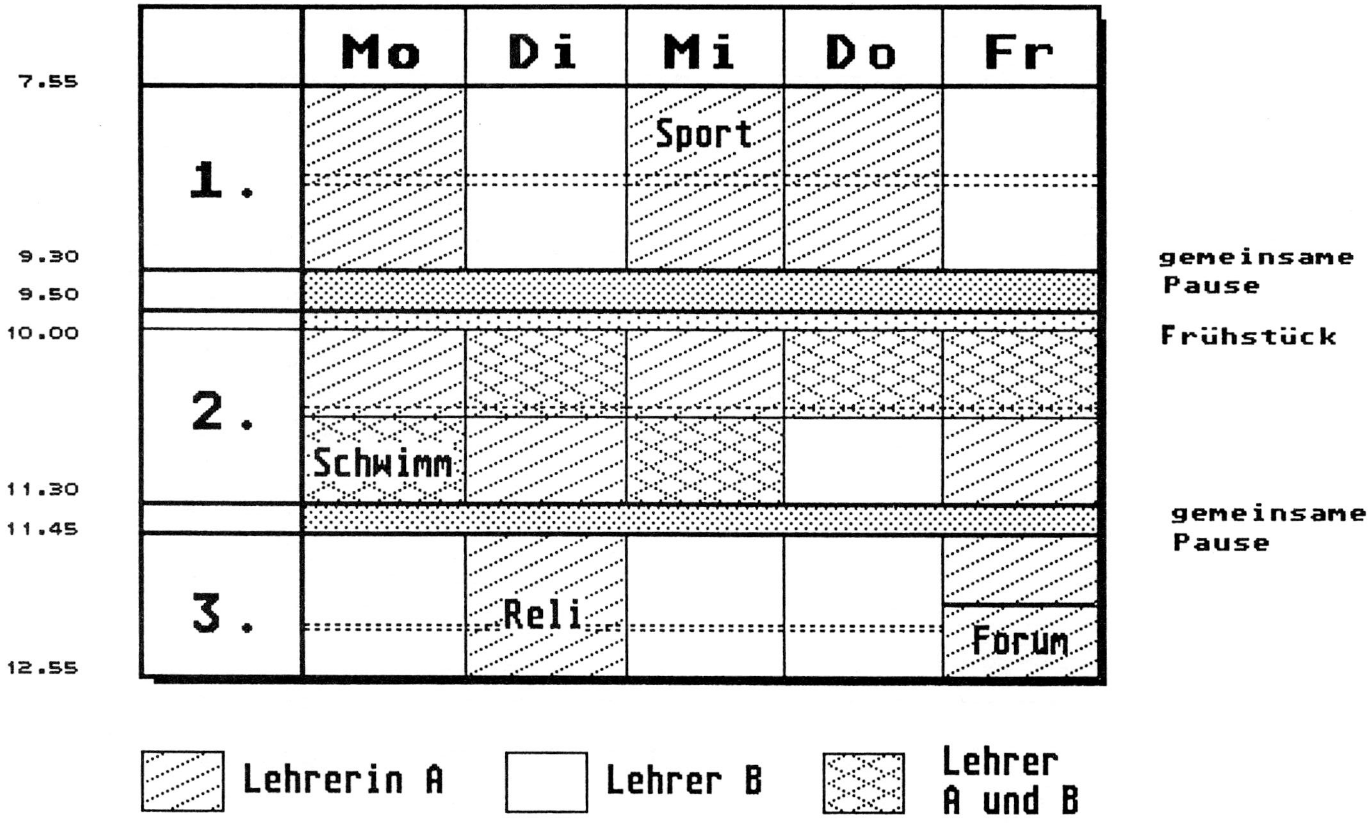

Mo
Di
Mi
Do
Fr
7.55
1.
Sport
9.30
9.50
10.00
gemeinsame Pause
Frühstück
2.
Schwimm
11.30
11.45
gemeinsame Pause
3.
Reli
Forum
12.55
Lehrerin A
Lehrer B
Lehrer A und B

Klasse 3b

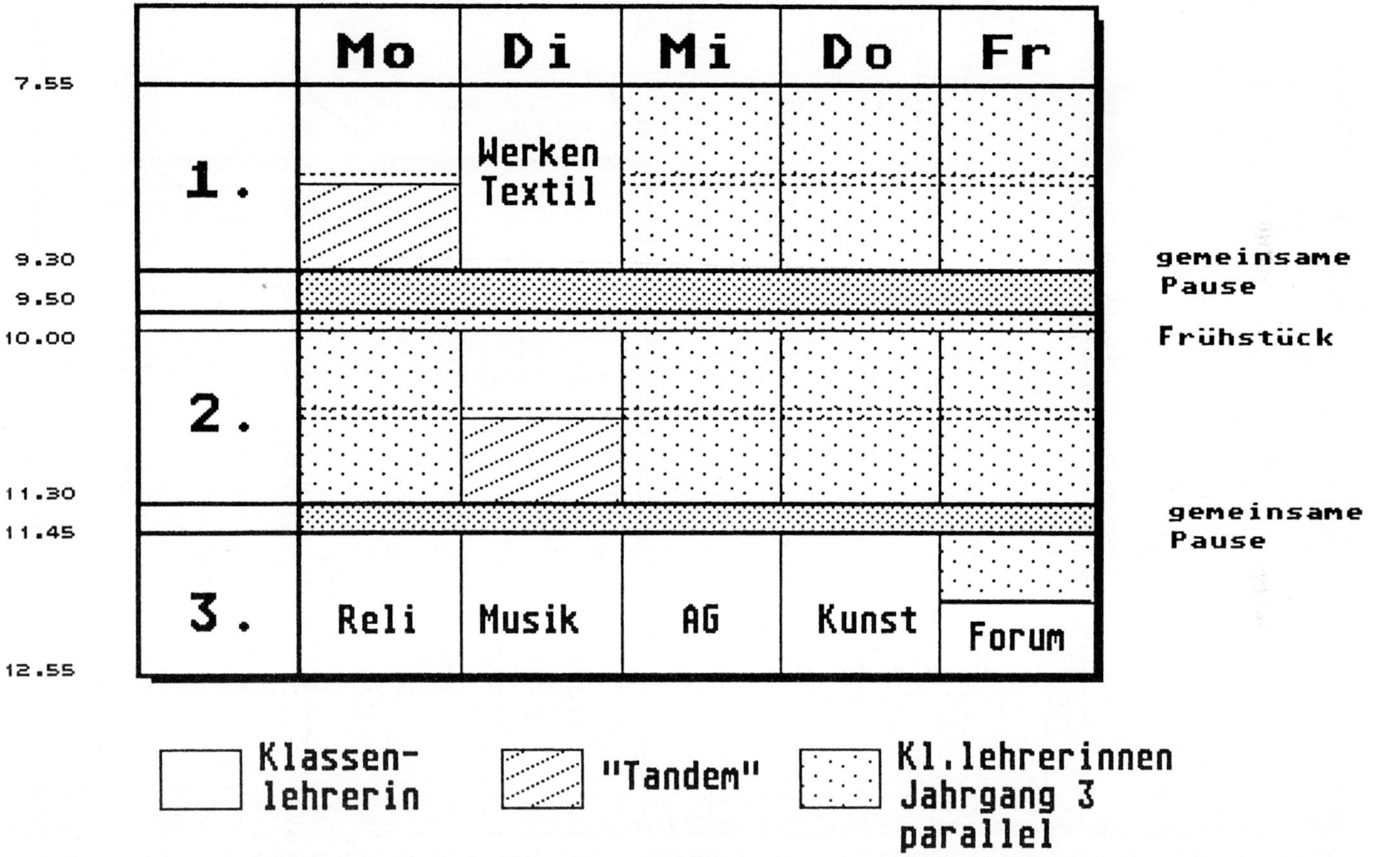
Mo
Di
Mi
Do
Fr
7.55
1.
Werken Textil
9.30
9.50
10.00
gemeinsame Pause
Frühstück
2.
11.30
11.45
gemeinsame Pause
3.
Reli
Musik
AG
Kunst
Forum
12.55
Klassen-lehrerin
"Tandem"
Kl.lehrerinnen Jahrgang 3 parallel

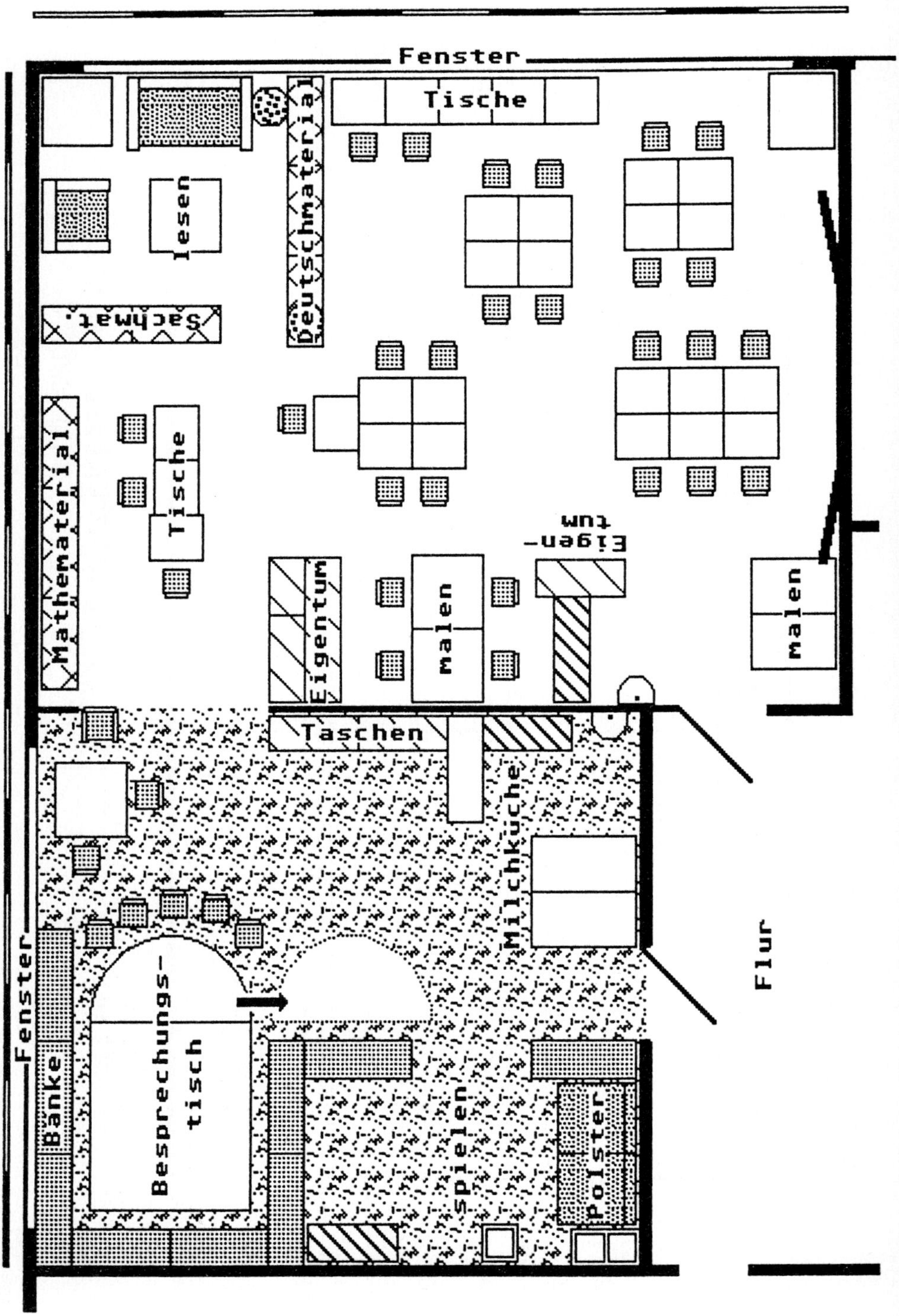
Fenster
Tische
Deutschmaterial
lesen
Sachmat.
Mathematerial
Tische
Eigentum
malen
Eigen-
tum
malen
Taschen
Milchkuche
Flur
Fenster
Bänke
Besprechungs-
tisch
spielen
Polster

2.3 *Annegret Krause:* Projektorientierter Unterricht im Schulalltag

Vorbemerkung

Der folgende Bericht beschreibt die Arbeit mit zwei 7. Klassen einer kleinen Hauptschule über ein Schuljahr.

Er stellt kein fertiges, perfektes Modell dar, auch keine glanzvollen Unterrichtserfolge, sondern zeichnet einen Prozeß der Suche nach, unserer Suche nach praktikablen Möglichkeiten, offene Unterrichtsformen, besonders projektorientiertes Lernen, unter alltäglichen schulischen Bedingungen zu realisieren.

Er läßt auch unsere Schwierigkeiten und Zweifel nicht aus. Vielleicht regt er gerade deshalb dazu an, selbst einen Anfang zu wagen, so unvollkommen dieser auch sein mag, und an den offenen Fragen weiterzuarbeiten.

1. Begründungsrahmen

1.1 Allgemeine Begründungszusammenhänge

Daß sich Schule in Richtung auf mehr Handlungsorientierung, mehr selbständiges, eigenverantworliches Lernen, mehr problemlösendes Lernen und mehr kooperatives, soziales Lernen entwickeln muß, ist von vielen Autoren ausführlich begründet worden.[1] Die Argumente sollen hier nicht eingehend wiederholt werden, sondern nur kurz skizziert werden.

---

[1] siehe dazu: Bundesverband der dt. Industrie u.a. 1992, S. 10 oder auch den Aufsatz von H.W. Bongard mit dem geradezu provokanten Titel: "Wirtschaft als pädagogische Avantgarde?" (Bongard 1990)

Kinder heute wachsen anders auf als Kinder noch vor wenigen Jahrzehnten. Sie erfahren Wirklichkeit in geringerem Maße aus "erster Hand", sondern in großem Umfang durch Medien vermittelt, also aus "zweiter Hand". Auch ihre Sozialerfahrungen sind häufig begrenzt, viele leben in Ein-Kind-Familien oder mit nur einem Elternteil.

Mit diesen veränderten Kindern, so erleben es immer mehr Kolleginnen und Kollegen, "funktioniert" der traditionelle Lehrbetrieb nicht mehr. Klagen über sinkende Lernerfolge, über Motivationsverlust und Disziplinlosigkeit sind tägliche Gesprächsthemen in Lehrerzimmern.

Einschlägige Lerntheorien zeigen schon lange, daß die einseitige verbal-abstrakte Ausrichtung der üblichen Unterrichtsverfahren langfristig nicht zu den angestrebten Erfolgen führen kann. Dies wird durch lernbiologische Erkenntnisse untermauert.[2]

Auch die "neuen" Zielsetzungen von Schule sind so neu nicht. Das Niedersächsische Schulgesetz und auch die Organisationserlasse für die einzelnen Schulformen z.B. haben seit Jahren klargemacht, daß es in der Schule vorrangig um die "Entwicklung der Gesamtpersönlichkeit" geht, also um mehr als um die Anhäufung von Wissen in Kinderköpfen. In krassem Widerspruch dazu standen und stehen unzählige Diskussionen zwischen Kolleginnen und Kollegen, die den Eindruck entstehen lassen, als seien die Stoffkataloge der Rahmenrichtlinien und Lehrpläne unsere höchsten und heiligsten Dienstvorschriften. Unverdrossen wird dem Ideal der Lehrplanerfüllung nachgeeifert, obwohl das immer wieder beklagte lückenhafte Wissen von Schulabgängern uns die Erfolglosigkeit solcher Bemühungen deutlich vor Augen führt

---

[2] So möchten es konservative Bildungspolitiker und gymnasial orientierte Interessenverbände wie der Philologenverband gerne sehen. Auch bei Witzenbacher findet sich diese Tendenz (Witzenbacher 1985, S. 8 ff.).

und es angeraten scheinen läßt, einmal zu fragen, ob wir uns nicht auf dem falschen Weg befinden.

Insgesamt verändert und vermehrt sich das Wissen der Menschen so rasant, daß es kaum noch einen allgemein anerkannten, verbindlichen Kanon von Allgemeinwissen gibt. Es erscheint fragwürdig, in dem nach traditionellem Verständnis von Schule bisher üblichen Umfang "auf Vorrat" zu lernen. Wichtiger wird stattdessen, sich einen Wissenszusammenhang selbständig erarbeiten zu können, Lösungsstrategien für komplexe Probleme zu entwickeln, über Fachgrenzen hinaus in vernetzten Systemen zu denken und dies nicht als Einzelkämpfer, sondern in Kooperation mit anderen zu tun.

Selbst die Wirtschaft sieht in diesen Fähigkeiten "Schlüsselqualifikationen" und konfrontiert die Schule mit der Forderung, diese zu einem ihrer Arbeitsschwerpunkte zu machen. Wohl geschieht das aus einem anderen Interesse als dem an einer individuellen Persönlichkeitsentwicklung des Kindes, es steht aber auch nicht unbedingt in Widerspruch dazu.

Sicher und unbestritten ist jedenfalls, daß die Fähigkeit, vorstrukturiertes Wissen zu reproduzieren, allein nicht mehr ausreicht, die komplexen politischen, sozialen und ökologischen Probleme der Zukunft zu bewältigen.

1.2 Situation der Hauptschule

Die Diskussion um neue, offenere Unterrichtsformen ist eine Reaktion auf grundlegende gesellschaftliche Veränderungen. Es wäre fatal, in diesen Unterrichtsformen, besonders in den stärker handlungsbezogenen, lediglich eine kompensatorische Maßnahme für lernschwache und verhaltensauffällige Schülerinnen und Schüler zu sehen.

Die Notwendigkeit einer Umorientierung gilt grundsätzlich für alle Schulformen. Dennoch zeigte sie sich an den Hauptschulen besonders früh und besonders drängend. Viele Hauptschülerinnen und -schüler kommen aus belasteten Elternhäusern, zeigen deutlich Spuren einer schulischen Sozialisation voller Mißerfolge und leiden unter der Perspektivlosigkeit ihrer beruflichen Zukunft.

In der Schule äußern sich diese Probleme in Form von mangelnder Motivation, geringem Selbstwertgefühl, destruktivem Verhalten oder passiver Verweigerung. Hauptschülerinnen und -schüler haben uns längst klargemacht, daß sie nicht bereit sind, den traditionellen Lehrbetrieb mitzumachen, der von ihnen vorwiegend die Reproduktion von vorstrukturiertem Wissen verlangt.

Aber auch aus eigenem Interesse, um dem frustrierenden, zermürbenden täglichen Kleinkrieg zu entkommen, haben sich Hauptschullehrerinnen und -lehrer relativ früh auf die Suche nach neuen, befriedigenderen Möglichkeiten der schulischen Arbeit gemacht.

1.3 Unsere Ausgangslage

Auch an unserer Schule standen wir vor derartigen Problemen. Darüberhinaus sahen wir uns in zunehmendem Maße vor Lerndefiziten unterschiedlichster Art stehen, so daß die Strategie, alle zur selben Zeit dasselbe lernen zu lassen, kaum noch Aussicht auf Erfolg haben konnte.

Wir suchten nach einem Konzept, das folgende Möglichkeiten eröffnen sollte:

1. Schülerinnen und Schüler sollten mehr als bisher individuell entsprechend ihrem Lernniveau und Lerntempo arbeiten können.

2. Wir wollten ihrem Handlungsbedürfnis Rechnung tragen und sie in ganzheitlicher Weise, unter Einbeziehung möglichst aller Sinne, lernen lassen.

3. Wir wollten an ihrem Erfahrungshorizont anknüpfen und sie in größeren Sinnzusammenhängen lernen lassen. Dazu sollte die Zersplitterung der Unterrichtsinhalte in 18 (!) Einzelfächer wenigstens zum Teil überwunden werden.

4. Wir wollten das soziale Lernen und die Kooperationsfähigkeit der Schülerinnen und Schüler stärken.

2. Das praktizierte Modell

2.1 Voraussetzungen

Unsere Schule ist eine Grund- und Hauptschule in Uelzen. Die Grundschule und die Hauptschule sind organisatorisch und räumlich fast vollständig getrennt, so daß die Hauptschule für sich allein betrachtet werden kann. Die Schülerinnen und Schüler der Jahrgänge 5 und 6 besuchen die selbständige Orientierungsstufe im selben Haus.

Die Hauptschule ist in den Jahrgängen 7 bis 9 zweizügig, eine 10. Klasse gab es in dem hier beschriebenen Schuljahr 1990/91 noch nicht. Das Kollegium bestand aus 11 Lehrerinnen und Lehrern. Die durchschnittliche Klassenfrequenz betrug etwa 20 Schülerinnen und Schüler pro Klasse.

In Niedersachsen gibt es seit dem Frühjahr 1990 die Möglichkeiten, zwischen zwei verschiedenen Stundentafeln zu wählen. Unsere Schule entschied sich, im Schuljahr 90/91 in beiden neuen 7. Klassen nach der sogenannten "alternativen Stundentafel" zu arbeiten. Darin erscheinen die Fächer des gesellschaftswissenschaftlichen, des naturwissenschaftlichen und des musisch-kulturellen Bereiches, also die Fächer Geschichte, Sozialkunde, Erdkunde, Physik, Chemie, Biologie, Musik, Kunst, Werken und Textiles Gestalten, als nicht weiter differenzierter Block von 12 Stunden. Diese Stunden können flexibel organisiert werden. Sie fordern zu fachübergreifendem, projektorientiertem Arbeiten geradezu heraus.

Unsere Absicht war es denn auch, diesen Unterrichtsformen und einem weitgehend selbstbestimmten Lernen der Schülerinnen und Schüler ein möglichst großes Gewicht im Schulalltag zu verschaffen.

2.2 Organisation

Die Umsetzung der Stundentafel in einen Stundenplan erwies sich als schwierig. Die Bildung von kleinen, in sich abgeschlossenen Stufenteams ist an einer so kleinen Schule mit so wenigen Lehrkräften nicht möglich. Als Team bezeichneten wir die fünf Kolleginnen und Kollegen, die in den beiden Klassen die Fächer des 12er-Blocks unterrichteten. Das Team traf sich einmal pro Woche in einer im Stundenplan festgelegten Stunde, um die Arbeit zu koordinieren.

Die Fächer Werken und Textiles Gestalten ließen sich nicht integrieren, da wir die Arbeit in geteilten Klassen nach wie vor für notwendig hielten. Die gemeinsame Nutzung der Werkräume mit der Orientierungsstufe erzwang außerdem die Festlegung auf ganz bestimmte Stunden in der Woche. In gewisser Weise galt das auch für die Fächer Physik und Chemie.

Musik wurde ebenfalls regelmäßig eine Stunde pro Woche unterrichtet, damit die Schülerinnen und Schüler regelmäßig mit den vorhandenen Instrumenten arbeiten konnten.

So erschienen im Stundenplan der Klassen maximal 9 Stunden unter der Bezeichnung "Projekt", davon lagen 4 Stunden an einem Tag hintereinander. (Der Begriff "Projekt" ist nicht ganz korrekt, er hat sich aber als Arbeitstitel bei uns so eingebürgert.)

Beispiel für einen Stundenplan (Klasse 7a)

	Mon	Dien	Mitt	Don	Fre	Sa
1	KL Verf.	FL4 Sport	FL5 Mathe	KL Rel.	KL Deutsch	FL1 FL2
2	KL Deutsch	"	Kl Projekt	FL6 Engl.	FL6 Engl.	TG Werk
3	FL5 Mathe	FL 6 Engl.	"	FL1 FL2	FL5 Mathe	FL3 Musik
4	FL2 A/W	KL Projekt	"	Hw Tech	KL Proj/Ch	"
5	FL2 Proj/Ph	"	FL1 "	KL Deutsch	KL Projekt	-
6	-	FL5 Mathe	-	-	"	-

Erläuterungen: Die Klassenlehrerin (KL) unterrichtete die Fächer Deutsch, Geschichte, Sozialkunde, Erdkunde, Biologie, Chemie, Kunst und Religion.

Zum Team gehörten: KL (auch FL in Kl. 7b), FL1 (auch in 7b), FL 2 (KL in 7b), FL3 (auch in 7b), eine Fachkollegin der 7b, die in der 7a nicht eingesetzt war.

2.3 "Projekte" und andere Formen offenen Unterrichts

In den mit "Projekt" bezeichneten Stunden arbeiteten wir mit den Schülerinnen und Schülern an größeren, zum Teil fachübergreifenden, zum Teil fachbezogenen Themenbereichen. In der Regel bedeutete das, daß nach einigen gemeinsamen Planungs- und Einführungsstunden die Schülerinnen und Schüler in Gruppen an selbstgewählten Teilthemen relativ selbständig arbeiteten. Am Ende einer solchen Einheit gab es eine Präsentationsphase, in der die Gruppen der Klasse oder der Schulöffentlichkeit ihre Ergebnisse in möglichst vielfältiger Form vorstellten.

Andere Formen offenen Unterrichts spielten bei uns zunächst eine eher untergeordnete Rolle. Wochenpläne wurden immer nur in kurzen Phasen eingesetzt, wenn es vom Stoff her sinnvoll erschien, z.B. in Deutsch bei Themen mit hohem Übungsanteil.

Im zweiten Halbjahr habe ich in meiner Klasse - obwohl in der Alternativen Stundentafel nicht vorgesehen - innerhalb der Projektstunden zwei Stunden für "Freiarbeit" reserviert. In diesen Stunden konnten die Schülerinnen und Schüler Inhalt, Methode und Sozialform ihrer Arbeit selbst bestimmen. Sie hatten z.B. die Möglichkeit, etwas zu üben, was sie noch nicht so gut konnten. Das kam vor allem in Deutsch, Englisch und Mathematik in Frage. Die Freiarbeitsstunden übernahmen so für einige auch die Funktion der bei uns nicht vorhandenen Förderstunden. Die Schülerinnen und Schüler konnten auch, wenn sie wollten, an ihrem Projektthema weiterarbeiten. Damit dienten diese Stunden als "Puffer" am Ende vom Projekten, wenn die Gruppen ungleichzeitig fertig waren. Es konnte aber auch zu einem völlig frei gewählten Thema etwas ausgearbeitet werden.

3. Entwicklungsschritte

3.1 Individuelle Vorerfahrungen

Eine so weitreichende Entscheidung wie die Einführung unserer Stundentafel wird natürlich nicht von einem Tag auf den anderen getroffen.

Schon Jahre vorher hatte ich zunächst mit nur einem Kollegen zusammen nach einem ähnlichen Konzept gearbeitet. Auch wir haben damals in einer 7. Klasse einen großen Teil unserer Fächer zusammengefaßt, um fachübergreifend und projektorientiert zu unterrichten. Unsere Erfahrungen mit dieser

Arbeit waren fast ausnahmslos positiv. Dennoch blieb es zunächst ein individueller Versuch, der noch keine Auswirkungen auf die übrige Schule hatte.

Mit der Freiarbeit verhielt es sich ähnlich. Ich habe damit vor einigen Jahren einfach einmal angefangen, angeregt durch einen Kurs der regionalen Lehrerfortbildung und ebenfalls durchweg gute Erfahrungen gemacht.

3.2 Regionale Lehrerfortbildung

Durch Kontakte zu Hamburger Kollegen erfuhren wir von dem dort laufenden Projekt "Gestaltung der Eingangsphase von neu zusammengesetzten Haupt- und Realschulklassen im Schuljahr 1986/87".[3] Es gelang uns, einen beteiligten Kollegen dafür zu gewinnen, uns in Uelzen von dem Hamburger Projekt zu berichten.

Aus dieser Veranstaltung heraus entstand ein Arbeitskreis von Kolleginnen und Kollegen, die daran interessiert waren, ein ähnliches Konzept an Schulen im Kreis Uelzen zu verwirklichen. Zum Schuljahr 1988/89 bildeten sich an mehreren Schulen Teams: Jeweils zwei Lehrerinnen und Lehrer teilten sich die Klassenleitung in einer Klasse, sie übernahmen den größten Teil der Fächer darin und erhielten im Stundenplan einen "Projekttag", an dem sie mindestens vier Stunden gemeinsam unterrichten konnten. Das Modell wurde von der Schulaufsicht unterstützt, und der Arbeitskreis konnte sich im Rahmen der Regionalen Lehrerfortbildung etablieren. Wir trafen uns ein Schuljahr lang im Abstand von etwa 14 Tagen, um gemeinsam Projekte zu planen, unsere Erfahrungen auszutauschen und uns mit Fachliteratur zu beschäftigen.

[3] Dieses Projekt ist ausführlich dokumentiert worden in "Freie und Hansestadt Hamburg ... 1987".

An unserer Schule arbeiteten drei Teams in drei Klassen nach diesem Konzept. Die Alternative Stundentafel war im Grunde nur die organisatorische und rechtliche Absegnung der Arbeit, die wir vorher schon geleistet hatten. Ihre Einführung war beinahe eine Selbstverständlichkeit.

Bezogen auf die doppelt besetzten Projekttage war sie sogar ein Rückschritt. Doppelbesetzungen sind in diesem Umfang leider nicht mehr möglich.

Es stellt sich hier die Frage, ob eine so lange Entwicklungszeit für jede Schule notwendig ist.

Die Bedingungen haben sich inzwischen geändert. Lehrerinnen und Lehrer, die neue Unterrichtsformen praktizieren, sind in der Regel nicht mehr in der Rolle von Exoten, die mit einer Mischung aus Faszination und Argwohn betrachtet werden. Sie befinden sich auch nicht mehr in der Situation von Pionieren, die Neuland betreten und alle Erfahrungen, auch die schlechten, erst einmal selbst machen müssen.

Der Einstieg wird erheblich erleichtert durch Fortbildungsangebote auf allen Ebenen und auch durch die Haltung der Schulbehörden, die eine Veränderung von Schule nicht mehr nur dulden, sondern zum Teil geradezu darauf drängen.

Dennoch kann es schwierig sein, ein ganzes Kollegium auf einen gemeinsamen Nenner zu bringen. Es ist wahrscheinlich notwendig, daß einzelne Lehrerinnen oder Lehrer einfach anfangen und daß andere, die sich unsicherer fühlen, nach einiger Zeit von deren Erfahrungen profitieren. Das an unserer Schule praktizierte Konzept läßt sich von jeder Lehrerin/jedem Lehrer sofort verwirklichen, wenn sie/er mehrere Fächer zusammenfaßt und epochal anordnet oder die Stunden zu fachübergreifendem Arbeiten nutzt.

4. Projektorientierter Unterricht im Schulalltag

4.1 Zum Begriff "Projekt"

Bei genauer, kritischer Betrachtung erfüllen unsere Unterrichtsvorhaben eigentlich nicht die Merkmale eines Projektes im engeren Sinne. Den meisten fehlte ein klar umrissenes Handlungsziel, ein für die Schülerinnen und Schüler "echtes Problem", das im Laufe des Projektunterrichts gelöst werden sollte.[4]

Auch die entsprechenden Stufen des Projektunterrichts wurden in der Regel nicht eingehalten.

Wir haben uns orientiert an der eher einkreisenden Bestimmung des Begriffs über Merkmale, wie sie H. Gudjons vorgenommen hat.[5] Diese 10 Merkmale - Situationsbezug und Lebensweltorientierung, Orientierung an den Interessen der Beteiligten, Selbstorganisation und Selbstverantwortung, gesellschaftliche Praxisrelevanz, zielgerichtete Projektplanung, Produktorientierung, Einbeziehung vieler Sinne, soziales Lernen, Interdisziplinarität und Grenzen - waren für uns wichtige Leitlinien bei der Konzeption von Unterrichtsvorhaben, auch wenn wir in keinem Fall alle erfüllt haben.

Für uns trifft daher eher der Begriff "Projektorientierter Unterricht" zu, obwohl auch er nicht unproblematisch ist.[6]

---

[4] vgl. die Begriffsbestimmung von Hänsel, D./Müller 1988, S. 29 ff.

[5] Gudjons 1986, S. 57 ff.

[6] D. Hänsel hat darauf hingewiesen, daß diese Bezeichnung im Zusammenhang mit Merkmalkatalogen den Projektbegriff verwässert: "In der Logik der Bestimmung des Projektunterrichts durch Merkmalkataloge liegt, daß kein (vorfindbarer) Unterricht Projektunterricht ist und zugleich jeder Unterricht als (mehr oder weniger) projektorientierter Unterricht gelten kann" (Hänsel/Müller 1988, S. 117).

Ebensogut könnten einige Unterrichtseinheiten auch dem Konzept des "Wahldifferenzierten Unterrichts" zugeordnet werden.[7]

Für unsere tägliche Arbeit war die Begriffsbestimmung kaum von Bedeutung. Unsere primäre Motivation war ja nicht, eine in der Fachliteratur beschriebene Unterrichtsform mit Inhalt zu füllen, sondern in der vorgefundenen Situation eine praktikable und langfristig durchhaltbare Form des Unterrichtens zu finden, die unsere Probleme lösen half.

So verwendeten wir in der Praxis die Begriffe "Projekt" und "Projektorientierter Unterricht" (im folgenden ohne Anführungszeichen) unscharf nebeneinander, wie es z.T. auch in diesem Bericht deutlich wird.

4.2 Projekte und Rahmenrichtlinien

Da wir uns nicht in der Ausnahmesituation einer Projektwoche befanden, konnten wir uns den inhaltlichen Vorgaben der Rahmenrichtlinien nicht ganz entziehen.

Damit war der Spielraum, die Schülerinnen und Schüler an der Festlegung von Inhalten zu beteiligen, begrenzt. Wir haben Projektthemen in der Regel den Rahmenrichtlinien entnommen oder uns zumindest an diesen orientiert. Dabei entstanden sowohl fachbezogene als auch fachübergreifende Themen. Die Beteiligung der Schülerinnen und Schüler bestand dann darin, innerhalb eines von uns gesetzten Rahmenthemas jeweils einen Teilbereich wählen zu können.

So haben sich zwar nicht alle mit allen vorgegebenen Inhalten gleich intensiv beschäftigt, wie es im Lehrgangsunter-

---

[7] Dieses Konzept ist ausführlich dargestellt worden in Arbeitsgruppe WDU 1988.

richt wenigstens den Anschein hat, wohl haben sich alle aber etwa im Rahmen der Richtlinien bewegt.

Idealtypischer Verlauf von Projektarbeit und ihre kritischen Stellen

Idealtypischer Verlauf	kritische Stellen
1. Thema, eine Aufgabe, ein Anliegen finden (Projektinitiative)	1. Kann sich eine ganze Klasse an einem Vorhaben erwärmen? Stellvertretende Themenfixierung durch Lehrer
2. Die Arbeit strukturieren (Projektplan) - Fragen stellen - einen Arbeitsplan erstellen - Gebrauchswert identifizieren (Projektergebnis)	2. - Fehlende Kompetenzen ('Zwischen-Lehrgänge') - Fehlendes Wissen (Lehrer-Überlegenheit) - Zeitmangel (Lehrplan)
3. Die Arbeit durchführen (Projektdurchführung) - Informationen gewinnen - Produkt herstellen - Aufführung üben usw.	3. - Gruppenprobleme (Kooperation-Arbeitsteilung-Stimmung-langer Atem) - Stundenplan hemmt
4. Erfahrungen, Ergebnisse darstellen: - Ausstellung - Vortrag - Vorführen (z.B. Videoband) - Durchführung (z.B. Sportfest) und kritisch reflektieren. (Projektprodukt)	4. - Didaktische Kompetenzen des Darstellens, Erklärens fehlen - Produkte gelingen nicht so ganz - Resonanz ist begrenzt!

4.3 Ein Jahr lang projektorientierter Unterricht in Klasse 7

4.3.1 Die Eingangsphase

4.3.1.1 Vorbereitung

Schon vor den Sommerferien wurden die für die 7. Klassen angemeldeten Schülerinnen und Schüler zu einem Treffen in unsere Schule eingeladen. Wir spielten Kennenlernspiele, stellten uns und unsere geplante Arbeit vor, informierten sie über notwendige und nicht notwendige Bücher und Arbeitsmittel und zeigten den Auswärtigen das Schulgebäude.

Wir wollten damit verhindern, daß sich über die Sommerferien Angst und Spannung vor dem Neuen und Unbekannten aufbauten. So verschickten wir auch noch während der Ferien eine Einladung an Schülerinnen und Schüler und deren Eltern zu einem Informationsabend am ersten Schultag, an dem für die 7. Klassen noch kein Unterricht stattfand. In dieser Einladung wurden vorab die Einteilung der Klassen und die Klassenlehrerin bzw. der Klassenlehrer bekanntgegeben.

Die ersten vier Schulwochen konnten nach unserem Organisationserlaß völlig frei gestaltet werden. Stundenanteile der einzelnen Fächer mußten nicht berücksichtigt werden.

4.3.1.2 "Hier wohnen und arbeiten wir" - Gestaltung und Einrichtung des Klassenraumes

Damit Schülerinnen und Schüler sich mit dem eigenen Raum identifizieren können, muß er Spuren seiner Bewohner tragen und entsprechend ihren Bedürfnissen eingerichtet sein. Er muß auch die beabsichtigte Arbeitsweise ermöglichen und fördern.

Schließlich muß er ästhetischen Bedürfnissen gerecht werden und so gestaltet sein, daß man sich gern darin sechs Stunden am Tag aufhält.

So gab es während der ersten Wochen folgende Aktivitäten: Wir fertigten Schattenrissse von allen Schülerinnen und Schülern an, die als Fries an der Wand aufgehängt wurden. Das Fries diente gleichzeitig als Geburtstagskalender. Eine Gruppe von Schülern arbeitete in mühevoller Schleifarbeit einen alten Klassenschrank auf. Alle Schülerinnen und Schüler nähten zusammen mit der Lehrerin für Textiles Gestalten Stuhlkissen mit individuellen Applikationen. Wir richteten eine Tee-Ecke ein und kauften Tassen. Eine Mutter stiftete Sofa und Sessel, andere Eltern spendierten uns Topfpflanzen. Wir richteten eine Klassenbücherei ein und kauften für alle Schülerinnen und Schüler Ordner, Scheren, Klebstoff, Cutter usw. Ständer dafür wurden im Werkunterricht hergestellt. Jeder Schüler/jede Schülerin erhielt ein eigenes Ablagefach im Klassenraum. In einer Klasse wurden die Wände teilweise vertäfelt, ein Regal gebaut und als Raumteiler aufgestellt und Landkarten auf Spanplatte aufgezogen.

Während dieser ersten Phase wurden auch Rituale eingeführt: Feiern von Geburtstagen, der Montagmorgenkreis, regelmäßiges gemeinsames Frühstück, ein Klassentagebuch.

Wirklich, es ließ sich leben in diesen Klassenräumen - und arbeiten! Die Schülerinnen und Schüler fühlten sich sichtlich wohl und sind auch das ganze Schuljahr über einigermaßen pfleglich mit der Einrichtung umgegangen. Voraussetzung dafür war allerdings, daß auch Lehrerinnen und Lehrer dieses zu ihrem Anliegen machten.

4.3.1.3 Schattentheater für den ersten Elternabend

Einer der Schwachpunkte arbeitsteiliger Gruppenarbeit ist die Präsentation der Arbeitsergebnisse. Schülerinnen und Schüler verfügen, das ist auch nicht anders zu erwarten, über ein geringes methodisches Repertoire, wenn es darum geht, anderen ihre Erkenntnisse zu vermitteln. Und so quält sich eine Klasse dann immer wieder durch eine lange Reihe von Referaten. Der Frontalunterricht, den wir vermeiden wollten, kommt so durch die Hintertür wieder herein, noch dazu in schlechter Qualität.

Wer projektorientierten Unterricht will, muß es sich auch zur Aufgabe machen, die Schülerinnen und Schüler in verschiedene Formen der Präsentation von Arbeitsergebnissen einzuführen. Eine sehr reizvolle, aber sehr komplexe Möglichkeit ist das Schattentheater. Auch Schülerinnen und Schüler, die sich beim offenen Theaterspiel gehemmt fühlen, haben hier die Chance zu agieren. Die technischen Tricks und die Möglichkeiten, Illusionen zu erzeugen, üben einen zusätzlichen Reiz aus.

Ich nutzte die offene Situation der Eingangsphase, um der Klasse diese Darstellungsform nahezubringen und übte mit ihnen eine kleine Szenenfolge für den ersten Elternabend ein.

Sie entwickelten in Gruppen Szenen zum Thema "Eine Reise durch das All". Jede Gruppe bearbeitete eine Station der Reise. Es wurden Texte entworfen, Kulissen auf OH-Folie gemalt, geeignete Musik ausgesucht, Licht- und andere Effekte erprobt. Die Szenen mußten immer wieder hinter der Schattenleinwand gespielt und verfeinert werden. Das Stück wurde auf dem Elternabend ein schöner Erfolg.

4.3.1.4 Vorbereitung und Durchführung einer Klassenfahrt (Parallelklasse)

Eine gute und häufig praktizierte Möglichkeit, das Klima einer Klasse zu verbessern und aus einer sehr zufällig zusammengewürfelten Gruppe eine Klasse werden zu lassen, ist eine Klassenfahrt schon in der Eingangsphase.

Die Klasse 7b fuhr ca. 50 km mit dem Fahrrad in eine Einrichtung, in der die Schülerinnen und Schüler sich selbst versorgen mußten.

Kleingruppen arbeiteten die Fahrtroute über Nebenstrecken aus und planten Freizeitaktivitäten. Für die Versorgung wurden fünf Zufallsgruppen gebildet, die je drei Menüvorschläge erarbeiteten, inkl. Frühstück und Abendessen. Je einer davon wurde von der Klasse mehrheitlich angenommen. Im Hauswirtschaftsunterricht wurde eine entsprechende Einkaufsliste zusammengestellt. Jede Gruppe hatte einen vollen Tag Küchendienst mit allem "Drum und Dran".

4.3.2 Länder Europas

Die erste Unterrichtseinheit war noch kein Projekt, sondern überwiegend Einzelarbeit nach einem Arbeitsplan mit Pflicht- und Wahlaufgaben. Viele Schülerinnen und Schüler brachten aus der Orientierungsstufe Erfahrungen mit Wochenplanarbeit mit und hatten keine Probleme mit dieser langfristig angelegten selbständigen Arbeit. Für andere war es ein erster, noch nicht zu komplexer Einstieg in offenere Unterrichtsformen.

Jede Schülerin/jeder Schüler stellte eine Informationsmappe zu einem europäischen Land zusammen. Darin waren enthalten: eine Steckbrief des Landes, eine gezeichnete Landkarte (die meisten liebevoll auf Pergamentpapier gebracht), Bilder und

Informationen aus Reiseprospekten, Angaben über Sitten und Gebräuche, Beschreibungen besonderer Landschaften, Wörter und Sätze in der Landessprache, Kochrezepte, eine ausgearbeitete Reiseroute, Rätsel und anderes.

Jede/jeder stellte ein Spiel oder Rätsel zum "eigenen" Land her, an dem die anderen etwas darüber erfahren konnten.

Damit sich das erarbeitete Wissen nicht allzusehr auf spezielle Kenntnisse über ein einzelnes Land beschränkte, bearbeiteten alle eine Reihe von Übungsaufgaben zur Topographie Europas.

Die Darstellung der Ergebnisse in der Klasse erfolgte auf dreierlei Weise:

Alle Informationsmappen lagen aus und konnten gelesen und betrachtet werden. Jede/jeder stellte eine Reiseroute vor, berichtete dabei über Sehenswürdigkeiten, die anderen folgten buchstäblich "mit dem Finger auf der Landkarte" im Atlas. Alle Spiele wurden in der Klasse gespielt, die Rätsel wurden ausgetauscht.

Als krönender Abschluß war ein gemeinsames internationales Festessen geplant. Das wurde leider durch die Herbstferien vereitelt. Aber beim nächsten Mal ...

4.3.3 Müll

Nach den Herbstferien gingen wir zu größeren projektorientierten Einheiten über. Das erste Thema, mit dem wir uns etwa vier Wochen lang beschäftigten, war das Thema "Müll". Wir folgten damit einem Beschluß des Hauptschulkollegiums, daß in jedem Jahrgang ein Projekt zur Umwelterziehung durchgeführt werden soll. Einbezogen waren Inhalte der Fächer Sozialkunde, Erdkunde, Chemie, Physik, Biologie, Hauswirtschaft, Kunst und Deutsch.

Einstieg: Wir "sezierten" alle einen Saftkarton aus Verbundmaterial (Pappe, Aluminium, Kunststoffolie). Die Problematik Müllentstehung - Müllbeseitigung - Müllvermeidung wurde den Schülerinnen und Schülern sehr plastisch deutlich. Im Gespräch entwickelten wir den "Lebenslauf eines Saftkartons" und stellten ihn auf einem Plakat dar.

Gruppenarbeit: Die Schülerinnen und Schüler arbeiteten in Gruppen an den Themen Papier, Glas, Metall (hauptsächlich Eisen), Aluminium, Sondermüll, Batterien, Verpackungen, Kunststoffe. Jede Gruppe erhielt dazu ein vorbereitetes Materialpaket mit Informationstexten, Arbeitsblättern, Leitfragen, Handlungsvorschlägen und Vorschlägen zur Präsentation der Ergebnisse. Außerdem standen ihnen Filme sowie selbst beschaffte Broschüren zur Verfügung.

Darüberhinaus erarbeiteten alle Schülerinnen und Schüler ein verbindliches Fundamentum anhand von Grundlagentexten und Fragen dazu. Diese bezogen sich auf Angaben zur Müllmenge, Müllarten, Arten der "Entsorgung", Recycling, umweltgerechtes Verhalten im Alltag.

Arbeitsformen: Über die notwendige Informationsverarbeitung anhand von Texten hinaus machten die Schülerinnen und Schüler eifrig von der Möglichkeit Gebrauch, außerschulische Lernorte aufzusuchen, um Experten zu befragen (in der Kreisverwaltung, auf dem Schrottplatz, im Elektrohandel), Umfragen auf der Straße und in Haushalten durchzuführen, Erkundungen z.B. in Supermärkten zu betreiben, Schrottplätze und die Sondermüll-Annahmestelle der Stadt zu besichtigen.

Ein Gespräch mit der Umweltbeauftragten der Stadt erfolgte jeweils mit der ganzen Klasse, die Besichtigung der Kreismülldeponie mit beiden 7. Klassen gemeinsam.

Im Hauswirtschaftsunterricht wurde zur gleichen Zeit ein Komposthaufen angelegt.

Die Papier-Gruppe stellte selbst Recycling-Papier her und sorgte dafür, daß ein Karton für Altpapier in der Klasse aufgestellt wurde, die Batterie-Spezialisten erforschten das "Innenleben" einer Batterie und die Aluminium-Gruppe stellte einen Sammelbehälter für Aluminium in der Klasse auf.

Darstellung und Sicherung der Ergebnisse: Jede Schülerin/jeder Schüler legte eine gestaltete Mappe vor. Jede Gruppe stellte ihre Arbeitsergebnisse auf einem Plakat dar und erläuterte sie in einem Kurzreferat. Die Fragen des "Fundamentums" wurden in einem Test abgeprüft.

4.3.4 Vom Mittelalter zur Neuzeit - Umbruch im 16. Jahrhundert

Das nächste größere Unternehmen war (nach einer Reihe von kleineren Projekten und Lehrgängen) eine Geschichtsepoche von vier Wochen, in der wir einen großen Bogen zu spannen versuchten vom Mittelalter zur Neuzeit. Wieder arbeiteten die Schülerinnen und Schüler in arbeitsteiliger Gruppenarbeit über einen längeren Zeitraum.

Diesmal gab es allerdings verhältnismäßig wenig Handlungsmöglichkeiten, die Tätigkeit bestand im wensentlichen in der Arbeit mit verschiedenen Büchern, d.h. im Erschließen und Umsetzen von Texten. Erstaunlicherweise gab es dennoch kaum Motivationsprobleme. Die meisten Schülerinnen und

Schüler identifizierten sich mit ihren Themen und arbeiteten ausdauernd daran.

In der Präsentationsphase, diesmal vorwiegend mit Referaten und Plakaten, aber auch mit selbsthergestellten Spielen, zeigte sich wohltuend die inzwischen deutlich gesteigerte Fähigkeit, interessante Referate zu gestalten. Andere, in Geschichte naheliegende, Präsentationsformen, z.B. Rollenspiel, Schattentheater wurden nicht gewählt.

4.3.5 Wald

Die letzte große projektorientierte Einheit des Schuljahres drehte sich um das Thema Wald. Das ist sicherlich nicht besonders originell, aber deshalb nicht weniger wichtig. Die Rahmenrichtlinien Biologie schreiben die Behandlung von zwei Ökosystemen vor, die Notwendigkeit wird wohl auch von niemandem bestritten, aber das Thema war für uns zunächst mit keinem besonderen Handlungsziel verbunden.

Uns kam es diesmal besonders darauf an, den Schülerinnen und Schülern Gelegenheit zu intensiver sinnlicher Erfahrung zu geben und so auch einen emotionalen Bezug zu diesem Ausschnitt aus der Natur zu ermöglichen.

Deshalb haben wir uns für die erste Phase, den Einstieg in Form einer Exkursion, relativ viel Zeit genommen:

Die Klasse wurde per Los in Zufallsgruppen eingeteilt. Alle Gruppen erhielten ein vorher besprochenes Aufgabenblatt mit Sammel- und Beobachtungsaufgaben (arbeitsgleich) *(siehe Anlage 1)*.
Zusätzlich erhielt jede Gruppe unmittelbar vor der Exkursion einen "Spezialauftrag" in einem verschlossenen Briefumschlag *(siehe Anlage 2)*.

Solche Spezialaufträge waren:
- Gipsabdruck einer Baumrinde
- Gipsabdrücke von Tierfährten
- Waldgeräusche mit dem Kassettenrecorder aufnehmen
- Eine "Fühlkiste" zusammenstellen
- Seltsame Dinge, schöne Dinge, klitzekleine Kleinigkeiten sammeln
- Fotografieren und eine Ausstellung vorbereiten

Alle Gruppen wurden mit den für sie notwendigen Materialien und Gerätschaften ausgestattet.

Die Aufgaben sind so gestellt worden, daß sie zu genauer Wahrnehmung mit allen Sinnen herausforderten. Sie sollten aber auch dem Handlungsbedürfnis der Schülerinnen und Schüler entgegenkommen und ihnen Erfolgserlebnisse ermöglichen. Und schließlich wollten wir ganz einfach auch, daß sie bei der Beschäftigung mit diesem Thema Freude und Faszination erlebten (Lernen ist manchmal eben doch spannender als Fernsehen) und wenigstens in diesem Teilbereich Achtung vor dem Lebendigen entwickelten. Wer gesehen hat, mit welcher Hingabe und Begeisterung z.B. die schwierigsten Schüler der Klasse eine Spinne beobachteten, hält solche Ansprüche nicht mehr für unangebrachtes Pathos. Solche affektiven Ziele sind gerade bei der Beschäftigung mit Natur besonders wichtig, ohne sie kann z.B. ein Engagement für deren Schutz nicht erreicht werden.

Auswertung der Exkursion, Aufbau einer Ausstellung: In einer mehrstündigen Auswertungsphase konnten die Schülerinnen und Schüler sich mit ihren Funden vertraut machen. Sie betrachteten sie mit Lupen und Mikroskopen, versuchten sie mit Hilfe von diversen Bestimmungsbüchern zu benennen, lernten dabei den Umgang mit verschiedenen Bestimmungssystemen kennen. Sie konnten sich gegenseitig ihre Entdekkungen zeigen und bereiteten sie für eine Ausstellung im

Klassenraum auf. Dazu mußten Blätter gepreßt werden, andere Pflanzen, z.B. Moose, mußten feuchtgehalten werden, Namenskärtchen wurden beschriftet, die Fotos aufgeklebt und mit Erläuterungen versehen.

Das Engagement war auch während dieser Phase recht groß. Daß sich die Schülerinnen und Schüler mit ihrer Arbeit identifizierten, mag daran deutlich werden, daß die Ausstellung einschließlich einiger sehr empfindlicher Objekte im Klassenraum mehrere Wochen nahezu unbeschadet überdauerte.

Strukturierung des Themas, Einteilung von Gruppen: Vor dem Hintergrund dieser intensiven Vorerfahrungen konnten die Schülerinnen und Schüler nun in die Strukturierung des Gesamtthemas einbezogen werden. Sie schrieben Fragen und Themenvorschläge für die Gruppenarbeit auf Karteikarten. Diese wurden gemeinsam an der Pinnwand geordnet und zu Gruppenthemen zusammengefaßt. Ergebnis dieser Strukturierung war eine "Thematische Landkarte",[8] die im Klassenraum ausgehängt wurde und den Schülerinnen und Schülern den Überblick sowie die Einordnung des eigenen Teilthemas in den Gesamtzusammenhang erleichterte.

Bei der Wahl der Teilthemen zeigte sich, daß fast alle sich mit einer Tierart oder einer Gruppe von Tieren beschäftigen wollten. Eine Gruppe wählte das Thema "Bäume". Gemeinsam ist ihnen, daß sie noch nicht auf systematische Zusammenhänge zielten.

Ich habe nicht versucht, die Schülerinnen und Schüler von ihrer Themenwahl abzubringen und sie zu den von mir für wichtig erachteten Aspekten zu überreden, weil die Arbeitsergebnisse bei solch "übergestülpten" Themen erfahrungsge-

---

[8] vgl. Meyer, Bd. II 1987, S. 137 f. - Beispiele für Thematische Landkarten finden sich auch in Hecker 1989.

mäß schlechter sind, wenn diese gleichzeitig mit der Anforderung selbständiger Arbeit verbunden sind. Voraussetzung für erfolgreiche selbständige Arbeit ist die Identifikation mit ihr.

So mußte ich die Aufgabe übernehmen, die Arbeit der Gruppen in einigen Lehrgangsstunden so zu ergänzen, daß der Wald als Ökosystem und auch als gefährdetes Ökosystem betrachtet werden konnte. Auch schon während der Gruppenarbeit konnte ich an geeigneter Stelle zur Beschäftigung mit Zusammenhängen, z.B. mit Nahrungsketten und Nahrungsnetzen, anregen.

Selbständige Arbeit an selbstgewählten Teilthemen: In dieser Phase kam es neben dem Kenntniserwerb vor allem auf den Arbeitsprozeß an. Ich hatte dieses Mal das Material nicht in Form von kopierten Textausschnitten, Arbeitsblättern, Arbeitsaufträgen etc. vorstrukturiert, sondern die Schülerinnen und Schüler bewußt mit einer Vielfalt von Fachliteratur konfrontiert, weil sie auch später immer wieder in diese Situation kommen würden, sich zu einem Sachverhalt informieren zu müssen und kein didaktisch aufbereitetes und systematisiertes Material vorzufinden. Da überwiegend überschaubare Themen gewählt worden sind und es dazu auch eine Fülle leicht verständlicher und gut illustrierter Literatur gibt, hielt ich diese Anforderung für vertretbar.

Als Arbeitshilfe habe ich für jede Gruppe lediglich einen "Wegweiser durch die Bücher" erstellt, verbunden mit einigen groben Angaben zur Strukturierung des Themas, gestaffelt nach Komplexität und Schwierigkeitsgrad *(siehe Anlage 3)*.

Jede Arbeitsphase (mindestens eine Doppelstunde) begann und endete mit einem Sitzkreis, in dem alle kurz über den Stand der Arbeit und die weitere Planung berichteten. Oft kamen dabei Probleme mit bestimmten Arbeitstechniken zur Sprache.

Erfahrungen und Ratschläge konnten ausgetauscht werden. Ich nutzte die Gelegenheit, zum Ausprobieren bestimmter Arbeitstechniken anzuregen. Am Ende jeder Arbeitsphase markierten alle in einer in der Klasse hängenden Übersicht mit Klebepunkten, welche Arbeitstechniken sie überwiegend angewendet hatten.

Eine ständige Aufgabe für alle war es, Wissensfragen zu formulieren, auf Karteikarten auszuhängen und eventuell Antworten auf die Fragen der anderen zu finden.

Präsentation der Ergebnisse: Auch diesmal wählten die Schülerinnen und Schüler überwiegend die Form des Referates und der Gestaltung von Plakaten. Der Grund für diese "Einseitigkeit" mochte darin liegen, daß sie in diesen Darstellungsformen inzwischen eine gewisse Sicherheit erreicht hatten.

Jede Gruppe hatte darüberhinaus zu ihrem Thema einen Katalog von Wissensfragen zusammengestellt, die von den anderen beantwortet werden mußten. Diese Fragen und solche, die sich aus den Lehrgangsstunden ergeben hatten, bildeten die Grundlage für einen Test.

4.4 Methodenkompetenz der Schülerinnen und Schüler

In dem bisher Dargestellten ist immer wieder die Rede davon gewesen, daß Arbeitsmethoden zum Gegenstand der Reflexion gemacht wurden. Wenn eines der Ziele unseres Unterrichts sein soll, daß die Schülerinnen und Schüler in zunehmendem Maße fähig werden, selbständig und eigenverantwortlich zu lernen, müssen wir ihnen das dazu erforderliche Handwerkszeug geben, d.h. wir müssen ihnen Arbeitstechniken vermitteln.

Wir haben im Laufe des Schuljahres immer wieder gezielt solche Methoden eingeführt bzw. während der Arbeit gemeinsam reflektiert. Dabei haben wir versucht, die Schülerinnen und Schüler vor immer komplexere Anforderungen zu stellen:

Bei der Europa-Einheit gab es z.B. noch einen Arbeitsplan, beim Thema Müll waren die Texte von uns ausgewählt worden, und die Gruppen hatten Arbeitsvorschläge sowie Angaben über das erforderliche Grundwissen erhalten. In der Geschichtsepoche und beim Thema Wald mußten sich die Schülerinnen und Schüler mit "ungefilterter" Fachliteratur auseinandersetzen, sie erhielten lediglich einige Hinweise darüber, wo sie was finden konnten.

Die Reflexion über Arbeitsweisen bekam einen zunehmenden Stellenwert. Thematisiert wurden Probleme wie die folgenden: Wie gehe ich mit einem schwierigen Text um? Wie kann ich aus einem Text Informationen herausschreiben, ohne ihn einfach abzuschreiben? Wie bekomme ich heraus, was wichtig ist? Wie arbeite ich mit mehreren Büchern gleichzeitig zu einem Thema? Wie lege ich einen Stichwortzettel an? Wie kann ich ein Thema gliedern? Wie können wir als Gruppe unsere Arbeit sinnvoll aufteilen? Wie können wir an einer Sache zusammenarbeiten? Wie wertet man Beobachtungen oder ein Experiment systematisch aus? Wie finden wir sinnvolle Fragen für ein Interview? Wie können wir ein Interview durchführen? Wie strukturieren wir ein Referat? Was macht ein Referat interessant? Welche Möglichkeiten der Veranschaulichung gibt es? usw ...[9]

Was die verschiedenen Darstellungstechniken von Arbeitsergebnissen betraf, sind wir nicht sehr weit gekommen. Die

---

[9] vgl. Meyer, Bd. II 1987, S. 153-156 (Aufbau der Methodenkompetenz der Schüler"). Zur Bedeutung der Metakommunikation vgl. Bönsch, Das Teilkonzept "Metakommunikation im Wahldifferenzierten Unterricht". In: Arbeitsgruppe WDU 1988, S. 343-369.

Schülerinnen und Schüler konzentrierten sich im wesentlichen auf Referat, Plakat und Spiel. Andere Formen wie Schattentheater, Rollenspiel oder Experiment wurden von ihnen nicht angenommen.

Es wäre sicherlich eine reizvolle Aufgabe, diesen methodenbezogenen Strang der Arbeit zu systematisieren und so etwas wie ein unterrichtsbegleitendes arbeitsmethodisches Curriculum zu entwickeln. Das ist allerdings für Lehrerinnen und Lehrer auch verbunden mit einer Rollenveränderung und mit einer Erweiterung ihrer eigenen Kompetenz.

5. Beobachtungen, Probleme

5.1 Arbeitsbelastung der Lehrkräfte

In Gesprächen mit Kolleginnen und Kollegen hört man immer wieder Äußerungen wie diese: "Ich würde ja gerne auch so arbeiten, aber ich habe Angst vor der enormen zusätzlichen Arbeit." Mit Sicherheit ist unsere Arbeit zunächst mit einer Fülle von neuen Aufgaben und auch mit Mehrarbeit verbunden gewesen. Für mich stellt sich diese Frage inzwischen aber anders dar: Die Arbeitsbelastung ist weniger gleichmäßig als bei üblichem Lehrgangsunterricht. Es gibt "Stoßzeiten", so ist z.B. das Zusammenstellen von Unterrichtsmaterial für ein Projekt sehr aufwendig. Auch die Korrektur und Bewertung von Arbeitsergebnissen, wie z.B. Mappen, kosten viel Zeit. Die Phase der selbständigen Gruppenarbeit ist dagegen eher erholsam. Unterrichtsvorbereitungen entfallen oft gänzlich. Die Unterrichtssituation selbst kann sehr anstrengend sein, wenn die Schülerinnen und Schüler viel Hilfe brauchen. Aber es ist eine andere Art von Anstrengung, wenn ich um Unterstützung gebeten oder zum Kopieren durchs Haus "geschickt" werde, als wenn ich in einer Stunde Frontalunterricht ständig die Fäden in der Hand halten, Schülerinnen und Schüler zur Arbeit anhalten und sie kontrollieren muß.

Auch durch Zusammenarbeit mit Kolleginnen und Kollegen kann die zusätzliche Arbeit in erträglichen Grenzen gehalten werden. Nicht zu vergessen ist, daß sich im Laufe der Zeit auch bei uns ein Repertoire an Unterrichtseinheiten, geeignetem Material und an Erfahrungen aufbauen wird, so daß nicht alles immer wieder neu "erfunden" werden muß.

Ich habe die subjektive Belastung als geringer empfunden, weil ich mich entspannter und zufriedener gefühlt habe. Dennoch sind auf die Dauer Arbeitsentlastungen durch Verlagerungsstunden für Teamarbeit und durch Doppelbesetzung dringend nötig.

5.2 Arbeitsverhalten der Schülerinnen und Schüler

Während der Gruppenarbeitsphasen fiel die enorme Arbeitsmotivation der Schülerinnen und Schüler auf. Wer in die Klasse kam, dem bot sich ein Bild von Aktivität und intensiver Arbeit. Die meisten hatten eine erstaunliche Ausdauer entwickelt (4 Wochen Geschichte ohne sichtbaren Motivationsverlust!) und sich an längere Arbeitsphasen gewöhnt. Einzelstunden wurden kaum noch akzeptiert.

Disziplinprobleme waren während dieser Phasen selten. Ich mußte häufig den Klassenraum verlassen, um Material zu besorgen oder zu kopieren. Es kam äußerst selten vor, daß während meiner Abwesenheit das Chaos ausbrach, sie wurde von den meisten vermutlich nicht einmal registriert.

Wir konnten also tatsächlich davon ausgehen, daß die Schülerinnen und Schüler arbeiteten, weil sie das wollten und nicht, weil sie sich gezwungen fühlten. Sie identifizierten sich sehr mit ihrer Tätigkeit und mit ihren Arbeitsergebnissen. Diese waren oft von entsprechend hoher Qualität und liebevoll gestaltet. Vergleichbar intensive Lernprozesse sind zumindest in der Hauptschule in einem lehrgangsbezogenen Frontalunterricht nur sehr selten möglich.

Dennoch muß hier eine kritische Anmerkung gemacht werden: Die beschriebene Aktivität zielte bei genauerem Hinsehen weniger auf systematischen Wissenserwerb, sondern auf ein vorzeigbares Arbeitsergebnis. Fragten wir einen Schüler oder eine Schülerin nach dem Ziel ihrer Arbeit, so konnte die Antwort z.B. lauten: "Wir machen ein Spiel über das Leben in der Stadt im Mittelalter." und nicht etwa: "Wir möchten wissen, wie man in der mittelalterlichen Stadt gelebt hat."

Wir waren uns manchmal nicht sicher, ob die in der Tat beeindruckende Aktivität der Schülerinnen und Schüler nicht eher bloße "Geschäftigkeit" war (vgl. 5.4).

Ein weiteres Problem bestand in der Zusammenarbeit der Gruppen. Diese erschöpfte sich oft in Absprachen über die Aufteilung des Arbeitspensums. Die Schülerinnen und Schüler arbeiteten dann zunächst eher in der Gruppe arbeitsteilig nebeneinander her, sie sprachen Fragen und Teilergebnisse nicht durch und kamen auf diese Weise nicht zu einem gemeinsamen Gesamtergebnis. Nur sehr langsam entwickelte sich bei einigen die Fähigkeit zur Kooperation, die meisten behielten die eher individuelle Arbeitsweise bis zum Ende des Schuljahres bei.

Es wäre ein lohnendes Betätigungsfeld, auch diesen gruppendynamischen Bereich genauso wie die Arbeitstechniken systematischer anzugehen und die Fähigkeiten zur Kooperation und Kommunikation in der Gruppe gezielt zu entwickeln.[10]

---

[10] Ein Programm, mit dem wir in dieser Hinsicht gute Erfahrungen gemacht haben, ist das von Stanford (1980).

5.3 Zeitaufwand

Es läßt sich einfach nicht wegdiskutieren: Unsere Arbeitsweise brauchte erheblich mehr Zeit als frontaler Lehrgangsunterricht. Die Schülerinnen und Schüler arbeiteten nicht sehr effektiv. Woher sollten sie es auch können? Zu Hause wurde von vielen sehr wenig getan. Hausaufgaben waren zudem kaum kontrollierbar, weil sie nicht für alle gleich sein konnten.

Der zusätzliche Zeitaufwand konnte zu einem Teil durch fachübergreifendes Arbeiten aufgefangen werden, da sich Themenstellungen verschiedenener Fächer überschneiden.

Dennoch blieb der Konflikt mit den Rahmenrichtlinien. Wir konnten sie so noch weniger als sonst erfüllen.

5.4 Lernerfolge

In der ersten Zeit bestand unser größtes Problem darin, daß die Schülerinnen und Schüler, gemessen an dem zeitlichen Aufwand, am Ende einer Unterrichtseinheit recht wenig wußten. Das war jedenfalls unser subjektiver Eindruck. Daß wir keine breit angelegten systematischen Kenntnisse über das gesamte Thema erwarten konnten, war uns eigentlich klar. Wir hatten allerdings mit vertieftem Wissen über das jeweils eigene Gruppenthema gerechnet, aber selbst hier waren wir von den Ergebnissen enttäuscht. Waren unsere Erwartungen zu hoch?

Gegen Ende des Schuljahres stellte sich das Problem schon etwas milder dar. Wir hatten inzwischen mehr Sorgfalt darauf verwendet, für die Sicherung von Faktenwissen zu sorgen. Das sei hier noch einmal am Beispiel des Waldprojektes verdeutlicht: Am Ende der Einheit hatte ich die Wissensfragen der Gruppen zusammengestellt und den Schülerinnen und

Schülern ausgehändigt mit der Bemerkung: "Das müßt ihr können!" Es waren 75 Fragen zusammengekommen. Nach dem ersten Schreck stellten die meisten mit großer Befriedigung fest, daß sie fast alle Fragen beantworten konnten. Der überschaubare Rest ließ sich leicht durch Nachfragen bei den zuständigen Gruppen bewältigen. Der Test, den wir danach schrieben, fiel erwartungsgemäß gut aus.

Der Erfolg oder Mißerfolg offener Unterrichtsformen läßt sich sicher nicht nach einem Jahr beurteilen und er darf ganz bestimmt nicht nur am abfragbaren Wissen festgemacht werden. Dennoch ist dieser Bereich eine große Quelle von Unsicherheit.

Wir müssen uns vorerst mit der Hoffnung begnügen, daß die langfristigen Folgen dieses Unterrichts, also höhere Selbständigkeit, Kooperationsfähigkeit und Motivation sowie entwickeltes Interesse und problemlösendes Denken, eventuelle anfängliche Lücken im Bereich des Wissens ausgleichen.

Wenn wir solche Ziele anstreben, dann müssen wir uns auch klarmachen, daß dafür Zeit investiert werden muß, und es ist eigentlich auch einleuchtend, daß man die Erwartungen hinsichtlich des systematischen abfragbaren Wissens zurückschrauben muß. Tröstlich ist, man sollte sich das ab und zu vor Augen halten, daß die Ergebnisse des üblichen frontalen Lehrgangsunterrichts gerade in Bezug auf zusammenhängendes Wissen ja geradezu niederschmetternd sind, wenn sie langfristig betrachtet werden.

Zwei Eindrücke seien hier noch angeführt, die Hinweise auf die Art der Erfolge geben:

Im neuen Schuljahr fuhr die Klasse mit einem Kollegen auf Klassenfahrt. Bestandteil des Programms war ein Treffen mit einem Förster. Es fiel auf, daß die Schülerinnen und Schüler in der Lage waren, sinnvoll und intensiv zu fragen, daß sie die Auskünfte des Försters einzuordnen wußten und daß sie ausdauernd und mit großem Interesse bei der Sache waren. Wenn unser Unterrichtserfolg nur darin bestände, daß Interessen geweckt werden, daß "Eingangskanäle" für neue Informationen geöffnet werden und diese dann auch aufgenommen werden können, dann hätten wir schon eine Menge erreicht.

Den zweiten Hinweis auf die Art der Erfolge von offenerem Unterricht gab mir eine Klasse, die die gesamte Hauptschulzeit nach einem ähnlichen Konzept gearbeitet hatte. Ungewöhnlich viele Schülerinnen und Schüler hatten sich entschlossen, nach ihrem Hauptschulabschluß weiterführende Schulen zu besuchen und den Realschulabschluß anzustreben. Sie hatten diesen Entschluß nicht etwa deswegen gefaßt, weil sie keinen Ausbildungsplatz gefunden hatten, sondern weil sie noch weiterlernen wollten und sich das auch zutrauten. Aus Gesprächen mit ehemaligen Schülerinnen und Schülern ging später immer wieder hervor, daß ihnen die Fähigkeit, sich selbständig in ein Sachgebiet einzuarbeiten, sehr zugute kam.

Trotz einer ganzen Reihe positiver Eindrücke und Erfahrungen blieb doch immer ein erhebliches Quantum Unsicherheit über die Wirksamkeit unserer Arbeit und die tatsächlichen Lernerfolge unserer Schülerinnen und Schüler. Eine breit angelegte Untersuchung über die Effektivität offener Unterrichtsformen steht noch aus.

5.5 Leistungsbewertung

Auch die Frage der Leistungsbewertung ist nicht abschliessend geklärt. Wie findet man z.B. Formen der Leistungsbewertung, die unsere pädagogischen Ziele nicht konterkarieren? Wie kommt man zu fachbezogenen Zensuren bei fachübergreifendem Unterricht?

In welcher Weise kann der Lernprozeß, der ja im Unterricht mindestens genauso wichtig wie das Ergebnis ist, in angemessener Weise in die Leistungsbewertung eingehen?

Um ehrlich zu sein: Bei der Zensierung sind wir überwiegend von den Lernergebnissen ausgegangen. Benotet wurden Mappen, Referate und Tests. Für Arbeitsergebnisse der Gruppe gab es in der Regel für alle Mitglieder der Gruppe die gleiche Zensur. Ausnahmen wurden nur gemacht, wenn Engagement oder Leistungen innerhalb einer Gruppe sehr weit auseinanderklafften.

Unsere Beobachtungen des Arbeitsverhaltens und die Mitarbeit im Klassenunterricht wurden in die Zensierung einbezogen, waren aber schwieriger zu objektivieren. Das Arbeitsverhalten wurde darüberhinaus im Zeugnis verbal gewürdigt.

Wir haben dafür folgende Form gefunden: Auf die Rückseite des normalen Ziffernzeugnisses haben wir jeder Schülerin und jedem Schüler einen längeren Text über die Verhaltensweisen, die in unserem Unterricht von Bedeutung waren, geschrieben, z.B. Selbständigkeit, Ausdauer, Kooperationsfähigkeit. Wir haben dabei vor allem versucht, positive Entwicklungen hervorzuheben und bei Problemen die nächsten Schritte zu beschreiben.

Diese Zeugnisse haben wir den Schülerinnen und Schülern zusammen mit den Eltern einzeln ausgehändigt und gemeinsam besprochen. Für jede Familie hatten wir dazu einen Nachmittags- oder Abendtermin von einer Viertelstunde vereinbart. Am Tag der Zeugnisausgabe war dafür für die 7. Klassen schulfrei, für meinen Kollegen und mich wurde der Elternsprechtag um zwei Stunden verkürzt.

Ursprünglich war dieses aufwendige Verfahren nur für das erste Zeugnis in der 7. Klasse geplant. Die Resonanz bei den Schülerinnen und Schülern war jedoch so positiv ("Es war das erste Mal, daß ich keinen Ärger mit meinen Eltern bekommen habe, wir müssen das beim nächsten Mal unbedingt wieder so machen!"), daß es auch bei den folgenden Zeugnisterminen beibehalten wurde.

In der Tat hatten auch wir den Eindruck, daß das Gespräch mit den Eltern und Schülerinnen und Schülern sehr wichtig war. Die Zeugnistexte konnten erläutert und interpretiert werden, Fixierungen auf bestimmte Probleme, z.B. die Rechtschreibnote, konnten aufgeweicht und relativiert werden. Es kostete zuweilen Mühe, einige Eltern von den Qualitäten ihres Kindes zu überzeugen und ihren Blick auf das Positive zu lenken.

5.6 Rolle und Qualifikation der Lehrerinnen und Lehrer

Unsere Rolle verändert sich in allen Formen offenen Unterrichts sehr stark. Wir übernehmen eher beratende, helfende, das Lernen begleitende Funktionen und sind nicht mehr die zentrale Instanz, von der alles ausgeht, und bei der alles endet. Dies wurde z.T. von uns als sehr entlastend empfunden, die Schülerinnen und Schüler wollten auf einmal etwas von uns und nicht mehr nur wir von ihnen.

Es gibt aber auch Verunsicherungen, und nicht immer gelingt es, die neue Rolle durchzuhalten. Hier fehlen Training, kompetente Beratung und Supervision. Auch durch Doppelbesetzung wären solche Probleme leichter aufzufangen und durchzuarbeiten.

Projektorientierter Unterricht erfordert eine wesentlich höhere Methodenkompetenz und vor allem mehr methodische

Flexibilität als frontaler Lehrgangsunterricht. Fortbildung in diesem Bereich ist dringend nötig.

Ein nicht abschließend geklärtes Problem war für uns auch das Verhältnis von Lehrgang und Projekt, das bisher immer wieder nach dem Prinzip "Versuch und Irrtum" neu ausgelotet werden mußte.

Die Planung und Durchführung von fachübergreifenden Projekten im Team erfordert auf die Dauer einen hohen Aufwand an Koordinationsarbeit. Eine häufig praktizierte Alternative ist, möglichst viele Fächer in die Hand des Klassenlehrers bzw. der Klassenlehrerin zu legen, was die bekannten Probleme des fachfremden Unterrichts nach sich zieht. Überzeugende Konzepte müssen erst noch gefunden werden.

6. Bedingungen

6.1 Zusammenarbeit

Jede Lehrerin/jeder Lehrer kann im Prinzip morgen damit anfangen, nach einem ähnlichen Konzept wie wir zu arbeiten, wenn sie/er mehrere Fächer in einer Klasse unterrichtet. Die Stunden müssen dann nur zusammengefaßt und die Fächer epochal angeordnet werden. Das ist die kleinste aller möglichen Lösungen, sie birgt eine Reihe Schwierigkeiten in sich, aber eben auch die Chance, gleich zu beginnen und Erfahrungen zu sammeln.

Günstiger wäre es natürlich, wenn mehrere Kolleginnen und Kollegen, besser noch ein ganzes Kollegium, zusammenarbeiten würden. Gemeinsame oder arbeitsteilige Planung von Unterricht, Beschaffung, Herstellung oder Austausch von geeignetem Unterrichtsmaterial erleichtern auf die Dauer die Arbeit. Da viele pädagogisches Neuland betreten, ist die gemeinsame Reflexion über den Unterricht besonders wichtig. Es gab auch bei uns immer wieder Durststrecken, in denen unsere anfängliche Begeisterung von Zweifeln und Mutlosigkeit überdeckt wurden. Gerade in solchen Situationen ist gegenseitiges Rückenstärken besonders nötig.

Hier ist auch die Schulleitung gefordert. Sie sollte die Arbeit unterstützen, u.a. auch dafür sorgen, daß die Rahmenbedingungen günstig sind. Mit einem Stundenplan, der nur Einzelstunden enthält, kann man z.B. nicht projektorientiert arbeiten. Eine kreative, von pädagogischen Überlegungen getragene Stundenplangestaltung ist von gro_er Bedeutung für eine solche Arbeit.

An unserer Schule gab und gibt es eine im Stundenplan verankerte Stunde für Teambesprechungen, was die Kooperation erleichterte. Eine Stundenentlastung konnte allerdings nur durch Umverteilung der Verlagerungsstunden erreicht werden. Das ist eine unbefriedigende Lösung. Solche Stunden müßten grundsätzlich zusätzlich zur Verfügung stehen.

Die günstigste und intensivste Form der Zusammenarbeit ist die Doppelbesetzung, also das gemeinsame Unterrichten. Auch hier fehlen die entsprechenden Rahmenvorgaben. Doppelbesetzung ist offiziell nicht vorgesehen. Bei der gegenwärtigen Lehrerversorgung ist sie auch nicht regelmäßig möglich.

6.2 Klassenräume

Offene, projektorientierte Arbeit verlangt andere Klassenräume als die kärglichen Anstaltsräume, die uns Schulbaurichtlinien und Schulträger zubilligen und die in der Sekundarstufe oft üblich sind.

Die Klassenräume sollten den Charakter einer anregenden Lernumgebung erhalten. Dazu gehört in erster Linie die Ausstattung mit möglichst vielfältigen Arbeitsmaterialien, mit Büchern, Nachschlagewerken, Scheren, Klebstoff, großformatigem Papier, mit großen Ausstellungsflächen usw. Dazu gehört aber auch eine gewisse Wohnlichkeit: eine Leseecke mit Polstermöbeln, Blumen und schöne Dinge, individuelle Ablagefächer für alle.

Sicher läßt sich hier eine Menge improvisieren: Das häusliche Bücherregal wird geplündert, die nahegelegene Bücherei genutzt. Irgendwo läßt sich sicher ein Regal auftreiben, mit Glück auch ein Sofa oder Sessel.

So hat es auch bei uns angefangen, aber eine Dauerlösung kann das nicht sein. Entscheidungsgremien in den Schulen und die Schulträger werden sich daran gewöhnen müssen, daß Raumausstattungen sich nach den pädagogischen Erfordernissen richten müssen und nicht umgekehrt und daß das auch Geld kostet. Im Etat unserer Schule gibt es seit einigen Jahren einen Posten "Freiarbeit", so daß wir inzwischen über einen Grundstock an geeigneten Arbeitsmitteln verfügen.

Die entsprechende Möblierung wird vom Schulträger noch nicht als Aufgabe gesehen. Hier ist noch fast alles in Eigeninitiative entstanden.

6.3 Fortbildung

Eine entscheidende Bedingung für das dauerhafte Fortbestehen von offeneren Schulkonzepten ist eine ausreichende Fortbildung.
Wir brauchen dringend mehr Professionalität im flexiblen Umgang mit Unterrichtsmethoden und Verfahren des sozialen Lernens. Am Anfang, in der Phase des Neubeginns, ist die Motivation und damit auch die Risikobereitschaft vieler Kolleginnen und Kollegen recht hoch. Mit der alltäglichen

Routine kommen aber auch die Zweifel, und der Blick für die Probleme wird schärfer. Wenn dann nicht Stützung und Lösungshilfen angeboten werden, ist das Durchhalten oft schwer.

Sicher kann hier in der Kooperation und im Erfahrungsaustausch mit Kolleginnen und Kollegen der eigenen Schule oder der Region vieles aufgefangen werden. Eine Fortbildung, die auf Kompetenzerweiterung und mehr Professionalität zielt, wird dadurch aber nicht überflüssig.

Fortbildung müßte auch Supervision einschließen. Die Verunsicherung, die aus der Rollenveränderung erwächst, muß aufgearbeitet werden, damit eine kontinuierliche Entwicklung in Gang gesetzt werden kann.

Unter dem Aspekt der Fortbildung soll noch einmal die schon erwähnte Doppelbesetzung genannt werden. Im Unterricht bleibt mehr Zeit und Ruhe, einzelne Schülerinnen und Schüler zu beobachten oder zu beraten. Das Gespräch über die gemeinsam erlebte Unterrichtssituation ist mehr als ein Erfahrungsaustausch. Es kann eine intensive Auseinandersetzung mit dem eigenen Unterrichtsstil bewirken. Konfliktsituationen können zu zweit differenzierter und auch mit größerer Distanz bearbeitet werden. Die Arbeit an der eigenen Rolle fällt leichter. Und schließlich erweitert sich auch das Methodenrepertoire.
Wir haben diese Situationen des gemeinsamen Unterrichtens immer auch als besonders intensive Form der Fortbildung erlebt.

7. Perspektiven

Wie geht es weiter? Die Schule hat den eingeschlagenen Weg fortgesetzt und arbeitet im Schuljahr 1991/92 weiter nach der "Alternativen Stundentafel" in den nun 8. und in den neuen 7. Klassen.

Die Bedingungen, unter denen dieses geschieht, sind allerdings schwieriger geworden. Die Schule leidet unter einer sehr schlechten Lehrerversorgung: Nur ca. 80 % des Stundenbedarfs sind abgedeckt. Hier zeigt sich ein eklatanter Widerspruch zwischen reformpädagogischen Absichtserklärungen eines Kultusministeriums und der gleichzeitig völlig unzureichenden Bereitstellung angemessener Rahmenbedingungen.

Die inhaltliche Arbeit müßte weitergehen in Richtung auf ein Gesamtkonzept, in dem verschiedene Unterrichtsformen, wie Lehrgangsunterricht, Projektunterricht, Freiarbeit und Wochenplan, in einem ausgewogenen Verhältnis zueinander stehen und ergänzt werden durch ein reichhaltiges Schulleben.

Doch dazu bedarf es sicherlich noch einiger Jahre Erfahrung, auch der Rückschläge und der Kooperation im Kollegium.

Das Schlußwort möchte ich Sten Nadolny überlassen, der seinen John Franklin in dem Roman "Die Entdeckung der Langsamkeit" sagen läßt:
"Die Schüler müssen entdecken lernen. Vor allem ihre eigene Art des Sehens und ihre Geschwindigkeit, jeder für sich ... Schlechte Schulen ... hindern jeden daran, mehr zu sehen als der Lehrer."
Und über die Lehrer:
"Respekt sollen sie haben ... keinen zur Eile treiben. Und beobachten müssen sie können ... Respekt kommt vom Sehen. Die Lehrer dürfen nicht nur Lehrer, sondern müssen auch Entdecker sein ..."[11]

---

[11] Nadolny 1987, S. 329

Anlage 1

Mit offenen Augen durch den Wald

Das könntet ihr finden:

1. Sammelt **Material für einen Baumsteckbrief:**

- Fertigt einen Rindenabdruck an (**weißes Papier, mit Wachsmalern** durchreiben).
- Pflückt ein paar Blätter, die ihr bestimmen, zeichnen und pressen könnt (**kleine Plastiktüte**).
- Nehmt einen kleinen Zweig mit. Vielleicht sind auch Blüten, z.B. Kätzchen dran (**Gartenschere** benutzen).
- Schaut auf den Boden, vielleicht findet ihr Früchte oder Fruchthüllen vom letzten Herbst, z.B. Eicheln, Hüllen von Bucheckern, Fichtenzapfen.
- Nehmt, wenn möglich, ein **loses Rindenstück**, Flechten, Moos, einen Baumpilz usw. von eurem Baum mit.
- Macht Notizen über Höhe und Stammdurchmesser (geschätzt), die äußere Form (z.B. breite oder schmale Krone, in welcher Höhe beginnt sie ...), den Standort (trocken oder feucht, andere Pflanzen drumherum) und alles, was euch sonst an eurem Baum auffällt.

2. Vielleicht stoßt ihr an feuchten Stellen auf **Fährten von Tieren.** Versucht, sie zu zeichnen. Meßt die Spuren und die Abstände zwischen den Tritten aus.

3. Wenn ihr trockene **"Losung" von Tieren** findet, z.B. "Kaninchenködel", so nehmt sie ruhig mit. Mit Hilfe eines Spurenbuches kann man herausfinden, zu welchem Tier sie gehört.

4. Beobachtet den Waldboden, und ihr werdet verschiedene Arten von **Moosen und Flechten** finden. Nehmt Proben davon in kleinen Mengen mit.

5. Wenn euch **Käfer** oder anderes kleines Getier über den Weg laufen sollten, könnt ihr sie in einem geeigneten Behältnis (z.B. **Marmeladenglas mit durchlöchertem Deckel**) mitnehmen. Achtung: Futter nicht vergessen und das Tier am selben Tag wieder aussetzen!

6. Sammelt **unterschiedlich geformte Blätter** von Bäumen und Sträuchern, damit ihr sie in der Schule bestimmen, zeichnen und pressen könnt. Sammelt nach Bäumen und Sträuchern getrennt.

7. Sammelt **blühende Pflanzen**; ihr könnt sie dann in der Schule bestimmen, zeichnen und pressen.
Notiert euch einige Merkmale des Standortes, z.B.: feuchter oder trockener Boden, Laub- oder Nadelwald, Waldrand oder Wegrand ...
Legt die gesammelten Pflanzen gleich zwischen **Zeitungspapier**.
Achtung: Pflückt jeweils nur eine Pflanze pro Art und das auch nur, wenn noch mehrere andere Pflanzen derselben Art stehenbleiben.

8. Wenn euch sonst noch etwas auffällt, nehmt es mit, zeichnet es, schreibt es auf ...

Beispiele:
- Ein **morscher Baumstumpf**: Wenn man vorsichtig ein Stück ablöst, findet man eine ganze Menge kleiner Tiere.
- Ein **gefällter Baum**: An den Jahresringen kann man abzählen, wie alt der Baum ist. Man kann auch sehen, wann er gute Jahre (breite Jahresringe) und wann er schlechte Jahre (schmale Jahresringe) gehabt hat.
- Ein **Ameisennest** oder ein **Ameisenhaufen**: Beobachtet eine Weile, was die Ameisen tun, wohin sie laufen, woher sie kommen ...

- **Fraßspuren** an Zapfen, Nüssen usw. Mit einem Spurenbuch kann man herausfinden, wer da gefressen hat.
- **Vogelfedern**
- Ein **Vogelnest: Psst, nicht stören,** wenn es bewohnt ist, sondern nur aus einiger Entfernung beobachten. Wenn es unbewohnt ist, könnt ihr es euch genauer anschauen: Aus welchem Material ist es gebaut, wie ist es geformt?
- Wenn ihr Geduld habt und euch einige Minuten ganz still verhaltet, könnt ihr sicher auch **Vögel beobachten.**
- Einen **Fuchs- oder Kaninchenbau**, ein **Mauseloch**, einen **Schlafplatz** von einem Reh: Sucht nach Spuren in der Umgebung.
- **Und was findet ihr noch?**

Anlage 2

Spezialauftrag 4:

Fühlkiste

Eine Fühlkiste, das ist ein Karton mit einem Loch, durch das man hineingreifen kann. In der Fühlkiste befinden sich mehrere Dinge, die sich unterschiedlich anfühlen und die man nur durch Tasten erraten muß.

Eure Gruppe soll so eine **Fühlkiste basteln** und mit verschiedenen **Dingen, die ihr im Wald gefunden habt**, füllen. Ihr könnt damit ein **Ratespiel** in der Klasse veranstalten. **Sammelt** also Gegenstände, die sich dafür eignen.

Beispiele:
- Rindenstücke von verschiedenen Bäumen
- Zapfen von Kiefern und Fichten
- etwas angerottetes Laub
- trockene Blätter, frische Blätter
- Nadeln von Nadelbäumen oder kleine Zweige
- kleine Moospolster
- Hüllen von Bucheckern

usw. usw.

Mit diesen Gegenständen könnt ihr später verschiedene Ratespiele veranstalten:
- Ihr könnt mehrere Gegenstände in den Karton legen und mehrere Mitschüler oder Mitschülerinnen nacheinander raten lassen. Wer am meisten richtig geraten hat, ist Sieger.
- Ihr könnt nur einen Gegenstand in den Karton legen und andere mit einer Hand fühlen und mit der anderen zeichnen lassen.
- Ihr könnt in den Karton einige von euren (natürlichen) Dingen legen und dazu einige künstliche Gegenstände. Die

anderen müssen durch Tasten herausfinden, wieviele natürliche und wieviele künstliche Gegenstände im Karton sind.
- Ihr könnt auch mehrere Fühlkisten anfertigen, die Gegenstände darin befestigen und an einer Seite eine verdeckte Liste mit dem Inhalt anbringen. Dann können die Fühlkisten mehrmals und auch später noch verwendet werden.
- Vielleicht fällt euch selbst noch mehr ein!?

Spezialauftrag 5:

Seltsame Dinge, schöne Dinge, klitzekleine Kleinigkeiten

Ihr müßt besonders **genau hinschauen** und auf die Dinge achten, an denen die meisten achtlos vorbeigehen.

Sammelt Dinge, die besonders schön sind, die ihr seltsam findet und besonders ganz ganz kleine Dinge.
Benutzt eine Lupe, dann findet ihr mehr!

Beispiele:
- Knospen von Blättern und Blüten
- Fraßspuren an Blättern
- Flechten
- Moose
- Wurzelstücke
- bemooste Steine

usw. usw.

Nehmt möglichst keine lebenden Tiere mit!
Ausnahme:
Wenn ihr im Laubwald die oberste trockene Laubschicht entfernt, findet ihr darunter eine Schicht von angerottetem feuchtem Laub. Nehmt davon eine Portion in einer Plastiktüte mit. In der Schule könnt ihr die Laubstreu untersuchen. Ihr werdet staunen, wieviele kleine Lebewesen darin herumwimmeln.

Anlage 3

Wegweiser durch die Bücher

Thema: Lebewesen in der Laubstreu

Wege in die Biologie:
S. 62/63 gute Versuchsbeschreibung, einfache Bestimmungstabelle, Beschreibung der Zersetzung

ähnlich: Bio 2/3, S. 114/115; Biologie 7-9, S. 75-77, Biologie heute 2H, S. 42/43, hier findet ihr auch eine Anleitung für die Einrichtung eines Regenwurmglases

Bildtafel "Leben im Boden", auf der Rückseite gibt es eine Bestimmungstafel

Ich entdecke die Natur:
S. 16/17 Waldboden, viele Bilder

Die farbigen Naturführer: Wald:
S. 99 Fraßbilder an einem Buchenblatt und ihre Verursacher (Abb.)

Die farbigen Naturführer: Spinnen, Krebse, Tausendfüßler:
Einzelbeschreibungen einiger Tiere der Laubstreu

Die farbigen Naturführer: Weichtiere:
Einzelbeschreibungen von Schnecken

Durrell, Naturführer:
S. 112-144 Fotos, Text über einige Eigenschaften der Laubstreubewohner (ausführlich über Schnecken)
S. 116 Abbildungen, Text über die Zersetzung von abgestorbenen Bäumen

Kosmos-Handbuch der Natur:
S. 136/137 Schnecken-Übersicht, S. 142 Asseln, S. 144-146 Spinnen, S. 147 Weberknechte, Alterskorpione

---

Stufe 1:
Kenntnis einiger Laubstreubewohner, ihrer Merkmale und Lebensweise

Stufe 2:
Wie wird die Laubstreu verarbeitet und wie wirken die Lebewesen dabei zusammen?

Stufe 3:
Warum ist die "Arbeit" der Laubstreubewohner für den ganzen Wald wichtig?

Literatur

Arbeitsgruppe WDU: Wahldifferenzierter Unterricht in der Hauptschule. Hannover 1988.

Bastian, J./Gudjons, H. (Hrsg.): Das Projektbuch II. Über die Projektwoche hinaus. Projektlernen im Fachunterricht. Hamburg 1990.

Bongard, H.W.: Wirtschaft als pädagogische Avantgarde? Veränderte betriebliche Anforderungen an Auszubildende. In: Pädagogik 6/1990, S. 31-33.

Bundesverband der Deutschen Industrie u.a.: Differenzierung, Durchlässigkeit, Leistung. Strukturmaßnahmen zur Weiterentwicklung des Bildungssystems. Bildungspolitische Position der Spitzenverbände der Wirtschaft. Bonn 1992.

Freie und Hansestadt Hamburg, Behörde für Schule, Jugend und Berufsbildung, Amt für Schule (Hrsg.): Projekt: Gestaltung der Eingangsphase von neu zusammengesetzten Haupt- und Realschulklassen im Schuljahr 1986/87. Hamburg 1987.

Gudjons, H.: Handlungsorientiert Lehren und Lernen. Projektunterricht und Schüleraktivität. Bad Heilbrunn 1986.

Hänsel, D./Müller, H. (Hrsg.): Das Projektbuch Sekundarstufe. Weinheim und Basel 1988.

Hecker, U. (Hrsg.): Praxismappe Freiarbeit. Bd. 1, Mülheim 1989.

Meyer, H.: Unterrichtsmethoden, Bd. II. Frankfurt 1987.

Nadolny, S.: Die Entdeckung der Langsamkeit. 1987.

Stanford, G.: Gruppenentwicklung im Klassenraum und anderswo. Praktische Anleitungen für Lehrer und Erzieher. Braunschweig 1980.

Vester, F.: Denken, Lernen, Vergessen. Stuttgart 1975.

Witzenbacher, K.: Handlungsorientiertes Lernen in der Hauptschule. Anregungen und Beispiele für einen hauptschulgemäßen Unterricht. Ansbach 1985.

2.4 *Wolfgang Vogelsaenger:* Offener Unterricht am Gymnasium

1. Offener Unterricht am Gymnasium - was heißt das?

Die Forderung nach "Öffnung des Unterrichts" ist nicht neu, wird breit akzeptiert und ebenso breit mißverstanden. Jede/r hat seine/ihre eigenen Vorstellungen, was denn nun diese Öffnung beinhalten sollte.

Bislang beschränkte sich die Diskussion hauptsächlich auf Grund- und Hauptschulen, auf einige Versuchsschulen, Integrierte Gesamtschulen und - zunehmend - auch auf die Orientierungsstufen, wenn sie sich von den Ansprüchen des Gymnasiums lösen konnten.

An den Gymnasien galt dies bislang jedoch als Spielerei, "Kindergartenkram", den man vielleicht gerade noch an den Grundschulen tolerieren konnte. Eine in der Breite geführte Diskussion über eine innere Schulreform hat es lediglich in den 70er Jahren bezüglich der Sekundarstufe II gegeben, die Sekundarstufe I ist nie - auch nicht bei der Einführung der Orientierungsstufe, die ja eigentlich an die Grundlagen des Gymnasiums ging, sein Selbstverständnis hätte neu definiert werden müssen - mit in eine Reformdiskussion einbezogen worden.

Heute steckt das Gymnasium in der Krise oder - anders formuliert - wir GymnasiallehrerInnen akzeptieren zunehmend, daß wir - seit langem - in einer Krisensituation arbeiten. Die Gründe hierfür können nur angedeutet werden:

- Zerrissenheit zwischen den Ansprüchen der Berufswelt und der Universität

- Veränderung der SchülerInnenpersönlichkeiten aufgrund gesellschaftlicher Wandlungen
- Veränderung der SchülerInnenklientel aufgrund der Freigabe des Elternwillens bei der Wahl der weiterführenden Schulen
- Zunahme ausländischer SchülerInnen auch an Gymnasien
- Konkurrenz durch Gesamtschulen
- Vergreisung der Kollegen.

In der täglichen Arbeit macht sich dies insofern bemerkbar, als wir immer wieder feststellen, daß wir zwar dieselben Methoden und Mühen einsetzen wie vor ca. 10 Jahren, die Effektivität, das, was bei den SchülerInnen dann dabei herauskommt, aber längst nicht mehr dem entspricht, was wir von früher her gewohnt sind.
Arbeiten, dieselben wie vor 10 Jahren, fallen schlechter aus, man kommt in den Fremdsprachenbüchern nicht mehr so schnell voran, die Rechtschreibleistungen nehmen ab, die SchülerInnen lesen nicht mehr, kurz, früher war alles sowieso viel besser.

Immer häufiger bemerken wir auch, daß wir SchülerInnen sprachlich und von unseren Werten und Normen her nicht mehr erreichen bzw. ihre Sprachverwendung oder ihr Verhalten nicht mehr akzeptieren wollen.

Aus diesen und anderen weiter unten aufgeführten Gründen wächst an den Gymnasien die Bereitschaft, sich mit Ideen und Erfahrungen zur inneren Reform der Sekundarstufe I zu beschäftigen. Ursachen für diese wachsende Bereitschaft liegen nicht nur in der veränderten SchülerInnensituation, sondern auch an den veränderten LehrerInnenpersönlichkeiten. Wir sind in der Regel alle im Schnitt etwa 45 Jahre alt, haben unseren "Beziehungsclinch" hinter uns, die Kinder groß und damit wieder Zeit, uns stärker auf die Schule zu konzentrieren. Wir haben alle 15 bis 20 Berufsjahre hinter uns und damit eine gewisse Routine erworben, verbunden mit einer Selbstsicherheit vorgesetzten Behörden und Rahmenrichtlinien gegenüber. Unsere LehrerInnenpersönlichkeit ist so gefestigt, daß wir bereit sind, unsere hergebrachten Methoden und Rituale in Frage zu stellen zugunsten von inneren Reformen, die der heutigen Schulsituation angemessener sind. Das Patentrezept heißt meist "Öffnung des Unterrichts", doch was heißt das konkret?

- Soll der Unterricht den SchülerInnenbedürfnissen gegenüber geöffnet werden? Soll er stärker studien- oder berufsorientiert sein, innere Differenzierung ermöglichen, stärker sozialarbeiterisch, psychotherapeutisch, multikulturell oder ökologisch orientiert sein? Soll er gesellschaftliche Defizite aufholen, kompensatorisch wirken, das Elternhaus ersetzen, aufklärerisch tätig sein, drogenpräventiv wirken, die Verkehrssicherheit erhöhen oder einfach nur all das leisten, was die Gesellschaft sonst nicht schafft?

- Soll der Unterricht sich gegenüber den Rahmenrichtlinien öffnen, wie immer das verstanden werden kann (Respektierung oder Ablehnung der Rahmenrichtlinien)?

- Soll sich der Unterricht gegenüber schulorganisatorischen Zwängen öffnen? Soll der 45-Minuten-Takt gebrochen werden?

- Sollen die Fächergrenzen geöffnet, fächerübergreifende Prinzipien angestrebt werden?

- Soll sich der Unterricht anderen Unterrichtsmethoden gegenüber öffnen? Sollen Gruppenarbeit, PartnerInnenarbeit, schülerInnenorientierter, projektorientierter Unterricht stärker Platz greifen?

- Soll sich die Schule etwa gegenüber ihrem Umfeld öffnen, Stadtteillernen Platz greifen, Lernen wieder mit dem Leben enger verknüpft werden, der Alltag der SchülerInnen eine Rolle spielen?

- Oder soll gar Unterricht als offener Prozeß verstanden werden, nicht mehr als geschlossenes System, das durch quasi geheimbündlerische Rituale in der ReferendarInnenausbildung von Generation zu Generation weitergegeben wird?

Zu fragen ist auch nach der Rolle von uns LehrerInnen. Sollen wir uns wirklich den Anspruch aufladen, all das, was Familie und Öffentlichkeit versäumen, nachzuholen, sollen wir Ersatzeltern, Ersatzleitbilder, Therapeuten, Sozialarbeiter werden? Mit diesem Anspruch, so Prof. Ilien, dürften wir nicht allzu lange durchhalten.

Andererseits **haben** wir, auch wenn wir es nicht wahrhaben wollen, all diese Funktionen, geben Vorbilder, setzen Grenzen, Normen und Werte, stellen Ansprüche, werten und urteilen, strafen und loben, kurz: Wir erziehen, auch wenn wir so tun, als würden wir, gerade wir am Gymnasium, nur Wissen vermitteln.

Mein Plädoyer für die Öffnung des Unterrichts geht dahin, angesichts der veränderten Situation am Gymnasium neue Wege zu gehen, die die Arbeit erleichtern und effizienter werden lassen können. Dies geht meines Erachtens nur in einer Zusammenarbeit der am Unterricht beteiligten LehrerInnen, im Team. Nur hier können falsche Erwartungen und Ansprüche korrigiert werden, nur hier kann man den nötigen Rückhalt für seine Arbeit finden, nur hier kann der/die Einzelne entlastet werden. Innere Schulreform kann nur im Team, in der permanenten Zusammenarbeit von mehreren KollegInnen erfolgen. Natürlich können auch einzelne Lehrkräfte sich in ihren Klassen kleine reformatorische Biotope schaffen, indem sie allein "offenen Unterricht" praktizieren, jedem Leser/jeder Leserin wird jedoch sofort der Widerspruch auffallen: "Offenen Unterricht" kann man nicht hinter verschlossenen Türen durchführen. Auch die Nerven dürften nicht für viele Durchgänge ausgerichtet sein. Guter Unterricht darf nicht mehr als Addition von hervorragend vorbereiteten 45-Minuten-Häppchen verstanden, sondern muß als Gesamtprozeß gesehen werden, an dem alle KollegInnen und SchülerInnen einer Klasse über einen langen Zeitraum hinweg beteiligt sind. Eine Öffnung des Unterrichts soll uns **ent**lasten, nicht, wie so viele in der Organisation steckengebliebene Reformen, nur noch mehr **be**lasten, ohne daß Sinn und Zweck deutlich werden.

Die Forderung nach Team-Arbeit ist der zentrale Ansatz meiner Gedanken, alles andere sind Anregungen, Erfahrungen und Provokationen, die sich durch meine Arbeit in verschiedenen Teams ergeben haben. Jedes andere Team an unserer oder an anderen Schulen wird zu jeweils anderen Lösungen kommen, die der spezifischen Situation angemessen sind. Trotzdem glaube ich, daß man um die Elemente "Umgestaltung der Klassenräume", "Innere Differenzierung" (z.B. mit Wochenplanarbeit), "fächerübergreifender Unterricht", "Projektorientierung" und "Freies Lernen" nicht herumkommt. Daher werden einige dieser Elemente hier ausführlicher beschrieben und Beispiele und Materialien vorgestellt.

2. Das Team-Modell der Tellkampfschule Hannover

2.1 Geschichte und Motive

Das Team-Modell der Tellkampfschule entwickelte sich ab dem Schuljahr 1984/85, als wir erstmalig eine schulinterne LehrerInnenfortbildung durchführten und nach neuen Wegen für unsere Arbeit suchten. Nach zweijähriger Planungs- und Vorbereitungszeit wurde mit dem Modell im Schuljahr 1986/87 begonnen. Das Modell ist nunmehr aus dem Versuchsstadium herausgekommen und fest etabliert. Die Klassen 7-8 werden durchgehend nach diesem Prinzip unterrichtet, wobei allerdings sehr starke Unterschiede in den einzelnen Teams aufgetreten sind. Im Schuljahr 1990/91 ist das Modell hinsichtlich der didaktischen und methodischen Ziele erweitert worden in Richtung auf einen offeneren, differenzierenderen Unterricht. Vom Schuljahr 1991/92 an läuft ein vom Niedersächsischen Kultusministerium genehmigter Schulversuch, der unter wissenschaftlicher Begleitung durch Herrn Prof. Dr. Ilien die Auswirkungen unserer Arbeit untersuchen soll.

Motive für die Entwicklung des Modells waren zunächst das Unbehagen über die aufkommende Routine, Unzufriedenheit mit der mangelnden Kooperation unter den KollegInnen, das Bedürfnis, den starren organisatorischen Rahmen von Schule zugunsten pädagogischer und didaktischer Prozesse aufzuweichen und die Perspektivlosigkeit angesichts der drohenden Vergreisung der Kollegien aufzuheben.

Die Tellkampfschule war immer schon sensibel gegenüber neu auftauchenden Problemen und gesellschaftlichen Veränderungen: So war sie in den Jahren 1969/70 führend an der Entwicklung der gymnasialen Oberstufe beteiligt, entwickelte und organisierte demokratischere Schulstrukturen (Paritätische Mitbestimmung in der Oberstufe, Kollegiale Schulleitung etc.) und war in den 80er Jahren für Gymnasien beispielgebend im berufsorientierenden Bereich. Die Reformen der gymnasialen Mittelstufe stehen in dieser Tradition, begannen eigentlich mit der Einführung der Orientierungsstufe: Seit dieser Zeit gilt an der Tellkampfschule das Prinzip, die SchülerInnen da abzuholen, wo sie bei uns ankommen, sie nicht in ein vorgefertigtes Raster ("gymnasiale Meßlatte") zu pressen. Dies ist für uns auch deswegen wichtig, weil wir SchülerInnen aus etwa 17 Orientierungsstufen bei uns aufnehmen. Die hiermit verbundenen Schwierigkeiten und die Tatsache, daß wir es heute mit anderen SchülerInnenpersönlichkeiten zu tun haben, machten es erforderlich, den pädagogischen Teil unserer Arbeit zu verstärken.

2.2 Die organisatorischen Voraussetzungen des Modells

Das Modell ist darauf ausgerichtet, daß mit einem Minimum an schulorganisatorischen Veränderungen Freiraum für individuelle Ausgestaltungen geschaffen wird. Jedes Team, jede Schule kann so die eigenen Bedürfnisse und Vorstellungen durchsetzen und ein eigenes Profil entwickeln. Hier sollen zunächst nur die Grundvoraussetzungen für die Veränderung der Organisation des Unterrichts in der Sekundarstufe I dargestellt werden, dann das, was sich an der Tellkampfschule bis jetzt daraus entwickelt hat.

Minimalkatalog organisatorischer Veränderungen

- In den Parallelklassen eines Jahrgangs unterrichtet ein LehrerInnenteam mit jeweils etwa der Hälfte des Stundendeputates für zwei Jahre (Klassen 7 + 8).
- Die KollegInnen unterrichten möglichst in allen Klassen.
- Pro Klasse gibt es zwei KlassenlehrerInnen.
- Pro Woche findet eine regelmäßige Teamsitzung statt, an der alle KollegInnen des Jahrgangs teilnehmen.

Der letztere ist der zentrale Punkt des Team-Modells, der die anderen Forderungen zwingend notwendig macht: Wenn auf diesen Teamsitzungen Fragen der Unterrichtsgestaltung und pädagogische Fragen behandelt werden sollen, müssen alle LehrerInnen die SchülerInnen möglichst aller drei Klassen kennen, sonst verlieren sie das Interesse, fühlen sich "fehl am Platze". Aus gruppendynamischen Gründen sind sinnvolle Gespräche und Kooperation nur in Gruppen von höchstens 10-12 TeilnehmerInnen sinnvoll und ergiebig. Die höhere Arbeitsbelastung durch die Teamsitzungen muß einen

Ausgleich in der parallelen Unterrichtsvorbereitung finden. Wünschenswert wäre es, wenn jeweils eine Teamstunde auf das Stundendeputat angerechnet würde. Die zeitliche Mehrbelastung pro Woche muß mit etwa 2 Stunden angegeben werden.

Diese Organisationsform macht es möglich, daß kurz- oder langfristig ohne Einschaltung des Vertretungsplangestalters Stundenplanänderungen vorgenommen werden können ("Der Französischtag in 7a"), daß der 45-Minuten-Takt aufgelöst werden kann, daß Vertretungen, Projekte etc. intern abgesprochen werden können. Ein regelmäßiger Gedankenaustausch ist gewährleistet, ein "Marktplatz der Ideen" geschaffen, der gemeinsame Planungen nicht mehr dem Zufall überläßt. Hierbei sei jedoch gleich betont, daß ich von den oft an Orientierungsstufen üblichen Absprachen, parallelen Unterrichtseinheiten und Klassenarbeiten nichts halte. Man kann Klassen, LehrerInnen, Unterrichtsstile und -bedingungen nicht miteinander vergleichen (wozu auch?), es sei denn, man mischte morgens täglich SchülerInnen und LehrerInnen neu durcheinander, um all diese Zufälligkeiten gleichmäßig zu verteilen.

2. Zusätzliche organisatorische Veränderungen an der TS

Im Verlauf der Arbeit mit diesem Modell haben sich weitere Veränderungen organisatorischer Art ergeben, die aber nicht notwendig sind, auch von jeder Schule anders ausgestaltet werden können. Als Anregung seien unsere Maßnahmen trotzdem aufgeführt:

- pro Halbjahr eine Klausurtagung des Teams,
- Elternsprechtag im Oktober/November als Teamsprechtag (inzwischen für die ganze Schule eingeführt),
- nebeneinanderliegende Klassenräume für den Jahrgang,

- Einrichtung der Klassenräume als Arbeitsräume mit "Wohnzimmercharakter",
- Pinnwände vor den Klassen zur Dokumentation der Arbeit,
- gemeinsame Pausengestaltung,
- gemeinsame Klassenfahrten,
- abgesprochenes pädagogisches Handeln,
- fächerübergreifender Unterricht,
- Teamteaching,
- variable Gestaltung des Stundenplanes,
- wissenschaftliche Begleitung durch Prof. Dr. Ilien.

3. Inhaltliche Voraussetzungen, Erfahrungen und Erkenntnisse

3.1 Veränderte Sozialisationsbedingungen

Die SchülerInnen sind in ihrer Freizeit einer immer größeren Flut von Informationen ausgeliefert. Sie schalten zwischen 20 Fernsehprogrammen hin und her, sehen keine Sendung mehr zu Ende, sondern suchen sich die Highlights heraus (Channel hopping), sehen kurze Werbespots, Videoclips mit Szenen von kürzester Dauer, sind ganz mit dem Fernseher beschäftigt, der ihre gesamte Aufmerksamkeit bindet, sie können also z.B. nicht mehr gleichzeitig hören und lesen.

Die SchülerInnen wachsen in kinderfeindlichen Stadtlandschaften, in immer stärker belastenderen und belasteteren Familien auf, sind immer stärkerem Medien- und Drogenkonsum ausgesetzt, haben Zugang zu nicht für sie geeigneten und sie überfordernden Filmen (Pornos, Gewalt und Horror), müssen sich angesichts der immer stärker werdenden privaten und gesellschaftlichen Brutalität und Gefährdung der Lebensgrundlagen einen immer dicker werdenden Schutzpanzer zulegen, den sie dann aber an der Schultür möglichst ablegen sollen, damit wir sie hochmotiviert antreffen, um in sie Wissen abfüllen zu können.

In diese Hektik muß die Schule Ruhe bringen, die Zeit, sich mit einem Thema intensiv auseinanderzusetzen, Luft holen zu können, etwa auch Zeit zum Lesen haben zu können.

Das im Gymnasium übliche 45-Minuten-Wechselspiel mit sechs Auftritten von KollegInnen, die meinen, in diesen 45 Minuten das Bildungsereignis im Leben ihrer SchülerInnen inszenieren zu können, ist Illusion und methodisch fragwürdig. Wir werden scheitern, wenn wir meinen, mit den Methoden des Fernsehens konkurrieren zu müssen.

Wissen kann man sich außerhalb der Schule oft bequemer und effektiver aneignen (physikalische Versuche in "Bild der Wissenschaft", Computerkurse/-sendungen, Sprachferien etc.), die reine Wissensvermittlung kann heute nicht mehr zentrale Aufgabe der Schule sein. Die Schule darf kein Konkurrenzprogramm zu dieser Welt bieten, sondern muß ein Kontrastprogramm, eine humane Schule, einen humanen Lebensraum bieten, in dem die SchülerInnen Gelegenheit erhalten, Ordnung in ihre Köpfe zu bekommen, Orientierungen zu erhalten, sich selbst als aktiv produzierende, nicht wie im überwiegenden Teil ihrer Freizeit als passiv konsumierende Menschen zu erleben. Sie müssen das Rüstzeug erhalten, Normen und Werte zu hinterfragen, begründet eigene zu finden und eine persönliche Lebensperspektive zu entwickeln.

Dabei ist auch das Vorbild von uns LehrerInnen wichtig, die Normen und Werte, die wir oft - unbewußt - vermitteln. Wir sollten uns klarmachen, was wir neben unserem Stoff vermitteln, wenn wir diesen in kargen, dreckigen Klassenräumen erarbeiten, in denen wir uns privat freiwillig nicht eine Stunde aufhalten würden? Was nützt die noch so gut vorbereitete Unterrichtseinheit "Ökologie", wenn wir uns während der Unterrichtsstunden damit abfinden, daß im Winter die Raumtemperatur nur über das Öffnen der Fenster zu regeln ist, weil die Stadt kein Geld für Heizkörperventile hat?

3.2 Notwendigkeit des ganzheitlichen Lernens an Schlüsselproblemen

Viele Unterrichtsstoffe erscheinen den SchülerInnen als uninteressant, sie wissen nicht, warum sie etwas lernen sollen, da die Themen keinen Bezug zum eigenen Leben haben. Noten und der Hinweis auf spätere Lebenschancen in der Laufbahn: Grundschule, Orientierungsstufe, A-Kurs, Gymnasium, Oberstufe, Abitur, Studium, Mercedes helfen hier angesichts der immer unmöglicher werdenden Zukunftsplanung nicht mehr weiter.

Auf der anderen Seite gibt es jedoch immer mehr Probleme, für die die Schule Orientierungen liefern könnte, die die SchülerInnen auch in immer stärkerem Maße erwarten. Oft beklagtes SchülerInnen-Fehlverhalten ist sicherlich der Ruf nach derartigen Orientierungen durch die Schule.

Die Schule sollte, durchgängig von den Klassen 1-13, immer wieder in fächerübergreifender Weise Schlüsselprobleme wie "Frieden", "Möglichkeiten und Gefahren des technischen Fortschritts", "Soziale Frage", "Arbeit und Freizeit", "Generationenverhältnis", "Multikulturelle Gesellschaft", "Nord-Süd-Konflikt", "Umwelt", "Gewalt", "Jugendgangs", "Drogen" aufgreifen und praxisrelevante Perspektiven entwickeln, ja das Handeln selbst zum Ziel des Unterrichts machen.

Die Fächer müssen erkennen, daß sie ihre Lernziele nicht mehr ausschließlich im lehrgangsorientierten Unterricht erreichen können, sondern, nach meiner Überzeugung, viel besser im fächerübergreifenden problemorientierten Unterricht, weil die gelernten Inhalte besser angebunden an die Alltagsprobleme der SchülerInnen sind, so eine Funktion erhalten, nicht nur zufällig ausgewählte Unterrichtsinhalte darstellen.

Selbst das ausgefeilteste Spiralcurriculum, sollte es denn von uns LehrerInnen durchgehalten werden können, hat lediglich eine Funktion für das Selbstbewußtsein der KollegInnen oder das Klassenbuch. Bei den SchülerInnen kommt es in den seltensten Fällen an. Wir rechtfertigen eine derartige Unterrichtsplanung damit, daß wir unsere SchülerInnen schon in der Klasse 7 für die künftige Teilnahme am Leistungskurs der 12. Klasse vorbereiten müssen. Die wenigsten SchülerInnen werden jedoch dieses Fach wählen. Daher sollten sich die Lernziele eher daran ausrichten, was die SchülerInnen denn wirklich am Ende der Klasse 10 an Inhalten, Erkenntnissen und Methoden mitgenommen haben müßten, auch wenn sie diese Kenntnisse nicht im Leistungskurs vertiefen wollen. Die SchülerInnen, die Begabung für ein Fach zeigen, werden von allein nach "Zusatzfutter" verlangen, mit dem Standardprogramm nicht zufrieden sein. Wenn ihnen Gelegenheit in der inneren Differenzierung oder auch in einer möglichen äußeren Differenzierung zwischen den Klassen gegeben wird, ihren Fähigkeiten entsprechend zu lernen, dürften die Zahlen der für die entsprechenden Leistungskurse geeigneten SchülerInnen steigen, unter gleichzeitiger Motivation und besserer Ausbildung der Nicht-LeistungskursschülerInnen.

In den Diskussionen mit der Gruppe Ilien haben wir uns oft über den Begriff der Leistung unterhalten. Ist Leistung wirklich nur der durchgenommene und abgetestete Unterrichtsstoff, die "geschafften" Themen und Richtlinienvorgaben, oder zählt zur Leistung nicht auch die Leistungsbereitschaft, das Engagement der SchülerInnen, ihre Lust am Lernen, ihr Gefühl, gern in die Schule zu gehen, etwas "für's Leben" zu lernen?

Die Aufgliederung in Fächer ist künstlich, die Welt ist komplizierter als die Addition von Fachschubladen. Man kann Chemie nicht ohne politische Dimensionen betreiben, Literaturbetrachtung nicht ohne Geschichte.

Wenn die Schule wie die Universität den Eindruck vermittelt, das Leben, die Realität sei so isoliert und portioniert begreifbar, dann begeht die Schule einen fatalen Fehler, Fachidioten und unverantwortliche Wissenschaftler, Wirtschaftler und Politiker sind die Folge. Nicht - wie so oft von Kultusministerkonferenzen zu hören - eine verbindliche Addition von Pflichtfächern ist wichtig, um die notwendige "Allgemeinbildung" zu garantieren, sondern die fächerübergreifende Arbeit, die früher an der Universität von der Philosophie übernommen wurde.

Das Fach Deutsch kann hier eine zentrale Stellung in dieser Problematik einnehmen. Die Kenntnisse und Fertigkeiten, die in diesem Fach in der Sekundarstufe I vermittelt werden sollen, können an den unterschiedlichsten Inhalten erarbeitet werden. So kann das Fach Deutsch sich den verschiedensten Problemstellungen widmen, es ist - noch - das flexibelste im Fächerkanon des Sek-I-Bereichs.

Insofern kommt ihm auch eine wichtige Bedeutung in der Koordination des fächerübergreifenden Unterrichts zu: In der Kooperation mit den KollegInnen einer Klasse oder eines Jahrgangs sollten die KollegInnen, die das Fach Deutsch unterrichten, Impulse für Themen geben, zu denen auch die anderen Fächer etwas beizutragen haben. Dabei sollten sie flexibel mit dem Stoffplan umgehen, der in den Rahmenrichtlinien vorgegeben wird. Der in den Rahmenrichtlinien Deutsch vorgestellte Themenkatalog sollte meines Erachtens lediglich ein **Maximal**katalog sein. Er sollte reduziert werden können, wenn Maßnahmen der "Inneren Differenzierung", der "Leseförderung", der "Multikulturellen Erziehung" oder

"Fächerübergreifende Unterrichtseinheiten" durchgeführt werden. Die vorgeschlagenen Themen und Unterrichtsinhalte nehmen trotz aller gegenteiligen Beteuerungen mehr Raum ein als im Schuljahr zur Verfügung stehen dürfte. Insoweit sind die neuen RRL noch überfrachteter als die letzten.

Die DeutschkollegInnen sollten sich zu Beginn eines Schuljahres mit den KollegInnen der anderen Fächer zusammensetzen, gemeinsam erarbeiten, welche Themen in den einzelnen Fächern für das betreffende Schuljahr vorgesehen sind und eine mögliche Koordination verabreden. Dabei sollte überlegt werden, welche Themen sich unter Beachtung der Schlüsselprobleme eignen würden, um pro Halbjahr eine fächerübergreifende Projektphase durchführen zu können.

In diesen Projektphasen sollten die einzelnen Fächer darüber bestimmen können, ob, wie und wie lange sie zu den betreffenden Themen Beiträge leisten können. Wichtig ist, daß die Fächer nicht krampfhaft versuchen, sich eine bestimmte Anzahl von Stunden mit einem Thema zu beschäftigen, sondern daß sie den SchülerInnen fachübergreifende Einsichten vermitteln.

In unserer Planung des fächerübergreifenden Unterrichts haben wir immer wieder festgestellt, daß die Naturwissenschaften und Sprachen Schwierigkeiten haben, von ihrem Curriculum abzugehen. Wir haben uns darauf geeinigt, künftig stärker von naturwissenschaftlichen Themen auszugehen und diese dann zum Gegenstand fächerübergreifender Einheiten zu machen (Chemie: Metalle, Salze, Geschichte: Menschen und Metallgewinnung, Die Rolle des Salzes in der Geschichte).

3.3 Innere Differenzierung

In der Arbeit der ersten beiden Teams war immer wieder die mangelnde Fähigkeit von uns GymnasiallehrerInnen als Defizit festgestellt worden, differenzierend mit unseren SchülerInnen umzugehen. Dies ist uns in unserer Ausbildung nie beigebracht worden. Die oben dargestellten Veränderungen der SchülerInnen machen aber eine Differenzierung unumgänglich. Wir können uns die SchülerInnen, die zu uns kommen, nicht mehr aussuchen, sie sind nicht mehr das, was sie vor 10 Jahren einmal waren. Wir selber haben uns normalerweise kaum geändert, jedenfalls nicht in unseren Methoden, in der Art, Lerngegenstände zu vermitteln. Wenn wir uns verändert haben, dann oft resignativ. Die pädagogische Diskussion in Grundschule und Orientierungsstufe ist fortgeschritten in Richtung eines offeneren, freieren Lernens; nur wir am Gymnasium verpflichten unsere SchülerInnen in der Regel noch zum Lernen im Gleichschritt. Wir nehmen SchülerInnen auf, die an der Orientierungsstufe in A- oder B-Kursen unterrichtet wurden, bieten selber aber nur A-Kurse an. Wir klammern uns daran, Richtlinien einhalten zu müssen, erfüllen sie aber in Wirklichkeit nicht, wenn etwa Klassenarbeiten genehmigt werden müssen, weil über 50% der Arbeiten unter dem Strich liegen. Wir gehen nicht differenziert auf die SchülerInnen ein, sondern orientieren uns "am Mittelstreifen".

In all diese Überlegungen platzte ein Referat auf dem GEW-Kongreß "Offenes Lernen" von Enja Riegel, Schulleiterin der Helene-Lange-Schule in Wiesbaden. Eine Gruppe des ersten Teams der TS fuhr nach Wiesbaden und war so begeistert, daß wir einige Elemente vom Schuljahr 1990/1991 an übernommen haben:

Wir haben schon vor den Sommerferien im neu gebildeten Team die Arbeitsweisen an der Helene-Lange-Schule diskutiert und uns auf wesentliche Merkmale verständigt. Kurz vor den Sommerferien haben wir uns mit den künftigen SchülerInnen und Eltern zusammengesetzt und ihnen unsere Vorstellungen erläutert. Mit dem hier gesammelten Geld wurden Arbeitsmaterialien aus verschiedenen Freiarbeitsverlagen gekauft, eigene Materialien erstellt und Trollis zum Transport dieser Materialien in die drei Klassen gebaut. Nach den Ferien wurden in der ersten Woche mit Eltern und SchülerInnen zusammen die Klassen gestrichen, zu Arbeitsräumen mit Regalen, Leseecken, Blumen, großen Pinnwänden, Gruppentischen, Klassenbibliothek, Aktenordnern und -sammlern, Kästen für Arbeitsmaterialien, Wörterbücher etc. umgebaut. Dann wurde zunächst in Deutsch, dann auch in anderen Fächern mehr oder weniger regelmäßig nach dem Wochenplan gearbeitet und alle Arbeitsergebnisse in oder vor den Klassen ausgestellt oder in Schülerzeitungen und Sonderheften dokumentiert.

4. Die Arbeit nach dem Wochenplan

4.1 Organisatorische Voraussetzungen - Materialien

Es eignen sich alle Materialien, mit denen die SchülerInnen selbständig arbeiten und ihre Arbeit anschließend kontrollieren können. Ich habe vor Beginn des Schuljahres Zeitschriften wie etwa "Praxis Deutsch", "Geschichte heute", "Geographie heute", Sprachbücher etc. daraufhin durchgesehen, welche Texte und Übungen sich eignen. Diese Texte habe ich in Plastikhüllen (natürlich PVC-frei) in nach Sachgebieten geordneten Mappen gesammelt (Rechtschreibung, Zeichensetzung, Grammatik, Aufsatzerziehung, Literatur, Lyrik etc.). Zusätzlich haben wir aus dem Angebot der verschiedensten Freiarbeitsverlage (AOL, Verlag an der Ruhr, Kohl ...) Arbeitskarteien und Arbeitsblätter zu den verschiedenen Gebieten gekauft. Damit diese Materialien von allen drei Parallelklassen genutzt werden können, bauten wir drei

Trollis (von engl. trolley = Teewagen), die in einem kleinen Materialraum hinter den drei Jahrgangsklassen stehen und bei Bedarf mit den Ordnern für das entsprechende Fach in eine der Klassen gerollt werden können. Inzwischen ist ein Computer hinzugekommen, auf dem die SchülerInnen ihre Texte selbst tippen und ausdrucken können.

Problematisch sind die Kosten. Wir haben von keiner offiziellen Seite Gelder bekommen und waren daher auf Spenden der Eltern etc. angewiesen. Vom neuen Schuljahr an soll allerdings im Etat der Schule ein eigener Bereich "Arbeitsmaterialien für die 7. und 8. Klassen" eingerichtet werden. Dies hängt sicherlich auch mit dem vom Kultusministerium genehmigten Schulversuch zusammen.

Regeln

Damit die Wochenplanarbeit funktioniert, müssen die SchülerInnen von Anfang an bestimmte Regeln und Verhaltensweisen akzeptieren, wenn sie nicht schon entsprechende Voraussetzungen von der Orientierungsstufe oder Grundschule mitbringen. Die Chance, die der Neuanfang in der neuen Schule bietet, kann dazu genutzt werden, diese neue Arbeitsweise als selbstverständlich an dieser Schule oder in diesem Jahrgang übliche einzuführen.

- Jede/r ist für seinen eigenen Lernweg und Lernfortschritt selbst verantwortlich.
- Es sollen die Aufgaben aus dem Angebot (Trolli) ausgewählt werden, die geeignet sind, die eigenen Lernschwächen und Kenntnislücken zu beheben.
- Es gibt einen Pflichtteil, der von allen SchülerInnen bearbeitet werden muß, und einen offenen Teil, der nach Lust und Laune bearbeitet werden kann.
- In den Stunden der Arbeit nach dem Wochenplan wird gearbeitet.

- Sind Teile des Wochenplanes bearbeitet, tragen sich die SchülerInnen in die aushängenden Namens-Kontrollisten ein.
- Die Arbeitsblätter werden in die in der Klasse stehenden Aktenordnern der SchülerInnen abgeheftet.
- In verabredeten Abständen werden die Arbeitsblätter den LehrerInnen zur Kontrolle und Korrektur vorgelegt.
- Die in den Ordnern dokumentierte Arbeit geht in die mündliche Zensierung zu den Zeugnisterminen ein.
- Bei der Korrektur gekennzeichnete Fehler werden in die Karteien der SchülerInnen eingetragen und in unregelmäßigen Abständen von MitschülerInnen abgefragt.
- Tauchen Fragen auf, werden zuerst zwei MitschülerInnen gefragt, bevor die LehrerInnen gefragt werden.
- Während der Wochenplanarbeit wird geflüstert, nicht laut geredet. Die Materialien, die von den Trollis geholt werden, müssen an der gleichen Stelle wieder abgeheftet werden, sie dürfen nicht beschrieben werden.
- Kopien werden durch den Kopierdienst erstellt.
- Partnerarbeit ist möglich und wünschenswert. Dabei sollten die MitschülerInnen gewählt werden, mit denen die einzelnen SchülerInnen am besten zusammenarbeiten können.

4.2 Erfahrungen

Die hier dargestellten Erfahrungen beziehen sich vorwiegend auf meine eigenen Erfahrungen mit der WOPLA-Arbeit im Deutschunterricht.

Zu den Klassen

Bei der Darstellung beschränke ich mich auf eine von zwei Klassen, in denen ich nach dem Wochenplan arbeitete. Es handelt sich hierbei um eine Lateinklasse, in der ich auch Klassenlehrer bin. Gleich zu Beginn des Schuljahres zeigten sich schon erhebliche Unterschiede in Kenntnisstand und Leistungen. Von 22 SchülerInnen kamen anfangs 12 Kinder aus nicht-deutschen Familien. Es handelt sich hierbei um türkische und jugoslawische Familien sowie um Aussiedler. Die Kenntnisse in der Rechtschreibung, Zeichensetzung und Grammatik waren höchst unterschiedlich. Nina hatte schon in der Orientierungsstufe selbständig eine Schülerzeitung herausgegeben und kaum Probleme in diesen Bereichen, Noxhmedin war erst ein Jahr zuvor aus dem Kosovo nach Deutschland gekommen und hatte erst seit dieser Zeit angefangen, Deutsch zu lernen, auch Martin hatte erst seit 3 Jahren Deutschunterricht. Trotzdem wurde sehr schnell deutlich, daß es sich hier um "gymnasiale" Schüler handelt. Im herkömmlichen Unterricht hätte ich, mich an der Mitte orientierend, Nina unter-, die anderen beiden Schüler überfordert. Vier Schüler zeigten schon von Beginn an, daß sie doch erheblich überfordert waren, so daß wir ihnen empfahlen, nach dem ersten Halbjahr auf die Realschule überzuwechseln.

Zur Arbeit

Ich habe zunächst mit den SchülerInnen die mit der Wochenplanarbeit beabsichtigten Ziele besprochen, die Regeln diskutiert und die Materialien durchgesehen. Dann habe ich mit ihnen sogenannte Dauerbrenner verabredet, die immer dann zu bearbeiten sind, wenn nichts anderes zu tun ist:

- Pro Vierteljahr die Lektüre eines Buches und die Anfertigung eines Leseprotokolls darüber, das auch vor den Klassenräumen ausgehängt wird.
- Führen einer Fehlerkartei, in die alle Fehler eingetragen werden, die die SchülerInnen in den verschiedensten Texten gemacht haben. Anhand dieser Kartei können die SchülerInnen selbständig ihre Fehler trainieren oder sich von ihren MitschülerInnen ihre Fehlerwörter diktieren lassen. Sind diese Wörter dreimal richtig geschrieben worden, werden die Karteikarten hinten eingeordnet, bei Fehlerwiederholungen bleiben die Karten vorn.

- Eintragen der Fehlerarten in einen Fehlerkontrollbogen, anhand dessen die SchülerInnen ihr eigenes Fehlerprofil erkennen können, Voraussetzung dafür, diese Fehler auch gezielt bearbeiten zu können.

Für die kurzfristigeren Arbeiten werden wöchentlich die Aufgabenzettel und Kontrollbögen ausgehängt. Hier habe ich damit begonnen, zunächst nur eine bestimmte Anzahl von Arbeitsblättern aus der Kartei "Schreib mal wieder - richtig" o.ä. aufzugeben, die eine Vielzahl von Fehlerschwerpunkten enthält, um zunächst einmal Material für die Analyse der zu bearbeitenden Rechtschreibprobleme zu erhalten. Die Arbeitsblätter habe ich korrigiert und den SchülerInnen mit der Auflage zurückgegeben, sie in die Kartei und in den Kontrollbogen einzutragen.

Nachdem die ersten Schwerpunkte sichtbar wurden, die SchülerInnen kamen z.T. schon von ganz allein und machten mich auf ihre speziellen Schwierigkeiten aufmerksam, zeigte ich den SchülerInnen weiteres Trainingsmaterial, das bearbeitet werden konnte.

Zur Sammlung und Analyse der eigenen Fehler eignen sich auch gut Partnerdiktate aus dem beschriebenen Material oder auch aus den Lesebüchern. Wichtig ist, daß die SchülerInnen akzeptieren, daß es nicht schlimm ist, Fehler zu machen, sondern daß es ihnen hilft, ihre eigenen Schwierigkeiten zu erkennen und gezielt anzugehen. Auch die Erkenntnis, daß alle SchülerInnen Schwierigkeiten haben, nur eben jeweils andere, kann dazu beitragen, daß Defizite in einzelnen Bereichen als normal, bei allen irgendwo vorhandene, angesehen werden und nicht als individuelles Versagen.

Exkurs zur Rechtschreibung:
Ziel des Deutschunterrichts muß sein, daß die SchülerInnen spätestens mit Abschluß der 10. Klasse von der Rechtschrei-

bung her auf dem Arbeitsmarkt bestehen können. Der Rechtschreibunterricht muß daher integraler Bestandteil des Deutschunterrichts, nicht lästiges Anhängsel sein. Die Arbeit nach dem Wochenplan bietet hier vielfältige Trainingsmöglichkeiten. Die Rahmenrichtlinien müssen den KollegInnen Möglichkeiten eröffnen, die über den traditionellen Rechtschreibunterricht hinausgehen. So ist es z.B. wichtig, vielfältige Schreibanlässe zu schaffen, die die SchülerInnen motiviert, auch richtig zu schreiben, weil ihre Arbeiten veröffentlicht werden (Ausstellung von Texten vor und in den Klassen, Schülerzeitungen, Geschichtenhefte etc.).

Es muß auch ermöglicht werden, zu anderen Formen der Leistungsbewertung zu kommen. Die klassischen Diktate sind oft angstbesetzt, wirklichkeitsfern und haben keinen didaktischen Sinn. So habe ich z.B. gute Erfahrungen mit "Eigendiktaten" gemacht.

Auch sie sind ein Produkt der Teamarbeit. Hat man erst einmal Schule als zu verändernde Institution begriffen und erfahren, hat man den Rückhalt des Teams den Rahmenrichtlinien, der Fachkonferenz und der Schulleitung gegenüber, so kommt man dazu, nach dem Sinn des bisher Praktizierten zu fragen. Beispiel:

Diktate müssen sein, sie stehen ja in den Rahmenrichtlinien. Andererseits weiß man, daß Diktate weniger die Rechtschreibfähigkeit als die Nerven abtesten. Wer ein stabiles Nervenkostüm hat, macht weniger Fehler als jemand, der sich leicht aufregt. Rechtschreibung lernt man nicht durch Diktate, sondern durch inszenierte Übungen. Dies allein spricht schon gegen Diktate. Vorbereitung auf die Berufsrealität stellen Diktate auch nicht mehr dar. Wo wird heute schon noch "zum Diktat gebeten"?

Selbst da, wo es noch passiert, gibt es inzwischen Schreibmaschinen, die piepen, wenn man/frau einen Fehler macht. Realistisch sind selbstverfaßte Texte zu bestimmten Themen, deren genaue Formulierung man selbst wählen kann. Wir lassen aber Diktate schreiben, weil wir LehrerInnen früher selbst mit ihnen gequält wurden. Diktate sind, wie das Wort schon sich selbst entlarvend sagt, Einübungen in autoritäre Herrschaftsformen, sind unabdingbarer Bestandteil des "hidden curriculum"! LehrerIn diktiert, SchülerInnen schreiben im Gleichschritt, setzen in derselben Sekunde den Punkt, erhalten einen roten Strich, einen Fehler, eine schlechte Zensur, die Rückmeldung, sie taugten nichts, wenn ihnen dieser Punkt mißlingt. Hier wie vor dem Gesetz sind alle gleich, individuelle Probleme und Schwierigkeiten aber auch Stärken haben keinen Platz.

Was also tun? Da in den Richtlinien nur "Diktat" steht, nicht aber, wie diese auszusehen haben, habe ich die "Eigendiktate" eingeführt. Ich gebe Themen vor, zu denen die SchülerInnen freie Texte zu schreiben haben ("Das Wolfsgehege in Springe", "Wasserski in Dankern"). Zu diesen Themen müssen die SchülerInnen etwa eine Seite schreiben, es kommt jedoch nicht auf Lebendigkeit, Spannungsbogen etc. wie beim Aufsatz an, sondern lediglich auf die Rechtschreibung (Berechnung der Fehler pro 100 Wörter). Meine Erfahrung mit diesen Eigendiktaten: Die SchülerInnen schreiben nicht einfacher, auch keine langweiligen Geschichten, oft müssen sie sich selbst daran erinnern, daß es ja auf die Rechtschreibung ankommt, nicht auf den Inhalt - sie haben keine Angst mehr vor Diktaten. Eine Klasse kam sogar zu mir ins LehrerInnenzimmer, als ich eine Vertretungsstunde verschwitzt hatte, um mich zum Diktat zu holen: "Wir wollten doch ein Diktat schreiben!"

SchülerInnen, die mit den kurzfristigen Aufgaben fertig sind, können in die Leseecke gehen, um dort in ihren für das Leseprotokoll zu lesenden Büchern oder anderen zu lesen. Das immer stärkere Vordringen audiovisueller Medien und die so oft beklagte Lesemüdigkeit der SchülerInnen sollen dadurch aufgefangen werden, daß die Bücher in die Klasse geholt werden, sie zur alltäglichen Lernumgebung werden. Statt der Beschränkung auf das Lesebuch wird ein reichhaltiges Angebot von verschiedenartigster Literatur und von Nachschlagewerken bereitgehalten, das auch die aktuellen Themen in anderen Fächern (Geschichte, Erdkunde etc.) berücksichtigt. Im Deutschunterricht, etwa in der Wochenplanarbeit, haben die SchülerInnen Gelegenheit, in diesen Büchern zu stöbern und sich festzulesen. Regelmäßige Leseprotokolle werden angefertigt, die SchülerInnen stellen der Klasse die von ihnen gelesenen Bücher regelmäßig vor. Die Zusammenarbeit mit den örtlichen Bibliotheken wird genutzt und intensiviert. Die SchülerInnen werden in bibliothekarische Tätigkeiten eingewiesen (Archivieren, Katalogisieren, Auswahl und Ausleihe). Mit Unterstützung der Stiftung Lesen haben wir an unserer Schule einen Leseclub eingerichtet, der unsere SchülerInnen noch stärker "zum Buch" führen soll. In diesem Zusammenhang ist auch die geplante Einrichtung einer Schulbibliothek zu sehen.

In Einzelfällen haben wir auch schon Wochenpläne herausgegeben, in denen Aufgaben für mehrere Fächer aufgeführt waren. Dafür sind dann pro Fach eine Stunde für die Wochenplanarbeit reserviert. Die SchülerInnen haben die Möglichkeit, die Arbeiten nach dem Wochenplan unabhängig von den Fächern zu leisten.

SchülerInnen, die mit den Aufgaben für Deutsch schnell fertig sind, auch den Eindruck haben, sie müßten in Deutsch nicht so sehr viel üben, können ihr Schwergewicht so auf Mathematik oder die Fremdsprachen legen, wenn diese an der Arbeit nach dem Wochenplan teilnehmen. In der Regel werden die SchülerInnen zwar bei dem Fach bleiben, für das gerade eine Lehrerin oder ein Lehrer da ist, die Möglichkeit der über den Rahmen der einzelnen Fächer hinausgehenden Schwerpunktsetzung besteht jedoch.

Neben den Aufgaben zur Rechtschreibung, Zeichensetzung und Grammatik werden auch Aufgaben zur Produktion von Gedichten und literarischen Texten gegeben, die dann vor den Klassen und in den Klassen ausgehängt oder anders dokumentiert werden.

Besonders gute Erfahrungen habe ich mit der "Eskimokartei" zu dem Taschenbuch "Julie von den Wölfen" von Jean Craighead George gemacht. Diese Kartei besteht aus ca. 30 Arbeits- und ca. 30 Informationsblättern, die zwar ein Schwergewicht im Deutschbereich haben (Interpretationen, Briefe, Tagebücher, Partnerdiktate, Beschreibungen, Formulierung eines anderen Schlusses etc.), darüberhinaus jedoch auch Aufgabenstellungen aus anderen Fächern wie Biologie, Erdkunde, Englisch etc. enthalten. An dieser Kartei haben die SchülerInnen in den Wochenplanstunden und auch zu Hause gearbeitet. Die Ergebnisse haben mich selbst überrascht. Die SchülerInnen haben, so völlig neben dem Unterricht, derart viel Arbeit, Zeit und Liebe in die Arbeit mit einem Buch gesteckt, wie ich es sonst selten erlebt habe.

In diesem Schuljahr wollen wir selbst eine Kartei zu einem von uns gewählten Taschenbuch in der Wochenplanarbeit erstellen. Da hierbei der Aspekt "multikulturelle Erziehung" deutlich wird, einige Bemerkungen dazu.

In einer immer stärker sich öffnenden Gesellschaft hat die multikulturelle Erziehung einen immer größeren Stellenwert. Das Fach Deutsch kann nicht mehr davon ausgehen, daß die SchülerInnen mit einem gewissen kulturellen "Level" in die Schule kommen. Immer mehr Kinder ausländischer Mitbürger kommen in das Gymnasium, die deutsche Kultur, ihre Normen und Werte (Gewaltfrage, Rollenproblematik etc.) müssen ihnen nahegebracht werden, deutsche Kinder müssen die Kultur ihrer MitschülerInnen kennenlernen. Auch aus diesem Grunde müssen die Arbeitsweisen und Unterrichtsinhalte des Deutschunterrichts verändert werden.

Der Literaturunterricht muß die türkische, spanische, jugoslawische etc. Literatur mit einbeziehen, der Sprachunterricht muß auf die unterschiedlichen Voraussetzungen differenziert eingehen, es muß Raum gegeben werden für gemeinsames Spielen und Lesen (Leseecke), bisher als selbstverständlich vorausgesetzte Kulturtechniken müssen - auch mit deutschen SchülerInnen - erst erarbeitet werden.

Eine multikulturelle Erziehung darf nicht vom Defizitdenken geprägt sein, die SchülerInnen mit anderem kulturellen Hintergrund dürfen nicht als nicht vermeidbare Belastung (Doppelzählung, zurückgehende SchülerInnenzahlen) angesehen werden, sondern als Bereicherung, als Chance, die Leistungen und Erfahrungen unterschiedlicher Kulturen in einen produktiven Diskurs zu bringen, in den wir LehrerInnen als Lernende mit eingebunden sind und der vielleicht auch ein wenig zu einem friedlicheren Zusammenleben der Völker führen könnte.

Als Beispiel für eine derartige Arbeit will ich hier kurz die Arbeit mit dem Taschenbuch "Oya" schildern.

Nach den guten Erfahrungen mit der Arbeit an der "Eskimokartei" beschlossen wir, in den drei 8. Klassen anhand von unterschiedlichen Taschenbüchern ebenfalls Karteien zu erstellen, die wir auch zwecks Finanzierung einer Tischtennisplatte verkaufen wollen. In der Klasse 8b wurde ein Buch für eine fächerübergreifende Unterrichtseinheit mit dem Fach Englisch, in der 8c ein Buch mit dem Schwerpunkt Geschichte (Kinderkreuzzug von 1212) gewählt. In der Klasse

8a fiel die Entscheidung auf das Buch "Oya", das den Weg eines in Deutschland geborenen türkischen Mädchens schildert, deren Vater beschließt, ganz in die Türkei zurückzukehren. Die hierbei beschriebenen Konflikte des "Lebens zwischen zwei Welten" treffen auf viele unserer SchülerInnen zu. Aus diesem Grunde schlug gerade Nermin die Bearbeitung dieses Buches vor. Sie engagierte sich sehr stark, informierte und referierte über die Sitten und Gebräuche der Türken, beantwortete Fragen ihrer MitschülerInnen bis hin zu denen nach dem Stellenwert der Jungfräulichkeit. Es entstand eine sehr fruchtbare und freundliche Atmosphäre zwischen türkischen und deutschen MitschülerInnen, für einige Wochen standen die Türkei und die Türken im Mittelpunkt des Unterrichts. Neben der Besprechung des Buches und der Erarbeitung der Kartei zeigte ich meinen Urlaubsfilm aus Istanbul, brachte eine deutsche Schülerin den Videofilm "Eine Liebe in Istanbul" mit, Nermin den Videofilm einer Beschneidungsfeier, berichtete Bülent von seinem eigenen Beschneidungsfest. Meine eigene Rolle war plötzlich völlig anders definiert: Ich selbst mußte viel nachfragen, konnte lernen von unseren türkischen SchülerInnen.

Wer sich für die Karteien interessiert, kann sie demnächst beim Verlag an der Ruhr erwerben.

4.3 Zu den Ergebnissen

Ich kann hier noch nicht darüber berichten, ob die SchülerInnen "mehr" gelernt haben als ohne die Arbeit nach dem Wochenplan. Wie könnte man das auch - gerade angesichts der geschilderten Ausgangslage - messen?

Ich kann aber auf jeden Fall feststellen, daß die SchülerInnen es gelernt haben, selbständig zu arbeiten, miteinander zu kooperieren und Verantwortung für ihr Lernen zu übernehmen. Sie haben gelernt, ihre Arbeit zu organisieren, d.h. ihre Aufgaben in bestimmten Zeitabschnitten fertig zu haben, die Unterlagen in ihren Ordnern abzuheften, ihre eigenen Fehlerprofile zu ermitteln, ihre Karteikästen zu verwalten.

Ich selbst habe in den Wochenplanstunden Zeit dafür gehabt, mich mit einzelnen SchülerInnen gezielt zu beschäftigen. KollegInnen bestätigen, daß die Arbeitshaltung dieser SchülerInnen "anders" sei. So kommen etwa während einer Lateinarbeit die SchülerInnen, die mit der Arbeit schon fertig sind, nach vorne, um sich neue Arbeitsaufträge zu holen. Vertretungsstunden sind leichter geworden, da die SchülerInnen wissen, was sie zu tun haben. Auch Stunden der Arbeit nach dem Wochenplan ohne Aufsicht sind möglich.

4.4 Probleme

- Nachdem ich für das 7. Schuljahr genügend Material beschafft hatte, begann die 8. Klasse zunächst - überwiegend aus Materialmangel - mit einem Loch.
- Neu in die Klasse gekommene SchülerInnen hatten zunächst Schwierigkeiten mit der neuen Arbeitsweise.
- Wenn nur ein Fach nach dem Wochenplan arbeitet, handelt es sich weniger um einen Wochen- als vielmehr um einen Stundenplan, da die SchülerInnen ja doch, bis auf die langfristigen Aufgaben, alles in einer Stunde zu erledigen haben. Gut wäre es, wenn wirklich mehrere Fächer beteiligt würden, um so eine Masse von 3-4 Stunden pro Woche zur Verfügung zu haben.

5. Freies Lernen

In der Klasse 8 wurde vorsichtig mit dem Bereich "Freies Lernen" begonnen, indem die SchülerInnen selbständig Referate erarbeiteten zu Themen, die sie sich in einem bestimmten Rahmen selbst aussuchen konnten.

Wir haben hierfür das Thema "Stadt" gewählt, da wir in den Diskussionen des Teams mit der Gruppe Ilien auf die Problematik gestoßen waren, daß unsere SchülerInnen zwar in der Stadt zur Schule gehen, meist auch dort wohnen, daß sie jedoch wohl nur geringfügig die Angebote der Stadt nutzen, die diese für sie bereithält. Nach Abschluß der fächerübergreifenden Einheit "Natur", wobei betont werden muß, daß dieses Thema natürlich nie abgeschlossen sein kann, bot sich eine Beschäftigung mit der Stadt an. In Geschichte wurde die Stadt im Mittelalter am Beispiel Hannover behandelt, ein Stadtrundgang schuf den Übergang zur Behandlung im Fach Deutsch: Ausgehend von der Frage, was denn die SchülerInnen im Laufe einer Woche in der Stadt Hannover nutzen, wurde untersucht, was die Stadt Hannover bereitstellen und leisten muß, damit diese Aktivitäten ermöglicht werden. Die SchülerInnen wählten nun frei Themenbereiche, die sie, z.T. in ihrer Freizeit, z.T. während des Unterrichts bearbeiteten und erkundeten, um dann die anderen SchülerInnen über ihre Erkenntnisse zu informieren. Hieran kann man den Sinn der "Freiarbeit" deutlich machen, einzelne SchülerInnen entwickeln sich in diesen Phasen - die eigentlich regelmäßig in den normalen Unterricht eingebaut werden müßten - zu kleinen Spezialisten. Sie können ihre MitschülerInnen informieren, sie sind auch den LehrerInnen gegenüber in einer ganz anderen Rolle als sonst: Nicht mehr die immer dummen und unterlegenen, immer Fehler machenden SchülerInnen, sondern in ihren Interessen und Themen Fachleute, die auch uns etwas zu sagen haben, von denen auch wir etwas zu lernen haben. Einige Bereiche haben wir auch gemeinsam erkundet, so z.B. das Wasserwerk in Elze bei Hannover. Wichtig ist die anschließende Darstellung der Ergebnisse in und vor den Klassen, damit die Arbeit der SchülerInnen auch "gewürdigt" wird, nicht einfach in irgendwelchen Taschen verschwindet. Nebeneffekt dabei ist, daß diese Arbeitsergebnisse auch präsentabel sein müssen. Die SchülerInnen der eigenen und der Nachbarklassen betrachten sich diese Ergebnisse, Fehler und Schlampigkeit werden sorgsam registriert. Bei der mündlichen Darstellung der Ergebnisse, wie auch bei der regelmäßigen Vorstellung der von den SchülerInnen gelesenen Bücher, gewöhnen sich die SchülerInnen daran, auf der einen Seite "spannend" zu berichten, auf der anderen aber auch zuzuhören oder zumindest nicht zu stören, wenn es einmal nicht so interessant sein sollte.

Wichtig ist, daß individuelle Fähigkeiten und Interessen Raum und Anerkennung in der Schule finden. So hat z.B. Nexhmedin ein zweistündiges Referat aus dem Kopf über die Geschichte der Albaner von den Illyrern bis heute gehalten, welches sicherlich die anderen SchülerInnen überfordert hat, ihm aber Gelegenheit gab, seine kulturellen Interessen einzubringen, die anderen SchülerInnen mit den Problemen seines Volkes zu konfrontieren und zu zeigen, daß er in den drei Jahren in Deutschland Gewaltiges geleistet hat.

6. Erste Auswirkungen der Erfahrungen mit der Öffnung von Unterricht auf die Sekundarstufe II

Durch die Erfahrungen mit der Arbeit im Team habe ich auch meine bisherige Tätigkeit in der Sek II überprüft. Bereite ich wirklich auf das Studium vor, wenn ich Lektüren oder Quellensammlungen durcharbeite, eine Fotokopie in der Pause vor der Stunde ziehe und, wenn es gut läuft, noch eine Fotokopie für die Hausaufgabe in der Tasche habe?

Wo bleibt das selbständige Arbeiten der SchülerInnen, wo die Wissenschaftspropädeutik, wo bleiben die Methoden, die man/frau für das Studium braucht?

Um hier einen neuen Ansatz zu finden, habe ich mir zunächst einen Raum besorgt (immer wieder: die Raumfrage!), den ich mit einer kleinen Anzahl von KollegInnen belege und den ich so mit Schränken und Regalen eingerichtet habe (ohne diese Utensilien geht es wirklich nicht!), so daß ich Bücher und Arbeitsmaterialien in diesem Raum lagern kann, um sie im Unterricht zu verwenden. Es handelt sich hierbei um Bücherkisten aus der Bibliothek, um eigene Materialien und Materialien der SchülerInnen.

Im ersten Durchgang habe ich im Geschichtskurs "Revolutionen" Materialien zu diesem Thema bereitgehalten. In einer ersten Phase haben wir uns gemeinsam darüber unterhalten, was bei diesem Thema zu erarbeiten wäre, welche Fragen zu beantworten seien. Dann bildeten sich 4 Arbeitsgruppen (Französische-, Russische-, Novemberrevolution und Chinesische Revolution), die 2 Monate an den bereitgestellten Materialien während des Unterrichts arbeiteten. Die erste Kursarbeit wurde individuell für diese vier Gruppen gestellt (jeweils ein Thema). In einer dritten Phase - es fand gerade die Revolution in der DDR statt - trugen die einzelnen Gruppen die ersten Ergebnisse ihrer Arbeit zu der Frage "Ist das da in der DDR eine Revolution?" zusammen. Daraufhin trugen die Gruppen in längeren Referaten ihre Themen vor, um dann zuletzt die gesamte Arbeit noch einmal zu reflektieren und die Problematik "Revolutionen" abschließend zu diskutieren.

Durch diese Arbeitsweise war es nun auch in einem geisteswissenschaftlichen Fach möglich, einen Arbeitsunterricht durchzuführen, der sich vom lehrerzentrierten Unterricht entfernt, Einzelbetreuung von SchülerInnen wurde möglich, Tips konnten dem Schüler gegeben werden, der danach fragte, ob "Robespierre denn nun ein guter oder ein böser" gewesen wäre, und auch der Schülerin, die mit dem Entfremdungsbegriff von Marx nicht einverstanden war. Auch hier wurde deutlich, daß innere Differenzierung nötig ist.

7. Zusammenfassung

In unserer Teamarbeit haben wir folgendes erreicht:
- Schule wird als offenes System betrachtet, das von uns LehrerInnen als langfristiger umfassender Prozeß gestaltet wird.
- Die Isolation der KollegInnen wurde aufgebrochen, ein Wir-Gefühl entwickelt, Ängste diskutiert, die eigene Rolle entmystifiziert.
- Absprachen über gemeinsames und frühzeitiges pädagogisches Handeln können getroffen werden.
- Planungs-, Erziehungs- und Beurteilungsstrategien werden regelmäßig - z.T. ohne Einigung - diskutiert.
- Fächerübergreifender Unterricht, Projektunterricht und Teamteaching werden (mehr oder weniger) durchgeführt.
- Die Klassenräume sind als Arbeitsräume eingerichtet und genutzt. Formen der inneren Differenzierung (Wochenplan) werden jetzt im 2. Jahrgang durchgeführt.
- Die Notwendigkeit des "freien Lernens" ist erkannt. SchülerInnen und Eltern fühlen sich insgesamt besser von der Schule betreut als früher.

Als Defizite bleiben (noch):
- Die Organisation des "freien Lernens",
- die ausreichende Bereitstellung von geeigneten Materialien, da das vorhandene Angebot noch nicht so sehr auf das Gymnasium hin ausgerichtet ist. Dies gilt insbesondere für Fremdsprachen und Mathematik,
- die genauere Abstimmung im Team über den Bildungsbegriff, Leistungsanforderungen etc., obwohl in den Diskussionen mit der Gruppen Ilien erste wichtige Ansätze gefunden werden konnten,

- die Möglichkeit der Anregung der Teamstunde.

Die bisherigen Erfahrungen mit unserem Modell zeigen, daß wir auf dem richtigen Weg sind, den von mir oben beschriebenen Problemen zu begegnen. Die von uns erprobten organisatorischen Änderungen bieten die Möglichkeit, sich flexibler an die verschiedensten Anforderungen anzupassen. durch die Erfahrung, daß es möglich ist, Schulreform von innen heraus zu betreiben, sind wir in einen Prozeß der Veränderung gekommen, der noch in vollem Gange ist.

An dieser Stelle kann abschließend nur Mut gemacht werden, sich ebenfalls auf diesen Weg der Öffnung des Unterrichts und der Schule zu begeben. Jede Gruppe, jedes Team wird zu anderen Ergebnissen kommen, bei allen wird jedoch die Arbeitszufriedenheit steigen, die Identifikation mit der eigenen Arbeit. Wenn ich mit meinem Beitrag hierzu einige Anregungen geben konnte, würde mich das freuen. Die Anzahl der Anfragen nach Informationen über unsere Arbeit zeigt, daß an vielen Schulen ein derartiger Diskussionsprozeß im Gange ist.

8. Anregungen für eine Initialzündung "Team-Modell"

1. Diskussion der Vorgehensweise in einer kleineren Gruppe,
2. Abstimmung mit Gesamtkonferenz, Fachkonferenzen und Schulleitung,
3. Unterrichtsverteilung: 9-12 LehrerInnen für drei Klassen,
4. feste Einrichtung einer Teamstunde,
5. Klassenlehrerin und Klassenlehrer für jede Klasse.

Erprobungsphase 1 Jahr:

Tips für dieses Team:

- Tagesordnung für jede Teamstunde.
- vor Beginn der Arbeit Austausch über Wünsche und Erwartungen,
- Erstellen eines Jahresarbeitsplanes,
- Einrichtung des Klassenraumes als Arbeitsraum,
- Kauf, Sammeln und Erstellen von geeigneten Arbeitsmaterialien,
- Beginn mit der Wochenplanarbeit, zunächst nur in einem Fach,
- Abstimmung/zeitliche Koordination von sich überschneidenden und ergänzenden Unterrichtsinhalten,
- gemeinsame Unterrichtsplanung durch interessierte Fächer,
- Festlegung eines Projektthemas pro Halbjahr,
- Vorbereitung dieses Themas auf einer Klausurtagung,
- zeitweises Einbeziehen von SchülerInnen und Eltern in die Teamarbeit,
- langsames Herantasten an gegenseitige Unterrichtsbesuche,
- frühzeitiges gemeinsames Reagieren auf Fehlverhalten,
- frühzeitige Diskussion über Leistungsveränderungen,
- frühzeitige Schullaufbahnberatung,
- Dokumentation der Arbeitsergebnisse.

Erfahrungsaustausch nach einem Jahr:

- Entscheidung über die Neubildung eines Teams im folgenden Jahrgang.

Anlage 1

Die ersten 6 Schulwochen

Deutsch	Mathe	Bio	Erdkunde	Physik	Geschichte
Interviews Schüler Lehrer Hausmeister Schulleitung Protokoll Beschreibung Erfahrungsberichte Schule gestern	Zeichnen Lageplan Gebäude Klassenzimmer Geometrie Figuren Körper Flächen	Schulgelände erkunden Pflanzen im Klassenraum	Wetterhütte auf dem Schulgelände Wetter Klima	Statik der Flüssigkeiten und Gase (Wetter)	Lernen gestern und heute

Kunst	Rel./W+N	Sprachen	Mus./Sport
Klassenraumgestaltung Zeitung Modell der Schule	Aktuelle Probleme in der neuen Situation	Briefe zur eigenen Situation in Nachbarklassen	nach Plan

Die erste Phase des Unterrichts an der Tellkampfschule diente dem Kennenlernen von LehrerInnen und SchülerInnen, Kennenlernen des Gebäudes und der darin Beschäftigten.

Die Fächer, die zu diesem Thema etwas beizutragen hatten, taten dies mit unterschiedlichen Zeitanteilen. Gleichzeitig diente diese Phase dazu, den eigenen Klassenraum so zu gestalten, daß sich die SchülerInnen damit identifizieren konnten.

Dies soll zum nächsten Schuljahr 1990/91 noch intensiviert werden (vgl. oben).

Anlage 2

Beispiele projektorientierenden fächerübergreifenden Unterrichts

Thema: Natur

	Deutsch	Erdkunde	Bio	Kunst	Mathe
1) Der Mensch ist der Natur ausgeliefert	Lesebuch-texte (Ausbruch Vesuv...)	Erdbeben			
2) Der Mensch gestaltet die Natur	Lesebuch Zeitung	Rhein-begradigung		Modelle „Erde 2000“	
3) Der Mensch zerstört die Natur	Lesebuch Zeitung Greenpeace-Infos	Rhein: Wasser, Boden, Kernkraft			
4) Er gefährdet sich dadurch selber	Texte aus Öko-Test „Natur“, „Der Spiegel“ Hormon-skandal		Nahrungs-kette Gewölle, Addition von Giften		Computerliste „E-Stoffe“
5) Was können wie tun?	Interviews und Berichte, Bittersüß, Bio-Bäckerei, Adolphshof, Briefe an Firmen, Diskussionen mit Eltern		Bio-Fleisch Keimen „Wir machen Joghurt“		

Ausstellung und Dokumentation der Ergebnisse

Öko-Fete mit den Eltern mit Joghurt, Körnern, Bio-Brot, -wein

Anlage 3

Projekt: Ausländer

Deutsch	*Geschichte*	*Erdkunde*	*Biologie*	*Werte und Normen Religion*	*Englisch/ Französisch*	*Mathematik*
Ausländerdeutsch Türkisch-Deutsch Soziokulturelle und linguistische Unterschiede Ausländer in Kinder- und Jugendbüchern Zitate von Gastarbeitern „Wir sind die Nigger Europas!“ Theaterstück „Das Haus Nr. 20“	Völkerwanderung der Turkvölker Matriarchat – Patriarchat Geschichte der Gastarbeit in der BRD	Lage im Heimatland, Bodenerosion in Griechenland Verhalten von Touristen im Ausland „Der weiße Mann ist reich und faul“ Gastarbeit in Hannover	Geschlechtsrollen Rassenmerkmale	Soziale Rollen Probleme Mädchen-Jungen Alter-Jugend Vorurteile Identitätsprobleme Sekten Freundschaft in der Bibel Islam	Tom Sawyer „Du mußt Dich zu den Mädchen setzen“ Morrison „Will you meet me?“ Papa, Charlys... „Arbeit in Deutschland und England“ Deutschlandbilder in England und Frankreich	Statistiken Tabellen Prozente, z. B. Asylantenquoten im weltweiten Vergleich

Musik	*Kunst*	*Latein*
griechische	Erzeugung positiver Einstellungen zu anderen Kulturen	Griechen und Römer
spanische	Islamische Kunst	Sklaven
türkische	Architektur	Weltbilder
Musik und Tänze	Teppiche Ornamente	Ausländer/ Barbaren
	Abhängigkeit unserer Kultur vom orientalischen Raum	Rolle der romanischen Sprachen
		römischer Alltag

Fest mit Eltern

Aufführung des Theaterstückes

Sketche

Gemeinsames Essen von türkischen, spanischen und italienischen Spezialitäten

Musik, Tanz
Ausstellung der Arbeitsergebnisse

Besonders wichtig war die Einbeziehung der Eltern unserer ausländischen Schülerinnen

Anlage 4

Wochenplan Deutsch

Lesetagebuch

Lest bis zum 6.11. ein Buch aus unserer Bücherei
und füllt ein Leseprotokoll aus!

Titel:

Adis Bajric

Elif Aglamaz

Mehmet Bas

Christoph Callier

André Deiters

Siawasch Fadai

Franziska Grimm

Martin Hirsch

Zvonko Karlovic

Bert Kittkowske

Ludmilla Lange

Nina Meier-Kaienburg

Vukota Mirkovic

Wiebke Müller-Jödicke

Cevat Özsahin

Patrick Schomburg

Stefan Tobolski

Yelda Torun

Volimirka Turkovic

Mahmut Yildirim

Nexhmedin Zeqiraj

Asad Zogaj

Anlage 5

Wochenplan Deutsch

Bis zu den Weihnachtsferien

1)
Schreibt 30 Rechtschreibkarten in Eure Kartei ab und laßt sie Euch zusammen mit Euren anderen Fehlerkarten von Eurem Nachbarn diktieren!

2)
Schreibt eine Geschichte für die KARTEI "SCHREIB MAL WIEDER - RICHTIG", in die Ihr Aufgaben zur Rechtschreibung einbaut.

3)
Schreibt 3 Partnerdiktate!

4)
Füllt 5 Arbeitsblätter aus!

5)
Wählt ein Buch aus der Klassenbücherei aus, das Ihr mit ins Landheim nehmt. Dort sollt Ihr den Inhalt kurz vorstellen und einen Abschnitt (etwa drei Seiten) auswählen, die Ihr den anderen vorlest. Übt das laute Lesen zu Hause!

Anschließend schreibt Ihr wieder ein Leseprotokoll.

Anlage 6

WOPLA Deutsch ✓

	Leseprotokoll	Kinderkreuzzug	3 Arbeits-/Info-blätter	2 Partnerdiktate	Karteikarten	Rechtschr.
Elif Aglamaz						
Christoph Callier						
Tammo Drescher						
Franziska Grimm						
Martin Hirsch						
Nathalie Yurek						
Zvonko Karlovic						
Bert Kittkowske						
Ludmilla Lange						
Nina Meier-Kaienburg						
Wiebke Müller-Jödicke						
Cevat Ösahin						
Patrick Schomburg						
Stefan Tobolski						
Yelda Torun						
Volimirka Turkovic						
Uwe Zenker						
Nexhmedin Zeqiraj						
Asad Zogaj						

2.5 *Ulrike Bönsch:* Die kleinen Möglichkeiten - eine offene Unterrichtseinheit zum Thema Müll

1. Die Unterrichtseinheit im Überblick

"Müll" bzw. "Abfall" hieß eine Unterrichtseinheit, die ich mit einer 3. Klasse durchgeführt habe. Ein Thema, welches an Aktualität kaum zu überbieten ist: auf der einen Seite erzeugt jeder Schüler täglich Müll (eigener Erfahrungshorizont) und wird als Verursacher von Umweltverschmutzung direkt angesprochen: auf der anderen Seite wird es immer mehr zur politischen Aufgabe (gesellschaftlicher Druck/Einfluß). Diese Einheit steht exemplarisch für ein vorsichtigeres Umgehen mit unserer Natur in bezug auf die Lagerung und Verwertung von Müll. Da die Natur nicht mehr in der Lage ist, vom Menschen angerichtete Schäden durch Regeneration zu beheben, müssen wir der Natur helfen. Dazu gehört auch die sorgfältigere Beseitigung von Abfall und die Möglichkeit seiner Wiederverwendung.

Umwelterziehung in der Schule heißt: Schüler sollen ihre Umwelt bewußt erfahren. Sie sollen sich mit ihrer natürlichen Umwelt auseinandersetzen. Sie müssen Zusammenhänge erkennen und merken, daß u. a. Müll Lebensgebiete zerstören kann, wenn wir nicht aufpassen. Dies allein begründet die unterrichtliche Behandlung.

Die didaktische Leitfrage der Einheit "Was geschieht eigentlich mit dem ganzen Müll?" knüpft direkt an die Lebenssituation der Schüler an.

Die Unterrichtseinheit begann mit dem Bewußtmachen der Entstehung von Abfall (Untersuchung von Verpackungen) und den verschiedenen Müllarten (Glas, Papier, Bioabfälle, Sonder- und Sperrmüll etc.). Um ein Problembewußtsein für Müllmengen zu bekommen, sammelten wir einige Tage den Schulmüll und recherchierten im häuslichen Abfall. Zwei Unterrichtstage im Verlauf der Einheit haben uns deutlich gemacht, daß die getrennte Müllsammlung von offiziellen Seiten (hier Stadtverwaltung) und der Bevölkerung unterstützt wird.

Daß Abfalltrennung einen Sinn ergibt, lernten die Schüler an zwei Kreisläufen der Wiederaufbereitung kennen: erstens des Recyclings von Papier durch eigene Produktion und zweitens des Glaskreislaufes mit Hilfe eines Filmes.

Nebenbei lief ein Schülerversuch, der die Möglichkeiten und die Vor- und Nachteile der Kompostierung deutlich machte.

Abgerundet wurde die Einheit durch Informationen über den Aufbau einer Müllkippe, die Arbeitsweise der Verbrennungsanlage und einer Stunde über einen geschichtlichen Aspekt: die Entwicklung des Müllberges.

Öffnungen des Unterrichts entstanden in folgender Hinsicht:

Geschlossener Unterricht	Partielle Öffnungen
Unterricht ist in jeder Hinsicht vorgeplant:	1. Öffnungen nach "draußen" Lernen an außerschulischen Lernorten
Intentionen, Inhalte, Methoden und Medien sind von der Lehrperson quasi in einem Input-Output-Modell konzipiert.	2. Öffnungen der Lernarbeit in die Schule hinein 3. Öffnungen zu aktiven Lernformen im Sinne experimentellen, entdeckenden Lernens
Eine Lernerfolgskontrolle kann zum Schluß den Effekt prüfen.	4. Öffnungen zum Lernort "Zuhause" 5. Öffnung des lehrerorientierten Unterrichts zu paralleler eigenständiger Lernarbeit

Von kleinen Möglichkeiten (partiellen Öffnungen) wird deshalb gesprochen, weil die Unterrichtseinheit insgesamt von mir geplant und in der Realisierung verantwortet wurde (insofern "geschlossener Unterricht"). Die sog. partiellen Öffnungen sind für eine einzelne Unterrichtseinheit aber doch recht umfangreich.

2. Öffnungen

2.1 Unterrichtsgang: Lernen an außerschulischen Lernorten

Natürlich ist gerade das Fach "Sachkunde" bzw. "Sachunterricht" für das Lernen an außerschulischen Lernorten prädestiniert: Nicht nur beim "Müll", sondern auch bei "Einführen in das Kartenverständnis", "der Feuerwehr", bei pflanzlichen Themen, der Verkehrserziehung, um nur eine Auswahl zu nennen.

Mit den Kindern die Umwelt aufgrund der Unterrichtsthematik zu ergründen, ist spannend und sehr effektiv. Natürlich muß vorher besprochen werden, auf was die Klasse achten soll. Alle müssen mit Stiften und einem Block ausgerüstet sein, bevor es losgeht. Bei einer stärkeren Klassengröße sollte man ein paar Mütter oder Väter bitten, mitzukommen. Ich habe dabei die Erfahrung gemacht, daß bei themenbezogenen Unterrichtsgängen gerade die Väter sehr aktiv waren, um ihren Kindern ihr Wissen zu vermitteln. Notwendig ist am nächsten Tag die Nachbereitung. Dann hat sich die Aufregung gelegt, die Klasse hat ein bißchen Abstand bekommen, und nun können die wichtigsten Elemente noch einmal herausgearbeitet werden. Dies sollte durch ein Gespräch geschehen, damit Mißverständnisse beseitigt und das Erlebte zu Erfahrungen vertieft werden kann.

Zu unserem Thema bieten sich die verschiedensten Unterrichtsgänge an, die, - wenn man, wie in der Nähe von Frankfurt, einen "Monte Scherbelino" zur Verfügung hat - sogar an den sog. Wandertagen durchgeführt werden können. Außerdem gibt es in verschiedenen Städten Einrichtungen, die die unmittelbare Erfahrung mit der Natur unterstützen: z.B. Schulbiologiegärten, Naturparks, Öko- bzw. Umweltzentren.

Weitere Möglichkeiten wären: Besichtigung einer Mülldeponie oder Verbrennungsanlage, Besuch einer Fabrik, die Altpapier aufbereitet oder Flaschen herstellt.

Wir haben einen Unterrichtsgang in die nächste Umgebung zu den verschiedensten Müllcontainern und einen weiteren zum "Umweltmobil" gemacht. Der Sondermüllwagen ist ein Containerfahrzeug, bei dem die Bewohner Batterien, Farben, Kosmetikartikel, Medikamente und Reinigungsmittel abgeben. Der Herr, der für die Sammelstelle zuständig war, erklärte der Klasse, welchen Müll er annehme und woher er käme. Dann schauten sich die Schüler das Wageninnere an und schrieben bzw. malten sich die Abfallarten auf. Da laufend Leute kamen und ihren Sondermüll abgaben, sahen wir, daß diese Sammelmöglichkeit von der Bevölkerung angenommen wird. Die Nachbereitung am nächsten Tag in der Schule verlief zügig. Wir besprachen noch einmal die einzelnen Arten und vor allem den Grund dieser gesonderten Abfallsammlung (die Gefahren für die Natur, die vom Sondermüll ausgehen).

Dieser offene Unterricht überwindet in Ansätzen die Trennung zwischen Alltagserfahrungen und schulischem Lernen. Die "Anfangsmotivation" wird durch entdeckendes Lernen ersetzt. Es kam mir darauf an, daß allen bewußt wird, daß getrennte Müllsammlung nicht nur eine Empfehlung der Klassenlehrerin innerhalb einer Unterrichtseinheit ist, sondern daß Mülltrennung praktiziert wird - auch und gerade außerhalb der Schule.

Unterrichtsgang zum Sondermüllwagen

Vorbereitung	Schulleitung, Eltern und die Stadt (Unterrichtsbesuch anmelden, informieren)
Schülermaterial	Arbeitsblatt, Mäppchen, Müllwagen aus Pappe
Arbeitsaufträge	1. Schreibe und male auf, welchen Müll das Umweltmobil sammelt! 2. Frage den Müllmann, wohin der Müll gebracht wird. 3. Erkundige dich, wie oft das Umweltmobil kommt! 4. Schau dir das Umweltmobil von außen an und male deinen Müllwagen genauso an.

Ablauf:

1. Tag	Kurze Vorbereitung des Unterrichtsganges: An der Tafel wird gesammelt, welchen Müll die Schüler dem Sondermüll zuordnen (Falsches und Richtiges)
2. Tag	Verhaltensregeln besprechen; Unterrichtsgang zum Umweltmobel; Schüler dort "arbeiten" lassen (ca. 20 Min.)
3. Tag	Klassifizierung des Sondermülls: Die Kinder korrigieren die Tafelanschrift, Festigung durch Abschrift des Tafeltextes

(siehe Müllwagen - Anhang)

Gute Erfahrung habe ich mit "Lernen an außerschulischen Lernorten" auch bei der Verkehrserziehung gemacht. Regeln, Schilder an Ort und Stelle zu erleben, andere Menschen und ihr Verhalten im Straßenverkehr zu beobachten, tragen dazu bei, daß erkannt wird, wie wichtig die Bedeutung von Regelungen ist.

2.2 Müllsammlung in der Schule: Öffnung in die Schule hinein

Alle Schüler werden täglich an verschiedenen Orten bewußt oder unbewußt mit Abfällen konfrontiert und tragen selbst zu ihrem Entstehen bei. Jedes Kind produziert ständig Abfall. Um den Erfolg einer solchen Unterrichtseinheit zu garantieren, ist es sehr wichtig, dies den Schülern bewußt zu machen. Was nutzen noch so praktische Anschauungen, wenn die Kinder das eigentliche Problem nicht als ihr Problem erkennen. Dies funktioniert am besten im engsten Lebensraum - auf der einen Seite zu Hause (siehe 2.4) und auf der anderen Seite in der Schule, in der die Schüler ja immerhin einen halben Tag verbringen. Deshalb war eines meiner Ziele, zu bewirken, daß Umweltverschmutzung im Schulbereich vermieden wird.

Müllsammlung in der Schule

Vorbereitung	Schulleitung, Kollegium, Hausmeister informieren
Schülermaterial	Gummihandschuhe, Zangen, Müllsäcke, Wachsmalstifte, große Blätter
Organisation	Bestimmung der Sammelbereiche, Einteilung in Gruppen (2-3 Kinder)
Ablauf 1. Teil	Gesammelt wird nach den Pausen. Die vollen Tüten werden im Klassenzimmer deponiert und gemeinsam analysiert (Kreisgespräch)
Problemstellung	Kurze Diskussion: Wohin mit dem Müll?
Ablauf 2. Teil	Eine Gruppe stapelt die Mülltüten in der Pausenhalle. Die anderen malen ein Plakat: "Diesen Müll hat die 3c an einem Tag in unserer Schule gesammelt!" und hängen es auf.

Die Aktion "Müllsammlung in der Schule" benötigt etwas organisatorische Vorarbeit: Die Schulleitung, der Hausmeister, das Kollegium sollten informiert werden. Die Klasse muß in Gruppen aufgeteilt und die Sammelorte müssen bestimmt werden (damit nicht alle an einer Stelle sammeln). Außerdem sollte man an die Ästhetik denken und Gummihandschuhe und Zangen besorgen: Denn wer faßt Abfall gerne mit den Fingern an?

Gesammelt wurde nach den beiden großen Pausen in den Schulhöfen, im Treppenhaus und in den anderen Klassen (Leerung der Mülleimer). Volle Mülltüten wurden in unserem Klassenzimmer gelagert. Es war erstaunlich, mit welchem Elan, welcher Begeisterung, welcher Energie die Schüler den Müll zusammentrugen. Überrascht waren wir alle über die Menge. Einer meiner Schüler meinte: "Ein Jahr hat mehr als 300 Tage und jeden Tag soviel Müll. Da können wir die Schule bald zumachen!" In ein paar Tüten schauten wir rein und analysierten den Abfall. Einige Kinder waren sichtlich erschüttert über ganze Brotschnitten und Brötchen, volle Kakaotüten usw.

Was sollte nun mit dem "Dreck" geschehen? Es wäre einfach, aber wenig sinnvoll gewesen, ihn in den Müllcontainer zu schmeißen. Um einen Umdenkprozeß zur Müllverringerung zu bewirken, mußte diese Erschütterung weiter genutzt werden. Die Ideen kamen dazu von den Schülern selbst: eine Ausstellung in unseren Klassenräumen, der Rektor sollte vor allen eine Rede über die Müllmenge halten, jede Klasse sollte etwas Müll vor die Tür bekommen, der Abfall sollte auf den Schulhof gekippt werden. Die Idee einer Ausstellung in der Pausenhalle nahm ich auf, da dort alle vorbei mußten.

Hochmotiviert malten die Kinder Plakate und bemalten die Fläche. Da es in diesem Moment klingelte, erfuhren die Schüler gleich Reaktionen von anderen, z.B. "Was geht uns das an?" Um den anderen Kindern den Sinn der Maßnahme deutlich zu machen, entwarfen wir am nächsten Tag einen Informationsbrief an alle Klassen. Einige Kolleginnen sprachen mit ihrer Klasse über die Müllsammlung. So wurde unsere Aktion ein paar Tage Schulgespräch.

Durch diese Aktivität sind die Schüler sensibel für das Problem der Müllmenge geworden, denn eine deutlichere Veranschaulichung hätte kein Film erreicht. Die Kinder trugen an nur einem Vormittag soviel Unrat zusammen, daß unsere Vorstellungen weit übertroffen wurden. Auf diese Art und Weise leuchtete die Bedeutung des Recyclings von Altglas und Altpapier ein.

2.3 Handlungsorientierter Unterricht: Öffnung zu aktiven Lernformen

Dies ist eigentlich der anstrengenste, aber auch erfolgreichste Teil einer Einheit. Schüler aktiv werden zu lassen heißt, ihnen ihren eigenen, meist vom Lehrer nicht mehr ganz zu überblickenden, Freiraum zur geplanten Aktivität zu geben.

Die CVK-Kästen bieten dazu gute Möglichkeiten, da sie darauf ausgelegt sind, viele Kinder ein Thema handelnd erfahren zu lassen. Außerdem geben sie den Lehrkräften Sach-, Anleitungs- und methodische Informationen. Leider sind die Materialien oft durch jahrelangen Gebrauch nicht mehr vollständig, aber es lohnt sich, die Koffer einmal zu durchforsten, um sie im Unterricht einzusetzen. Da die Kästen sehr teuer sind und den Etat einer Schule übersteigen, lohnt sich eine Anfrage bei anderen Schulen. Häufig sind die Kollegen so hilfsbereit, daß sie einen Kasten ausleihen.

Hier geht es um die Problematisierung eigener Vorstellungen:
Welchen Sinn hat es, daß ich den Müll (Glas, Papier) getrennt sammele? Durch diese aktive Auseinandersetzung mit den Materialien werden Einsichten entwickelt, die langfristig lernwirksam sind. Wir erlebten in einer Doppelstunde, wie aus Altpapier (Tageszeitungen) neues Papier wird. Die besondere Aktivität der Papierherstellung resultiert dar-

aus, daß die Schüler selbst ein brauchbares Produkt herstellen.

Aus Altpapier wird Papier

Material	CVK-Arbeitsbox Umweltschutz I: "Wiederverarbeitung von Rohstoffen: Papier machen aus Altpapier" 1. Schülerheft, 2. Lehrerhandreichung, Berlin 1978.
Organisation	Einteilung der Schüler in Gruppen
Ablauf **1. Tag**	1. Zerreißen von zwei Zeitungsblättern in Schnipsel Erläutern der Arbeitsschritte und -materialien im Kreis, Aushändigen der Materialien, 2. Lehrer quirlt die eingeweichten Schnipsel zu Matsch, dieser wird mit Wasser verdünnt. Arbeit in Kleingruppen (Schüleraktivität) 3. mit einem Sieb wird Papiermasse abgeschöpft, 4. von unten wird das Sieb abgetrocknet, 5. und 6. die Masse wird auf ein Löschblatt umgedreht und vom Sieb gelöst, 7. die Masse wird mit einem Löschblatt und Zeitungspapier abgedeckt und mit einer Teigrolle überrollt, 8. nachdem die Zeitung und das Löschpapier entfernt wurden, das entstandene Papier zum Trocknen auf die Leine hängen, gemeinsame Säuberung der Materialien
3. Tag	Auswertung des Herstellungsvorganges und des entstandenen Produktes

(siehe Arbeitsblatt aus o.g. CVK-Schülerheft)

Gearbeitet haben wir mit dem CVK-Kasten "Umweltschutz". Ich habe mich an die empfohlenen Schritte des Begleitbuches gehalten. Das Vorhaben benötigte drei Tage: Am 1. Tag wurde alles vorbereitet, am 2. Tag das Papier hergestellt, und am 3. Tag wurde der Herstellungsvorgang ausgewertet. Schwerpunkt war die Gruppenarbeit am zweiten Tag: anfangs in zwei Großgruppen (ca. 10 bis 12 Kinder) und in der zweiten Phase in Kleingruppen (ca. 3 bis 4 Kinder).

Angefangen wurde - sehr zum Spaß der Klasse - mit dem Zerreißen der Zeitung. Es entstand ein Wettkampf zwischen den beiden Gruppen. Erstaunlicherweise landeten fast alle Papierfetzen in den vorgesehenen Meßbechern. Nachdem die Becher mit Wasser aufgefüllt und gekennzeichnet waren, wurden sie bis zur Weiterverarbeitung am nächsten Tag an einem sicheren Ort aufbewahrt.

Am folgenden Tag stellte ich im Kreis die zu benutzenden Geräte und Materialien vor und demonstrierte jeden Arbeitsschritt "trocken". Anhand eines bildlich dargestellten Arbeitsverlaufes wiederholten die Schüler noch einmal den Ablauf mündlich, bevor ich den Kleingruppen ihren Materialiensatz aushändigte. Den ersten Schritt habe ich dann getan: die eingeweichten Papierschnitzel mit dem Rührgerät zu einer Masse verquirlt. Den Rest haben die Gruppen erledigt: den Papierbrei in die Kunststoffwanne gegossen, mit Wasser verrührt, mit einem Schöpfsieb langsam etwas Papiermasse herausgehoben, abgetrocknet, die Papiermasse auf ein Löschblatt gedreht, mit einem weiteren Löschblatt und Pappe abgedeckt und dann mit der Holzwalze langsam, aber kräftig, überrollt. Nachdem die oberen Schichten abgenommen waren, konnte das entstandene Papierblatt abgelöst und auf die Leine zum Trocknen aufgehängt werden.

Bei diesem Unterricht geht es natürlich lauter als gewohnt zu. Aber die Schüler sind aktiv und voller Eifer bei der Sache. Als Lehrkraft ist man mehr als gefordert, man muß helfen, Tips geben und kleine Streitigkeiten schlichten. Zum Schluß waren die Schüler mit Recht stolz auf ihre kleinen Ergebnisse.

Am dritten Tag probierten die Kinder die Gebrauchsfähigkeit des neuen Papiers aus und verglichen es mit normalem Papier. Die konkreten Anwendungsmöglichkeiten "ihres" Produktes erfuhren die Schüler durch Beispiele der Verwendung von Umweltschutzpapier im Alltag.

2.4 Recherchieren: Müll zuhause - Schullernen und Lernort "Familie"

Ausgerüstet mit einem Arbeitsblatt lautet die Hausaufgabe: "Schau bei dir zu Hause in den Mülleimer! Was wird alles weggeschmissen? Was wird bei euch sortiert?" Dieser Arbeitsauftrag verlagerte nun das Thema in den häuslichen Bereich. Die Kinder sollten ihre Erkenntnisse und Sachkenntnisse in die Familie tragen und versuchen, sie in umweltgerechtes Handeln umzusetzen. Die erlernte Theorie wurde in gezielter Anwendung eingesetzt. Sie erkannten die Möglichkeiten, die im Rahmen der Familie zu praktizieren sind. Die Eltern mußten sich den Fragen ihres Nachwuchses stellen. Da die Schüler nun schon einiges über Abfalltrennung und deren Notwendigkeit wußten, hoffte ich, daß eine Diskussion in Gang gesetzt wurde. Ob es gelang, einige Erwachsene zu überzeugen, weiß ich nicht. Aber vielleicht regte die Aufgabe dazu an, etwas zur Verringerung des Müllberges zu tun.

Die Kinder kamen am nächsten Tag mit ausgefüllten Arbeitsbögen zurück und berichteten über die Reaktionen der Eltern. Bei einigen war die Sortierung selbstverständlich. Ein Junge hatte seiner Mutter wohl ins Gewissen geredet und erzählte stolz, daß er Kartons für Glas und Papier aufgestellt hatte.

Solch eine "Hausaufgabe" trägt dazu bei, daß dieses Thema im Alltag vertieft wird bzw. daß es noch weiter - über das Ende der Einheit hinaus - verfolgt wird. Es kann nebenher besprochen werden.

Untersuchung des Hausmülls

Schülermaterial:	Arbeitsblatt
Arbeitsaufträge	1. Schau bei dir zuhause in den Mülleimer! 2. Was wird alles weggeschmissen? 3. Was wird bei euch sortiert?
Auswertung	Kreisgespräch über die Ergebnisse und erfahrenen Reaktionen, Festlegung durch Abschrift des Tafeltextes

(siehe Anhang Arbeitsblatt)

2.5 Innere Differenzierung: Öffnung des lehrerorientierten Unterrichts zu Einzel- und Partnerarbeit

Öffnung des in der Regel lehrerorientierten Unterrichts heißt, immer wieder Chancen zu eigenständiger Lernarbeit (neben und zwischen dem herkömmlichen Unterricht) zu geben. Dafür ein Beispiel in Gestalt eines Langzeitversuches.

Durch Langzeitversuche lernen die Schüler:
- Versuche anzusetzen,
- sie verantwortungsvoll zu betreuen und zu beobachten,
- laufende Veränderungen in Beobachtungsblätter einzutragen, um eine Übersicht zu bekommen,
- die Ergebnisse gemeinsam zu formulieren und jeder für sich zu erfassen und darzustellen.

Ausgangspunkt für einen Versuch zu dieser Einheit war die Veränderung der verschiedenen Abfälle im Laufe der Zeit. Also welcher Abfall eignet sich für die Kompostierung? Die Beantwortung dieser Frage fällt Stadtkindern schwer, denn kaum jemand von ihnen hat einen Garten mit Komposthaufen. So machte die Klasse einen "Langzeitversuch" über drei Wochen. Je zwei Kinder bekamen eine Abfallart (Papier, Glas, Plastik, biologische Reste) und ein verschraubbares Glas. Der Inhalt wurde mit einigen Wassertropfen (Regen) besprüht. Dann wurden die Gläser verschlossen. Auf vorbereiteten Tabellen hielt jedes Paar die Beobachtungen fest.

Langzeitversuch: Veränderung von Müll (Kompostierung)

Organisation:	Erklärung der Versuche (Sinn und Arbeitsablauf), Einteilung in Zweiergruppen.
Schülermaterial:	verschiedene Müllarten, verschraubbare Gläser, Beobachtungsbögen
Arbeitsauftrag:	Beobachtet die Müllgläser und haltet die Ergebnisse auf eurem Beobachtungsbogen fest!
Ablauf:	1. Die Gläser werden mit Abfall gefüllt und mit Wasser besprüht. Sie werden zugeschraubt und beschriftet. 2. Drei Wochen lang werden nun die Gläser beobachtet und untersucht. Die Veränderungen werden auf dem Beobachtungsbogen festgehalten. 3. Nach Ablauf der Zeit werden die Ergebnisse im Plenum besprochen und festgehalten.

(siehe Anhang Arbeitsblatt)

Nach dem Ablauf der Zeit gab es Müll, der sich veränderte (z.B. Pflanzenreste) und unveränderten Abfall. Aus dem Gestank der Gläser mit dem verrotteten Müll zogen wir die Schlußfolgerung, daß auch die Kompostierung nicht ganz ungefährlich ist. Auf diesem Weg kamen wir zu den Gefahren einer "wilden Müllkippe".

Nicht immer dauern Versuche so lange. Z.B. Verdunstungen beim Thema "Wasser" geschehen von heute auf morgen, während das Heranziehen von Keimlingen noch mehr Zeit benötigt. Durch diese Methode werden Schüler dazu angeleitet, sorgfältig und gewissenhaft zu arbeiten, denn Vernachlässigungen machen sich schnell bemerkbar. Es ist allerdings wichtig, eine feste Zeit einzurichten, in der beobachtet und aufgeschrieben werden kann. Das muß nicht täglich sein und kann auch im Anschluß an andere Fächer geschehen.

Literatur

Belgardt, K.A.: Elementare Umwelterziehung in der Grundschule. In: Grundschule 6/1983.

Bolscho, D., Eulefeld, G., Seybold, H.: Umwelterziehung. München 1980.

Bolscho, D., Eulefeld, G., Seybold, H.: Umwelterziehung in Europa. Kiel 1986.

Borsum, W., Mühlhausen, U.: Planungshilfen für einen schülerorientierten Sachunterricht im 1. und 2. Schuljahr. Hannover 1985.

Bundesministerium des Innern: Was Sie schon immer über Abfall und Umwelt wissen sollten. Stuttgart 1985.

Bundesministerium des Innern: Wir und unsere Umwelt. Postfach. 53113 Bonn.

Bund für Umwelt und Naturschutz Deutschland: Ökofibel. In der Raste 2. 53129 Bonn.

CVK-Arbeitsbox Umweltschutz I: Wiederverarbeitung von Rohstoffen: Papier machen aus Altpapier. 1. Schülerheft. 2. Lehrerhandreichung. Berlin 1978.

Hessischer Kultusminister: Rahmenrichtlinien Primarstufe Sachunterricht - Aspekt Gesellschaftslehre. Wiesbaden 1979.

Koch, T.C., Seeberger, J.: Ökologische Müllverwertung. Karlsruhe 1984.

Studiengruppe Altglas: Glas Recycling. Stresemannstr. 26. 4000 Düsseldorf 1.

Umweltbundesamt: Das Zeichen der Zeit. Berlin 1985.

Umweltbundesamt: Müll kommt uns teuer zu stehen. Berlin 1984.

Schau bei dir zu Hause in den Mülleimer!

Was wird alles weggeschmissen? Male ein paar Dinge!

Was wird bei Euch sortiert?
Beschrifte die einzelnen Tonnen und male etwas hinein!

Müllwagen

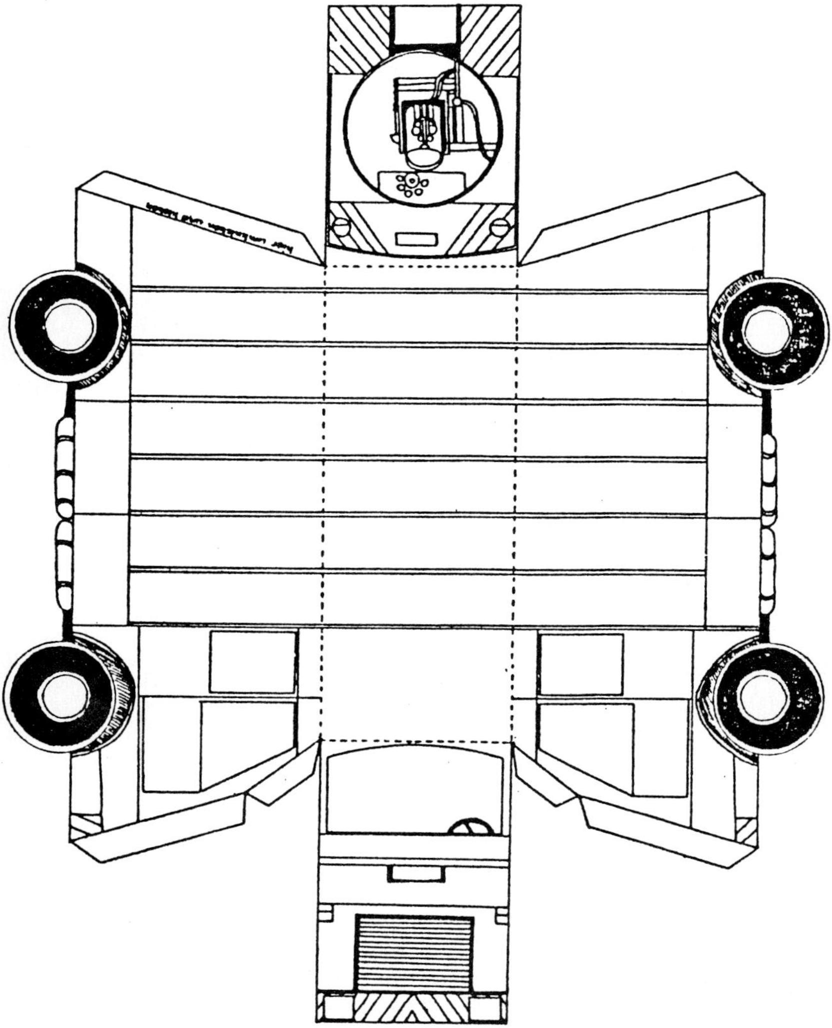

Arbeitsblatt „Papierherstellung“

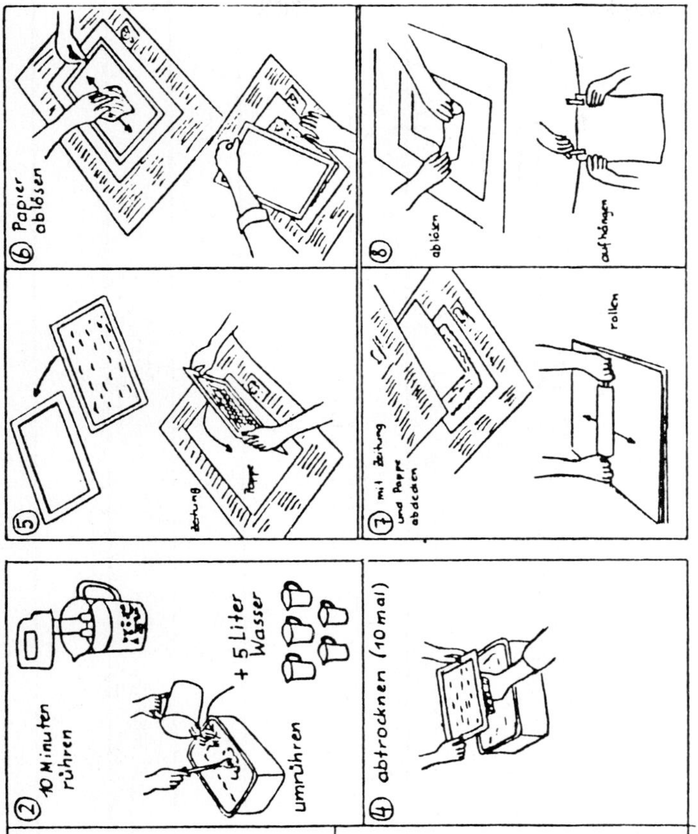

BEOBACHTUNGSBOGEN

Namen: ______________________ Abfallart: ________

Versuch:	Tue den Abfall in das Glas. Besprühe den Abfall mit etwas Wasser. Schraube das Glas zu.

Tag:	Wie sieht der Abfall aus?
______	______________________________
______	______________________________
______	______________________________
______	______________________________
______	______________________________

Literatur "Offener Unterricht"

Arbeitskreis Grundschule (Hrsg.): Lehrer und Schüler verändern die Schule. Frankfurt a.M. 1981.

Baillett, D.: Freinet praktisch. Weinheim 1983.

Benner, D., Ramseger, J.: Wenn die Schule sich öffnet. München 1981.

Benner, D.: Auf dem Weg zur Öffnung von Unterricht und Schule. In: Die Grundschulzeitschrift 27/1989.

Bennett u.a.: Open Plan Schools. Oxford 1980.

Bönsch, M., Schittko, K. (Hrsg.): Offener Unterricht. Hannover 1979.

Buschbeck, H., Ernst, K., Rebitzki, M.: (K)eine Schule wie jede andere. Vom Tempelhofer Projekt zu neuen Lernformen. Weinheim 1982.

Esser, B., Wilde, C.: Montessori-Schulen. Grundlagen und pädagogische Praxis. Hamburg 1989.

Fauser, P. u.a.: Lernen mit Kopf und Hand. Weinheim 1983.

Fölling-Albers, M. (Hrsg.): Veränderte Kindheit - veränderte Grundschule. Frankfurt a.M. 1989.

Gaudig, H.: Freie geistige Schularbeit in Theorie und Praxis. Breslau 1922.

Garlichs, A. u.a.: Alltag im offenen Unterricht. Das Beispiel Lohfelden-Vollmarshausen. Frankfurt 1990.

Gesslein, I., Lippert, H.: Schule macht Spaß. Eine Sammlung von Lernmaterialien für den individualisierenden Unterricht. Würzburg 1987.

Gribble, D.: Auf der Seite der Kinder. Welche Reform braucht die Schule? Weinheim 1990.

Günther, H.: Effekte des offenen Unterrichts - Empirische und lerntheoretische Befunde. In: Heldmann, W. (Hrsg.): Gymnasiale Bildung - Erziehung für die Lebenswelt. Krefeld 1988.

Hagmeyer, U.: Schüler lernen in eigener Regie - eine vergleichende Untersuchung zur Praxis des entdeckenden Unterrichts in vier Ländern. Kiel 1989.

Hecker, U.: Freie Arbeit - Schritt für Schritt. Moers o.J.

Hegele, I. (Hrsg.): Lernziel: Freie Arbeit. Weinheim/Basel 1988.

Heinrich, K.: Freie Arbeit im 1. Schuljahr. Mülheim a.d. Ruhr 1988.

Hentig, H. v.: Was ist eine humane Schule? München/Wien 1976.

Hentig, H. v.: Schule als Erfahrungsraum. Stuttgart 1973.

Hövel, W. (Hrsg.): Freie Arbeit - Wochenplan. Konzepte und Kontroversen. Mülheim a.d. Ruhr 1991.

Holstein, H.: Schüler lernen selbständig. München 1984.

Kasper, H./Piechorowski, A. (Hrsg.): Offener Unterricht an Grundschulen. Ulm 1987.

Kasper, H. u.a.: Laßt die Kinder lernen. Offene Lernsituationen. Braunschweig 1989.

Kayser, A.: Kinder und Lehrer lernen: Freie Arbeit. Frankfurt a.M. 1986.

Kleingeist, H. u.a.: Kinder lernen selbständig. Arbeitshilfen für Freie Arbeit und Wochenplanunterricht in der Grundschule. Soest 1989.

Längsfeld, V.: Offener Unterricht. Organisation und Inhalte. Mülheim a.d. Ruhr 1989.

Mayer-Behrens, H.: Grundschule - Haus für Kinder. Vom Klassenraum zur Lernlandschaft. Heinsberg 1987.

Meis, R., Sennlaub, G. (Hrsg.): Mit Feuereifer dabei. Heinsberg 1983.

Meis, R., Sennlaub, G. (Hrsg.): Feuer und Flamme. Heinsberg 1984 (2).

Meyer, R., Bahns, M.: Miteinander lernen. Differenzierung und Freie Arbeit in der Grundschule. Stuttgart 1981.

Müller-Bardorff, H.: Grundschule auf dem Weg zur Freien Arbeit. Weinheim 1987.

Neber, H., Wagner, A.C., Einsiedler, W. (Hrsg.): Selbstgesteuertes Lernen. Weinheim/Basel 1978.

Nuber, F. (Hrsg.): Informeller Unterricht - Modell für die Grundschule. München 1977.

Ramseger, J.: Offener Unterricht in der Erprobung. Weinheim 1985.

Rauin, U.: Differenzierender Unterricht - Empirische Studien in der Bilanz. In: Hessisches Institut für Bildungsplanung und Schulentwicklung (Hrsg.): Qualität von Schule. Heft 3: Untersuchungen zur Unterrichtsqualität. Wiesbaden 1988.

Reichen, J. u.a.: Hinweise zum Werkstattunterricht oder: Wie man offenen Unterricht und Wochenplanarbeit durchführt. Hamburg 1986.

Röbe, H.-J.: Freie Arbeit - eine Bedingung zur Realisierung des Erziehungsauftrages der Grundschule? Bern 1986.

Rädler, K.: Vergessene Alternativschulen. Weinheim 1987.

Röhrs, H. (Hrsg.): Die Schulen der Reformpädagogik heute. Düsseldorf 1986.

Rolff, H.G., Zimmermann, P.: Kindheit im Wandel. Weinheim 1985.

Scheel, B.: Offener Grundschulunterricht. Weinheim 1978.

Schwarz, H.: Prinzipien und Formen einer offenen Grundschule. Friedrich Forum 2. Velber 1987.

Sonderheft: Öffnung der Grundschule. Grundschulzeitschrift Velber 1989.

Themenheft: Die Schule öffnen - ganzheitlich lernen. Zeitschrift "Die Deutsche Schule" 2/1989.

Vettiger, H. u.a.: Lernziel: Selbständigkeit. Düsseldorf 1979.

Wallrabenstein, W.: Wenn Schüler ihr Lernen in die Hand nehmen. Offener Unterricht in der Grundschule. In: Lernen, Ereignis und Routine. Friedrich Jahresheft IV. Velber 1986.

Wallrabenstein, W.: Profil und Beurteilung offenen Unterrichts. In: Die Grundschulzeitschrift 26/1989.

Wallrabenstein, W.: Offene Schule - offener Unterricht. Reinbek 1991.

Wenzel, A.: Die Grundschule als Schule der Selbsttätigkeit. Wuppertal 1969.

Wenzel, A.: Freiarbeit in der Grundschule. Bad Heilbrunn 1983.

Wild, R.: Erziehung zum Sein. Erfahrungsbericht einer aktiven Schule. Heidelberg 1986.

Wittenbruch, W. (Hrsg.): Das pädagogische Profil der Grundschule. Heinsberg 1984.

Ziechmann, J.: Erziehung zur Selbständigkeit im Sachunterricht auf der Primarstufe. Bremen 1988.

Zimmer, D.: Die vermauerte Kindheit. Bemerkungen zum Verhältnis von Verschulung und Entschulung. Weinheim 1986.

Weitere Literaturhinweise

1. Die Zeit der Reformpädagogik

1.1 Freinet-Pädagogik

1.2 Montessori-Pädagogik

1.3 Jenaplan-Pädagogik

2. Die Diskussion in den 70er Jahren

Literatur zur Freinet-Pädagogik

Bertrand, M. u.a.: Freinet in der Sekundarstufe. In: Päd. extra 3, 1978, S. 25-29.

Dietrich, I.: Freinet-Pädagogik und Fremdsprachenunterricht. In: Englisch-Amerikanische Studien 1, 1979, S. 542-563.

Freinet, C.: Die moderne französische Schule. Paderborn 1979 (2).

Freinet, C.: Adler steigen keine Treppen. In: Freinet, C.: Pädagogische Texte. Mit Beispielen aus der praktischen Arbeit nach Freinet (rororo 7367). Reinbek 1980, S. 17-24.

Freinet, C.: Zur pädagogischen Praxis. In: ebd., S. 25-51.

Geschefsky, G.: Mit der Freinet-Pädagogik anfangen (Grundschule 4. Klasse). In: ebd., S. 134-153.

Gudjons, H.: Freinet-Pädagogik in der Sekundarstufe? Ein Gespräch mit Konrad Wünsche. In: WPB, 35. Jg. 1983/Heft 8, S. 380-382.

Jörg, H.: Arbeitsmethoden der Freinet-Pädagogik in der Schule - ein französisch-deutsches Experiment. In: Röhrs, H. (Hrsg.): Die Schulen der Reformpädagogik heute. Düsseldorf 1986, S. 197-208.

Jörg, H.: Célestin Freinet, die Bewegung "Moderne Schule" und das französische Schulwesen heute. In: Freinet, C.: Die moderne französische Schule. Paderborn 1979 (2), S. 143-285.

Koitka, C. (Hrsg.): Freinet-Pädagogik. Unterrichtserfahrungen zu: Freier Text, Selbstverwaltung, Klassenzeitung, Korrespondenz u.a. Berlin 1977.

Schreier, H.: Das Wesen der Freinet-Pädagogik. Eine tastende Annäherung. In: WPB, 35. Jg. 1983, Heft 8, S. 372-375.

Wünsche, K.: Über Praxis, Technik, Theorie in der Freinet-Pädagogik. In: Neue Sammlung. 18. Jg. 1978, Heft 1, S. 108-121.

Literatur zur Montessori-Pädagogik

Esser, B., Wilde, C.: Montessori-Schulen. Reinbek 1989.

Hellbrügge, T.: Unser Montessori-Modell. Frankfurt a.M. 1984.

Montessori, M.: Kinder sind anders. München 1990 (5).

Montessori, M.: Erziehung zum Menschen. Frankfurt a.M. 1984.

Montessori, R., Schneider-Henn, K.: Uns drückt keine Schulbank. Stuttgart 1983.

Scheibe, W.: Die reformpädagogische Bewegung 1978 (6).

Schulz-Benesch, G.: Der Streit um Montessori. Freiburg 1961.

Wild, R.: Erziehung zum Sein. Heidelberg 1990 (4).

Literatur zur Jenaplan-Pädagogik

Apelt, E.: Meine Arbeit mit den Arbeitsmitteln in der Untergruppe der Jenaer Universitätsschule. München 1950.

Dietrich, T.: Die Pädagogik Peter Petersens. Bad Heilbrunn 1986 (4).

Döpp-Verwald, H.: Die Erziehungslehre Peter Petersens. Ratingen 1969 (2).

Klaßen, T.F., Skiera, E.: Pädagogik der Menschlichkeit. Heinsberg 1984.

Krick, W.: Die humane Schule als Lebensraum: Peter Petersens Jenaplan als Antwort auf die heutige Schulsituation. Oberursel/Ts. 1981.

Mieskes, H.: Jenaplan und Schulreform. Oberursel/Ts. 1966.

Petersen, P.: Schulleben und Unterricht einer freien allgemeinen Volksschule nach den Grundsätzen Neuer Erziehung. Weimar 1930 (der sog. Große Jenaplan, Bd. 1).

Petersen, P.: Das gestaltende Schaffen im Schulversuch der Jenaer Universitätsschule. Weimar 1930.

Petersen, P.: Die Praxis der Schulen nach dem Jenaplan. Weimar 1934 (der sog. Große Jenaplan, Bd. 3).

Petersen, P.: Führungslehre des Unterrichts. Weinheim 1971 (10).

Petersen, P.: Der kleine Jenaplan. Weinheim/Basel 1980, S. 56-60.

Skiera, E. (Hrsg.): Schule ohne Klassen. Das Beispiel Jenaplan. Heinsberg 1985.

Stach, R., Mayer, W.G., Meyer, P.: Zusammen lernen - zusammen leben. Heinsberg 1984.

Stach, R. (Hrsg.): Lebensgemeinschaftsschule - Theorie und Praxis. Heinsberg 1987.

Literatur zur Diskussion in den 70er Jahren

Bönsch, M., Schittko, K. (Hrsg.): Offener Unterricht. Hannover 1979.

Boettcher, W. u.a.: Lehrer und Schüler machen Unterricht. München u.a. 1976.

Garlichs, A. u.a.: Didaktik offener Curricula. Weinheim/Basel 1974.

Garlichs, A., Groddeck, N. (Hrsg.): Erfahrungsoffener Unterricht. Freiburg i.B. 1978.

Hentig, H.v.: Schule als Erfahrungsraum. Stuttgart 1973.

Klewitz, E., Mitzkat, H. (Hrsg.): Entdeckendes Lernen und offener Unterricht. Braunschweig 1977.

Kunert, E.: Theorie und Praxis des offenen Unterrichts. München 1978.

Neber, H. u.a.: Selbstgesteuertes Lernen. Weinheim/Basel 1978.

Ramseger, J.: Offener Unterricht in der Erprobung. München 1977.

Scheel, B.: Offener Grundschulunterricht. Weinheim/Basel 1978.

Schmack, E.: Offenes Curriculum - offener Unterricht. Kastellaun 1978.

Ulshöfer, R., Götz, T. (Hrsg.): Praxis des offenen Unterrichts - das Konzept einer neuen kooperativen Didaktik. Freiburg i.B. 1976.

Wagner, A.C. u.a.: Schülerzentrierter Unterricht. München u.a. 1976.

Vasquez, A., Oury, F. u.a.: Vorschläge für die Arbeit im Klassenzimmer. Reinbek 1976.